신약학입문시리즈 1

마태복음

The Gospel of Matthew

신약학입문시리즈 *1*

마태복음

The Gospel of Matthew

도널드 시니어 지음 / 민경식 옮김

대한기독교서회

신약학입문시리즈 1

마태복음

2018년 12월 20일 초판 1쇄

지은이 / 도널드 시니어
옮긴이 / 민경식
펴낸이 / 서진한
펴낸곳 / 대한기독교서회
편집책임 / 하미자 · 기향금

등록 / 1967년 8월 26일 제1967-000002호
주소 / 서울시 강남구 테헤란로 103길 14(삼성동)
전화 / 출판부 (02) 553-0873~4, 영업부 (02) 553-0871, 3343
팩스 / 출판부 (02) 3453-1639, 영업부 (02) 555-7721
e-mail cls1890@chol.com
http://www.clsk.org
facebook.com/clskbooks
instagram.com/clsk1890

직영서점 / 기독교서회
종로 5가 기독교회관, 전화 (02) 744-6733, 팩스 (02) 745-8064

책번호 2260
ISBN 978-89-511-1932-3 94230
978-89-511-1931-6 (세트)

The Gospel of Matthew
Interpreting Biblical Texts (IBT) Series
by Donald Senior
tr. by Min Kyoung Shik

* 책값은 뒤표지에 있습니다.

신약학입문시리즈 발간에 부쳐

신약성서 연구는 그리스도교 사상의 중핵(中核)을 형성하는 데 가장 크게 기여한 토대임이 분명합니다. 이러한 역사적 평가는 특히 국내에서 신약성서신학이 발전하는 원인(原因)으로 평가되는 것이 마땅하며, 괄목할 만한 성서학의 발전상은 세계 각국에서 가르치고 연구하는 신약학자들의 활약으로 나타나고 있습니다. 이에 발맞추어 한국교회와 성서학자들의 위상을 확인하는 계기가 2016년 여름 연세대학교에서 개최된 세계성서학회(2016 SBL International Meeting)라고 생각합니다. 이러한 발전은 교회와 신학의 성숙으로 결실하여 사회발전의 토대로 선순환되는 기회로 삼는 것이 마땅합니다. 유럽교회가 정치와 경제발전은 물론 문화와 복지사회의 구현으로 성서의 교훈을 각인시켰듯이 이제 한국교회와 신학은 사회를 선도하고 인간화를 구현하여 예수의 하나님의 나라 선포가 궁극적으로 지향할 가치를 체현해야 할 것입니다. 궁극적으로 사회의 향도(嚮導)로서 성서학의 책임과 의무는 중차대합니다.

본 시리즈는 신약성서의 문서들을 정확하게 이해하고 해석하는 데 필요한 역량강화와 지식의 공유에 일차적 목적을 두고 기획되었습니다. 이러한 목적을 달성하기 위하여 세계적인 명성을 지닌 신약학자들의 저서가 엄선되었습니다. "신약학입문시리즈"에 포함된 다섯 권의 저서는 미국의 유수한 출판사인 Abingdon Press가 "성서해석시리즈"(IBT, Interpreting Biblical Texts)라는 이름을 붙여 출판한 도서들입니다. 신약성서 이해를 위한 최신 방법론은 물론 신약성서 각 문서의 내용과 주제를 새롭게 탐구하는 데 유익할 것이라고 확신합니다. 그러므로 독자들은 본 시리즈를 통해 새로운 신약성서 읽기에 도전할 기회로 삼아야 할 것입니다.

정보와 지식 기반의 제3차 산업혁명의 시기를 지나서 미디어와 문화, 의료와 교육 등의 지식사회로 진화하는 제4차 산업혁명이 만개하는 지금, 대한기독교서회가 "구약학입문시리즈" 출판 후 "신약학입문시리즈"(New Testament Introduction Series)를 출판하게 되었습니다. 본 프로젝트는 교회일치의 본질을 흐트러뜨리는 분열현상의 만연함과 천민자본주의로 이끄는 비성서적 적폐(積弊)를 일소하는 데도 유익한 지침이 될 것입니다. 더불어 신학대학의 학부와 신학대학원에서 주교재로 채택되기를 기대합니다.

본 프로젝트의 번역 출판에 참여한 모든 번역위원은 이 "신약학입문시리즈"의 출판을 결정하여 한국교회와 성서연구자들에게 새로운 성서읽기의 즐거움을 선사해 준 대한기독교서회에 깊은 감사를 드리며, 본 시리즈가 신약성서 연구를 위한 튼실한 발판으로 널리 활용되기를 소망합니다.

신약학입문시리즈 대표번역위원

윤철원(성결교회 성서연구원장, 24-25대 한국신약학회장)

번역위원[시리즈순]

『마태복음』 민경식(연세대학교)
『마가복음』 윤철원(서울신학대학교)
『누가복음 사도행전』 소기천(장로회신학대학교)
『요한복음 요한서신』 박경미(이화여자대학교)
『바울서신』 임진수(감리교신학대학교)

발간사

성서의 본문은 의미의 세계를 창출하고, 독자에게 들어오라고 청한다. 때로 기이하고 복잡한 본문의 세계에 들어오게 되는 독자는 신학적 주장과 부딪히게 된다. 이를 염두에 둔 이 시리즈의 목적은 진지한 독서와 해석을 경험하고자 하는 독자에게 본문의 세계에 대한 여행 안내서를 제시하는 것이다. 이 시리즈를 관통하는 관점은 제목에서 중요 단어로 표현된 **해석하기**이다. 이 시리즈의 주요 초점은 본문 **이면의** 세계나 본문이 발생하게 된 세계(비록 이 세계들이 무관한 것은 아니지만)가 아니라, 독자와의 관계 속에서 본문을 **통해 창출된** 세계이다.

각 권은 두 가지 질문을 던지고 있다. 첫 번째, 최근 연구사에 등장한 해석의 중요 쟁점은 무엇이며, 본문에 대해 진지한 독자들에게 얼마나 신경을 써야 하는가? 학자들의 관심사 중 일부는 흥미롭고 의미 있지만, 솔직히 해석학적 견지에서 보면 지엽적이다. 이보다 더 중요한 것이 있다. 학자들의 관심과 독자들의 관심에 어떻게 반응하느냐에 따라서 독자들의 본문 해석 과정에 결정적인 영향을 끼친다. 따라서 저자들은 이런 기본적인 쟁점에 주의를 환기시키고, 해석에서 이것의 중요성을 보여준다.

두 번째, 자료의 특정 구절이나 단락을 고심할 때, 독자는 본문 전체와 관련된 좀 더 큰 세계를 어떻게 인식할 수 있는가? 어떻게 그들은 숲도 보고, 개별적인 나무도 검토할 수 있는가? 사무엘하 11장의 다윗과 밧세바의 이야기를 마주한 학생들이 어떻게 더 큰 이야기, 즉 신명기에서 열왕기하에 이르는 신명기 역사서의 맥락에서 이 이야기를 읽을 수 있는가? 갈라디아서의 독자는 자신들이 배운 바와 바울서신 전체에서 도출한 더 큰 관점의 신학적 일관성과 양극성을 부합시킬 수 있는가? 따라서 각 책들은 본문 전체에 대한 개요를 제시한다.

이 시리즈의 목적은 분명 교육적이다. 저자들은 쟁점과 본문에 대한 자신의 이해를 제공하지만, 다른 학자들과 논쟁을 하기보다는 독자를 안내하는 일에 더 관심을 쏟고 있다. 이 시리즈는 주석과 특화된 연구와 같은 다른 자료들과 더불어 또 하나의 자료로서, 성서본문 해석이라는 흥미롭지만 때로는 위험천만한 일을 하는 학생들에게 도움이 될 것이다.

진 M. 터커(Gene M. Tucker)
구약 책임편집자

찰스 B. 쿠사(Charles B. Cousar)
신약 책임편집자

저자 서문

마태복음을 해석하는 일은 수고스럽지만 멋진 일이다. 이 아름다운 복음서는 신약성서 가장 앞자리에 자리를 잡고 있으며, 기원후 1세기 이후 그리스도교의 전 역사에 걸쳐 영감과 가르침의 원천이 되었다. 마태복음은 교회에 지대한 영향을 끼쳤는데, 아래와 같이 여러 가지 요인이 있다. 우선 마태복음은 예수의 탄생에 얽힌 폭압적이고 놀라운 사건들로부터 갈릴리 어느 산에서 제자들에게 내린 마지막 지상명령에 이르기까지 예수의 위풍당당한 삶을 포괄적으로 담고 있기 때문이다. 또한 마태복음은 그 유명한 산상설교 등 예수의 가르침을 매우 잘 드러내며, 구조적으로도 짜임새가 있기 때문이다.[1)]

이런 모든 매력에도 불구하고, 마태의 복음서는 오늘날 독자들에게는 생소하고 혼란스러울 수도 있다. 마태복음이 원래 그리스어로 쓰였으며,

---

1) 초기 교부들에 대한 마태복음의 영향에 대한 중요한 연구는 Edouard Massaux, *The Influence of the Gospel of Saint Matthew on Christian Literature Before Saint Irenaeus*, New Gospel Studies 5, 3 vols.(Leuven: Peeters; Macon, Ga.: Mercer, 1990)이다. 그러나 몇몇 학자는 초기 교부들에 대한 마태복음의 영향과 관련하여 마쏘(Massaux)의 주장을 다소 의심한다. 그들은 이들 초기 교부들이 마태복음을 직접 알았던 것이 아니라, 마태복음에 유입된 전승과 비슷한 구전 전승을 알고 있었을 것이라고 한다.

우리와는 전혀 다른 시대와 다른 문화 속에서 살아가는 사람들을 독자로 설정하고 있기 때문이다. 마태복음을 '해석'하는 일은 독자들 또는 청자들이 오늘날 그들의 삶의 현장에서 이 고대의 본문을 이해할 수 있도록 돕는 것이다. 교회의 설교라든지 교실의 강의, 또는 주석서의 책장은 이러한 해석이 일어나는 전통적인 현장이다. 그러나 해석이 이루어지는 비공식적이고 다소 일상적인 현장도 있다. 가령, 크리스마스 가장행렬을 준비하는 교회의 직원들이 동방박사들이나 헤롯으로 분장할 때, 또 누군가가 낙담한 친구에게 한없는 용서에 대한 예수의 비유(마 18:21-35)를 이야기할 때, 어떤 목사가 임종을 앞둔 환자 곁에서 예수의 겟세마네 기도(마 26:36-46)에 대한 이야기를 들려줄 때, 또는 우리 스스로 기도하면서 팔복에 대한 가르침(마 5:3-12)이 우리의 삶에 무슨 의미를 가지는지 조용히 묵상할 때, 이러한 해석이 일어난다. 그런데 모든 해석이 긍정적인 것은 아니다. 수세기에 걸쳐 많은 그리스도인은 마태복음의 고난 이야기에 나오는 "그 사람의 피를 우리와 우리 자손에게 돌리시오"(마 27:24-25)라는 군중의 말을 거들먹이면서 유대인들에 대한 박해를 정당화하였다. 지금 도대체 무슨 일이 어떻게 돌아가는지 해석자가 알지 못할 때에도, 위에 언급한 모든 경우는 필연적으로 마태복음에 대한 해석을 포함하기 마련이다.

발간사에 언급되어 있듯이, 이 책은 마태복음의 '본문 세계'에 대한 개론적인 안내를 제공하는 것을 목적으로 한다. 이제 이 책에서 마태의 본문 세계 또는 이야기 세계를 살펴볼 텐데, 이 책은 크게 두 부분으로 이루어진다. 제1부에서 우리는 성서학자들의 연구 결과를 간략하게 살펴볼 것이다. 마태복음과 관련된 주요 이슈가 무엇인지를 알아보려는 것이다. 우리의 목적은 단지 마태복음에 대한 학계의 연구 결과를 정리하려는 것이 아니다.[2] 이것은 IBT 시리즈의 의도도 아니다. 오히려 학자들이 밝혀낸 마태

2) 이런 목적을 위해서라면 Donald Senior, *What Are They Saying About Matthew?* rev. ed.(New York: Paulist, 1996)를 보라.

복음의 주요 특징들을 알아봄으로써 마태복음 해석과 관련된 주요 이슈들에 대한 전이해를 얻을 수 있을 것이다. 그러니 제1부를 일련의 '창문'으로 생각해도 좋다. 마태의 이야기 세계에 본격적으로 들어가기 전에 우리는 이 창문을 통해서 마태의 이야기 세계를 들여다봄으로써 마태복음의 형세와 분위기를 파악할 수 있을 것이다. 마태복음을 저술할 때 사용된 자료들의 특징이 무엇인지, 이 복음서의 구조와 '줄거리'는 무엇인지, 예수와 제자들에 대해 마태복음은 어떻게 독특하게 묘사하는지, 구약성서에 대한 마태복음의 독특한 관점은 무엇인지, 또 이와 관련하여 유대율법은 여전히 유효한가에 대한 마태복음만의 고유한 관심과 이방인 선교에 대한 마태복음의 관심의 특징은 무엇인지 등이 학자들의 관심을 끌었는데, 이것은 결코 인위적인 선택이 아니다. 조금이라도 주의 깊은 독자라면 이러한 주제들이 마태복음의 주요한 특징이라는 사실을 금세 알아차릴 것이다.

제1부는 일곱 개의 장(chapters)으로 구성되어 있는데, 그 배열 순서에는 나름 이유가 있다. 우리는 마태복음이 드러내는 가장 분명한 몇몇 특징들을 출발점으로 삼을 것이다. 여기에는 마태가 사용했음직한 자료들, 마태복음의 구조, 구약성서에 대한 빈번한 언급, 유대율법에 대한 반복되는 논쟁, 선교에 대한 강조, 이방인들에 대한 수수께끼 같은 언급이 여기에 해당한다. 이러한 문제들에서 시작해서 우리는 마태의 그리스도론이라든지 마태의 제자도에 대한 이해 등 좀 더 근본적이고 포괄적인 문제들로 이동할 것이다. 마태복음의 이러한 모든 특징을 살펴본 후에야 비로소 우리는 종종 주석서들의 가장 앞에 제기되는 개론적인 문제들을 검토할 준비를 갖추게 된다. 가령, 누가 마태복음을 저술하였는지, 또 마태복음이 언제, 어디서 기록되었는지, 그리고 어떠한 정황 가운데에서 마태복음이 기록되었는지 등과 같은 문제들이다. 이러한 질문들에 대한 답변을 우리는 기본적으로 마태복음 자체에서 얻어야 하기 때문에 처음부터 이러한 문제들과 씨름하기보다는 마지막에 하는 것이 낫다.

제2부에서 우리는 '독서가이드'(reading guide)의 도움을 받으며 마태복음의 이야기 세계에 들어가게 될 텐데, 마태복음의 한 장 한 장, 한 장면 한 장면을 살펴볼 것이다. 물론 이 책은 마태복음 본문 각 절에 대해 자세한 정보를 제공하는 주석이 아니다.[3] 또한 복음서에서 명백한 메시지들을 뽑아내고, 주제에 따라서 그것들을 종합하여 독자들에게 제공하려는 분석적인 연구도 아니다. 오히려 이 책의 의도는 마태복음을 읽는 진지한 독자들에게 믿음직한 가이드가 되려는 것이다. 이야기의 흐름을 알려주고, 작은 이야기들이 어떻게 서로 연결되는지를 설명하며, 또 마태복음 이야기의 독특한 특징과 지배적인 경향을 보여주고자 한다. 이 책을 가이드 삼아 마태복음을 읽어나가는 진지한 독자라면, 제1부에 소개한 성서학자들의 관심이 실제로 복음서 본문과 어떻게 관련되는지를 알아차릴 것이다. 마태복음을 이해하는 데 매우 중요한 본문은 자세히 살펴볼 것이다. 그러면서 어떠한 해석이 가능한지를 알려주고, 심화학습을 위한 도움도 제공할 것이다.

마태복음을 책임 있게, 또 적확하게 해석하려면, 복음서 본문을 세심하게 읽어야 한다. 초보를 위한 가이드로서 이 책의 목적은 그리스도교의 위대한 보물인 마태복음을 독자들이 직접 탐구할 기회를 제공하려는 것이지, 결코 탐구를 대신 해주려는 것이 아니다.

이 책을 마무리하면서 나는 1996년도 겨울학기에 가톨릭 신학대학(Catholic Theological Union)에서 마태복음 수업을 수강한 학생들에게 특별히 감사하고 싶다. 그들이 이 책의 초고를 '시험주행'할 수 있도록 해주었다. 그리고 그들의 상상력 풍부한 비판적 제안들이 이 책을 더욱 풍요롭게 하였다.

도널드 시니어(Donald Senior)

---

3) 이 책의 마지막에 마태복음 주석 목록이 있으니, 참고하라(266-269쪽).

차례

제2부
마태복음 읽기

제1부

오늘날의 성서학 연구와 마태복음 해석

제1부의 일곱 장(제1장부터 제7장까지)은 최근 학계에서 활발하게 논의되는 마태복음의 주요 주제들을 개론적으로 소개한다. 그러나 이 책은 학자들의 견해나 흥미로울 수 있는 생각들을 단지 열거하는 것이 목적은 아니다. 학자들의 진지한 연구에 대하여 알아보려는 것은, 그렇게 함으로써 마태복음의 특징과 배경 그리고 그 내용에 대해 더 잘 이해할 수 있게 되기 때문이다. 마태 연구에서 벌어지는 학자들 사이의 핵심적인 논쟁과 논의는 결국 마태복음을 이해하고 해석하는 데 필요한 가장 중요한 이슈들과 관련되어 있다.

바로 이러한 생각이 제1부(제1장-제7장) 전반에 깔려 있다. 연극을 보거나, 또는 어떤 문학 작품을 읽을 때, 미리 그 작품에 대해 전반적으로 조사를 하게 되면, 관객과 독자들은 조금 더 수월하게 그 작품의 이야기 세계에 들어갈 수 있다. 마찬가지로, 마태복음과 관련하여 학자들이 주로 어떤 논의를 하는지 알게 되면, 복음서를 읽는 독자들은 더 세심하게, 또 더 숙련되게 복음서의 본문을 읽을 수 있게 된다. 마태복음 독서가이드라고 할 수 있는 제2부(제8장-제13장)는 제1부에서 얻은 정보와 지식들을 토대로 하며, 끊임없이 제1부의 내용을 재차 언급한다.

제1장

마태복음의 자료와 구조

마태복음의 자료를 추적하고, 이 작품의 전반적인 문학적 구조를 파악하는 일은 현대 성서학계가 매우 큰 관심을 보인 연구 주제이다. 이 두 과제에 대한 질문으로 우리는 마태복음의 특징을 더 깊이 이해할 수 있을 것이며, 또 주의 깊은 독자들은 좀 더 책임 있게 복음서를 해석할 수 있을 것이다.

1. 마태복음의 자료 문제

현대 성서학이 본격적으로 시작되면서 매우 초기부터 학자들은 마태복음의 자료에 관심을 가졌다. 역사적으로 가장 신뢰할 만한 복음서를 찾느라, 일찍이 18세기 말부터 학자들은 공관복음서들 사이의 상호관계를 연구하기 시작하였으며(소위 공관문제), 어느 복음서가 최초의 복음서인지, 따라서 가장 '역사적'인지를 밝히고자 하였다.[1] 전통적으로 마태복음

1) 정경에 포함된 네 복음서 가운데 첫 번째 것이 필연적으로 더 '역사적'일 것이라는 가정은 유효하지 않다. 각 복음서는 전통적인 자료들을 토대로 하고 있지만, 복음서 저자와 그가 속한 공동체의 신학적 견해가 반영되어 있는, 예수의 삶에 대한 해석이다. 집필 순서를 근거로 어떤 복음서가 다른 복음서보다 더 역사적이거

이 가장 먼저 기록된 복음서로 간주되었다. 4세기 초에 히포의 아우구스티누스(Augustin of Hippo)는 신약성서의 순서가 연대순이라고 하였는데, 이는 당시의 일반적인 생각이었다. 따라서 마태복음이 최초의 복음서이며, 이어 마가복음, 누가복음, 요한복음 순으로 기록되었다는 것이다. 그러다가 18세기 말에 그리스바흐(J. J. Griesbach)는 이 전통적인 견해에 대한 새로운 대안을 제시하였다. 그에 따르면, 마태복음과 누가복음이 마가복음보다 먼저 기록되었으며, 마가복음은 앞 선 두 개의 복음서인 마태복음과 누가복음을 잘 섞어서 요약하였다는 것이다. 19세기의 학자들은 그리스바흐의 가설을 받아들이지 않았다. 그러나 최근, 즉 지난 몇십 년 사이에 그의 가설과 비슷한 가설이 대두되기도 하였다.[2)]

19세기 들어, 마태복음이 최초의 복음서라는 전통적인 견해에 대한 근본적인 도전이 일어났다. 특별히 독일학계가 이러한 도전을 주도하였다. 다양한 이유로 학자들은 마태복음이 아니라 마가복음이 최초의 복음서이며, 마태복음은 자신의 주요 자료로 예수의 말씀을 모은 어록 자료와 더불어 마가복음을 사용하였다는 결론을 내렸다. 물론 비판이 없는 것은 아니지만, 오늘날 현대 성서학계에서는 마태복음을 연구할 때, "두 자료" 이론이라고 불리는 이 가설이 전제되며, 복음서를 해석하는 데 중요한 역할을 한다.

1) 자료

공관복음서들의 상호관계에 대한 문제는 세 복음서를 단지 비교하여 읽음으로써 시작된다.[3)] 예를 들어, 마태복음은 마가복음의 661개의 절들

나 덜 역사적이라고 할 수는 없다.

2) Christopher M. Tuckett, *The Revival of the Griesbach Hypothesis*, SNTSMS 44 (Cambridge: Cambridge University, 1983)의 논의를 보라.

3) 다른 세 복음서와 비교해 볼 때, 요한복음은 독특한 특징들을 드러낸다. 물론 오

가운데 거의 80%를 포함하고 있으며, 누가복음의 약 65%는 마가복음에 나오는 내용이다. 경우에 따라서는 세 복음서가 실질적으로 똑같기도 하다. 다만 사소한 변형들이 있을 뿐인데, 이런 것들은 대개 각 복음서 저자의 독특한 문체라든지 취향으로 설명이 가능한 것들이다.[4)]

세 복음서 전체를 좀 더 면밀하게 관찰해보면, 마태복음과 누가복음의 이야기 순서가 마가복음의 이야기에 보도되는 사건들의 순서를 그대로 따르고 있음을 알 수 있다. 다르게 표현하자면, 마태복음이 마가복음과 이야기 순서가 다른 경우, 누가복음은 여전히 마가복음의 사건 순서를 따르며, 또 누가복음의 이야기 순서가 마가복음과 다른 경우, 마태복음은 여전히 마가복음의 사건 순서를 따른다는 것이다. 물론 그렇다고 해서, 반드시 마가복음이 가장 먼저 기록된 최초의 복음서이어야 하는 것은 아니다. 그러나 우리는 이로써 세 복음서가 서로 관계가 있으며, 마가복음이 그 중심에 있음을 알 수 있다. 다른 방식으로 표현하자면, 다음 둘 중 하나이다. 마가복음이 마태복음과 누가복음의 주요 자료이거나, 그것이 아니라면 마태복음과 누가복음의 조합물이라는 것이다.

한편, 마태복음과 누가복음은 마가복음보다 훨씬 더 길다. 마가복음은 661절인데, 마태복음은 1,068절이고, 누가복음은 1,149절이다. 그런데 마가복음에 보도되지 않는 내용인데, 마태복음과 누가복음에 공통으로 보도되는 내용이 거의 220절에 달한다. 예를 들면, 산상설교(마 5-7장)의 거의 모든 내용이 마가복음에는 전혀 보도되지 않는데, 누가복음의 평지설교(눅 6:17-49)에는 많이 포함되어 있다. 여기서도 마찬가지로, 몇몇 구절들에서는 마태복음과 누가복음의 보도가 거의 문자적으로 일치하는데,

---

늘날에도 요한복음과 공관복음의 관계에 대한 논쟁은 계속되고 있지만, 대다수의 학자들은 공관문제에서 요한복음을 다루지 않는다.

4) 예를 들면, 막 4:30-32; 마 13:31-32; 눅 13:18-19에 나오는 겨자씨의 비유를 비교해 볼 수 있을 것이다. 또한 막 14:10-11; 마 26:14-16; 눅 22:3-6에 보도되는 유다의 배신 장면을 비교할 수도 있다.

이로써 이 둘 사이에도 모종의 문학적인 관련이 있음을 알 수 있다.[5)]

마가복음에는 나오지 않는데 마태복음과 누가복음에 공통으로 나오는 단락들이 매우 유사하기 때문에, 마태복음과 누가복음 배후에 (마가복음 이외의) 또 하나의 문학 자료가 있었을 것이라는 추정이 가능해진다. 이것을 우리는 'Q'라고 부르는데, '자료'를 의미하는 독일어 Quelle에서 왔다. Q자료의 흔적은 복음서에 남아 있을 뿐이지, 하나의 독립적인 문헌으로 전해져 내려오는 것은 없다. 마태복음과 누가복음이 함께 사용한 이 자료가 이 두 복음서에서 거의 같은 순서로 보도되기 때문에, 또한 여기에 해당하는 본문들이 두 복음서에서 거의 문자적으로 일치하기 때문에, 대다수의 학자들은 마태복음과 누가복음이 저술되던 시기에 Q자료가 이미 하나의 문학작품의 모양을 띠고 있었을 것이라는 결론을 내린다. 초기 그리스도교 공동체에서 구전으로 전승되었을 수도 있지만, 아마도 기록된 문헌으로 전승되었을 개연성이 훨씬 더 높다. Q자료의 원래 구조에 대해서는 논란의 여지가 많지만, 대략 아래의 내용들을 포함하였을 것으로 추정된다. 예수가 세례자 요한과 만나는 첫 장면, 예수가 광야에서 시험을 받는 장면, 예수의 윤리적 가르침, 예수와 적대자들 사이의 논쟁, 그리고 마지막으로 종말론적 심판에 대한 교훈. 예수의 고난 이야기라든지 치유와 축귀에 대한 보도는 빠졌다.

그런데 마가복음과 Q자료만으로는 마태복음이나 누가복음의 자료 문제를 다 설명할 수 없다. 마태복음에는 마가복음이나 Q자료에 없는 내용도 많이 포함되어 있기 때문이다. 예수의 탄생에 얽힌 마태복음만의 고

5) 예를 들면, 마 3:7-10; 눅 3:7-9에 나오는 보도, 즉 세례자 요한이 세례를 받으러 온 사람들을 비판하는 장면을 보라(마가복음에는 보도되지 않는 내용이다). 물론 소수의 학자들은 공관복음서들 사이에 문학적인 관계가 전혀 없다고 주장하기도 한다. 세 복음서 사이의 명백하게 비슷한 내용은 복음서 형성 이전의 전승을 공유하기 때문이라고 그들은 주장한다. 그러나 이들의 주장은 오늘날 현대 성서학계의 지지를 받지 못하였다.

유한 이야기, 마태복음에만 나오는 몇몇 비유(18:21-35, 25:31-46 등), 유다의 죽음에 대한 이야기(27:3-10), 그리스도의 지상명령(28:16-20) 등이 이러한 예에 해당한다. 마찬가지로 누가복음에만 나오는 단락들도 목록으로 만들 수 있다. 이러한 이유 때문에 대다수의 학자들은 마태복음과 누가복음이 또 다른 구전 자료나 문서화된 자료를 사용하였을 것이라고 생각한다. 또한 이러한 자료를 직접 쓰기도 하였을 것으로 추정하는데, 충분히 가능한 추론이다.

2) 제안된 해결책

이러한 것들을 고려한 결과, 마태복음을 연구하는 학자들 사이에서 가장 우세한 가설은, 마태가 자신의 복음서를 저술하면서 두 개의 주요한 자료에 의존하였다는 것인데, 두 개의 자료란 마가복음과 Q자료이다. 이 이론을 지지하는 몇 가지 논증이 있다.[6]

1) 마가복음이 가장 먼저 기록되었다는 주장을 지지하는 강력한 논증은, 만약에 마가가 마태복음과 누가복음을 자료로 사용하였다면, 마태복음과 누가복음에 보도되는 내용 가운데 왜 그토록 많은 것을 삭제하였는지 설명하기 어렵다는 점이다. 이 경우, 마태복음에서 삭제되는 내용에는 예수의 탄생 이야기, (주기도문을 포함하여) 산상설교, 선교와 관련된 이야기들(10장), (용서와 관련된 마태복음 18장의 비유를 포함하여) 많은 비유, 유대 종교지도자들에 대한 예수의 비판(23장), 마지막 때에 대한 예수의 가르침 가운데 많은 부분(24-25장), 그리고 부활 이후의 현현 이야기

6) 여기서 공관문제에 대해 충분히 논의할 수는 없다. 이 주제와 관련된 이슈들, 또 두 자료 가설에 대한 설득력 있는 논증에 대해서는 Frans Neirynck, "Synoptic Problem," *The New Jerome Biblical Commentary*(Englewood Cliffs, N.J.: Prentice Hall, 1990), 587-595를 보라.

전체(28장)인데, 하나같이 마태복음의 핵심적인 내용이다.

비록 학자들은 마가가 마태복음을 '압축'하였다고, 그래서 이러한 자료들을 빼버렸다고 생각할 수 있고, 또 그렇게 생각하기도 한다. 그러나 어떤 초기 그리스도교 작가가 왜 그렇게 하였는지를 설득력 있게 설명하기는 쉽지 않다.

2) 마가복음의 우선성을 지지하는 또 다른 논증은 마가복음의 내용을 근거로 한다. 마태복음의 많은 구절은 마가복음의 그리스어 문체를 향상시킨 것으로 보인다. 물론 마가가 마태복음을 자료로 사용하였다고 전제하면서, 열등한 문필가인 마가가 마태의 훌륭한 그리스어를 망가뜨렸다고 생각할 수 없는 것은 아니다. 그러나 마태가 마가의 그리스어를 향상시켰다고 생각하는 쪽이 훨씬 더 설득력이 있다.

마태가 마가복음의 내용을 손질한 많은 경우, 또 수수께끼 같거나 다소 공격적으로 보일 수 있는 마가복음의 내용을 삭제한 경우도 마찬가지이다. 예를 들면, 마태는 예수가 "미쳤다"고 보도하는 마가복음 3:21을 뺀다. 예수가 "많은 사람"을 치유하였다는 마가의 보도(막 1:32-34, 3:10)가 마태복음에서는 "모든 사람"을 치유한 것으로 바뀐다(마 8:16, 12:15). 이러한 예는 수도 없이 많다.

3) 자료 문제와 마태복음의 성격

두 자료 가설이 옳다면, 마태복음은 두 개의 주요 자료를 토대로 저술되었다고 할 수 있다. 한편으로, 마태복음은 이미 존재하던 마가복음에 의존한다. 마태공동체 안에서 마가복음은 이미 권위 있는 위치를 차지하고 있었을 것이다. 마가복음은 마태공동체의 공동기도와 예배라는 예식 안에서 선포되었으며, 예수의 삶과 가르침에 대해 공동체 구성원들을 가르치는 자료로 사용되었을 것이다. 마가복음은 비록 내용은 짧지만, 강력한 힘을 가진 이야기로, 예수의 공생애에 초점이 맞추어져 있다. 예수의 극적인 치유와 축귀, 갈릴리에서의 사역, 예루살렘으로의 여정. 그러나 무엇보다도 마가복음은 예수의 고난과 죽음에 얽힌, 긴장감 넘치는 한 편의 강렬한 드라마이다. 마가복음은 빈 무덤을 통해서 예수가 죽음을 이겼다고 선포한다. 이러한 마가의 이야기 거의 대부분이 마태의 이야기에 끼어들어 갔다. 말하자면, 마가의 예수 이야기는 마태복음의 뼈대와 같은 역할을 한다고 할 수 있다.

그런데 마태에게는 또 다른 자료가 있었다. 그 자료는 예수를 위대한 스승으로 묘사한다. 거짓과 위선에 맞서 진리의 말씀을 전하는 스승이다. 그의 말씀은 생명을 가져다주기도 하지만, 동시에 심판을 선언함으로써 위협을 가하기도 한다. Q자료에는 훌륭한 윤리적인 내용이 들어 있으며, 예수를 따른다는 것이 무엇을 의미하는지 자세히 일러준다. 마가복음의 이야기에 이 자료를 섞음으로써 마태는 자신의 복음서에 또 다른 차원의 예수의 모습을 덧붙인다. 몇몇 학자의 견해에 따르면, 마가복음과 Q자료를 융합함으로써 실질적으로 마태는 Q자료가 예수를 단지 지혜로운 스승으로만 묘사하는 것을 방지하며, 또한 도발적인 비유들과 말씀들로 사람들의 확신을 무너뜨린 예언자로만 예수를 묘사하는 것도 방지한다. 사람들은 이 예언자를 거부할 것이고, 이 예언자는 고난을 당할 것이다. 그러다가 결국은 "많은 사람의 대속물"(막 10:45; 마 20:28)로 자신의 목숨마저 내놓을 것이다. 동시에 Q자료는 마가의 이야기가 묘사하는 신비한 인물로서의 예수에게 확실한 윤리적인 차원을 덧입힌다. 그래서 마태가 이 두 자료를 합쳐서 만들어낸 예수의 새로운 모습을 보면, 예수는 자비로운 치료자인 동시에 윤리적인 가르침을 주는 스승이며, 예언자적인 심판자인 동시에 십자가에 달린 메시아이다.

우리는 또한 마태가 단지 남의 글을 베끼기만 한 필사자가 아니었음을 잘 알고 있다. 그는 서로 다른 두 전통에서 나온 이 두 자료(마가복음과 Q자료)를 합쳐서 새로운 혼합물로서의 글을 만들어낸 것만이 아니다. 그는 또한 이 자료들을 나름 자신의 의도에 따라 손질하였으며, 여기에 자신의 독특한 문체와 자신만의 신학적인 관점을 덧입혔다. 동시에 마가복음과 Q자료에서 발견되지 않는 또 다른 자료를 자신의 이야기에 덧붙였다. 마태만이 가지고 있던 이 특별한 자료를 'M'(마태특수사료)이라고 부른다. 이 특수 자료 가운데 일부는 상당히 긴데, 예수의 탄생에 얽힌 이야기(마 1-2장), 예수의 부활과 관련된 이야기(27:62-66, 28:9-10, 16-20)가 여기에 해당한다. 또 예수가 죽을 때 일어난 일련의 사건들에 대한 보도(27:51-53), 용서하지 않는 종의 비유(28:21-35)처럼 다소 짧은 것도 있다. 이런 자료들 가운데 일부는 마태공동체 안에서 구전 형태로 전승된 것을 마태가 문서화하여 마태복음에 삽입한 것으로 보인다. 그런데 다른 마태특수자료에 마태의 전형적인 용어와 주제가 많이 포함되어 있는데, 이러한 사실은 복음서 저자가 이 자료 가운데 많은 부분을 스스로 작성하였음을 강력하게 시사한다. 마태가 자기 앞에 놓인 자료들을 어떻게 사용하였을지 곰곰이 생각해보면, 마태 이야기의 특징과 성격을 더 잘 알 수 있다. 즉, 마태복음과 마가복음을 세심하게 비교해 읽으면, (비록 마태복음과 마가복음 사이의 문학적 관계에 대해 우리가 전적으로 확신할 수는 없을지라도) 마태복음의 독특한 특징이 두드러지게 드러날 것이다.

2. 마태복음의 구조

마태복음의 **자료들**을 규명하는 것은 복음서를 '수평적으로' 읽는 것을 의미한다. 다시 말하자면, 마태복음을 읽으면서 마가복음의 병행구절들이나 Q자료의 병행구절들(즉, 누가복음에서 발견되는 병행구절들)을 염두에 두는 것이다. 그러나 마태복음의 **구조** 또는 문학적 구성을 파악하는 것은 복음서를 처음부터 끝까지 '수직적으로' 읽는 것을 의미한다. 또는 이 복음서가 한 페이지의 시놉시스에 기록되었다고 가정할 경우, 위에서부터 아래로 읽는 것을 의미한다.

마태복음의 구조에 대한 연구도 최근까지 현대 신약학자들의 주요 관심사였다. 그러나 여기서 우리의 목표는 마태복음의 구조를 집중적으로 분석하려는 것이 아니다. 우리는 이 책의 제2부에서 마태복음을 자세히 살펴볼 것이다. 다만 여기서는 마태복음의 구조와 관련하여 학자들이 제안한 몇 가지 이론들을 소개하고자 한다. 그러면 마태복음에 대한 우리의 지식이 깊어질 것이고, 또한 새로운 차원으로 복음서를 바라보며 해석할 수 있게 될 것이다. 복음서의 구조 또는 문학적 구성을 연구하면, 복음서 저자가 무슨 메시지를 전하려고 하였는지, 또 이 복음서의 목적이 무엇인지에 대한 통찰력을 얻을 수 있다. 달리 말하자면, 어떻게 이야기가 구성되었는지를 알게 되면, 독자들은 그 이야기의 효력과 의미를 판단하는 데 도움을 받는다.

마태복음의 구조 또는 문학적 구성에 대한 전통적인 분석은 일반적으로 아래와 같이 세 가지 범주로 분류되는데, 마태의 이야기의 특징을 잘 드러낸다. (1) 다섯 개의 담화단락을 중심으로 하는 구조, (2) 교차대구법 구조, (3) 복음서의 줄거리 흐름을 따르는 구조이다.[7]

1) 마태의 다섯 개의 책

마태복음에는 예수의 가르침이라고 할 수 있는 긴 말씀단락(이하 담화)이 다섯 차례 나오는데, 이것은 마태복음만의 유일한 특징이기도 하다.[8] 마태복음의 많은 주석가는 이 다섯 담화에서 마태복음의 문학적 구

7) 이 세 범주는 울리히 루츠(Ulrich Luz)가 제안한 것이다. *Matthew 1-7*(Minneapolis: Augsburg Fortress, 1989), 35–36을 보라. 이 주제와 관련하여 좀 더 자세한 분석을 보려면 David Bauer, *The Structure of Matthew's Gospel*, JSNTSup 31(Sheffield: Almond Press, 1989); Donald Senior, *What Are They Saying About Matthew?* rev. ed.(New York: Paulist, 1996), 25–37을 보라.

8) 이 다섯 개의 담화는 아래와 같다. (1) 산상설교(5:1–7:28), (2) 선교에 대한 가르침(10:1–42), (3) 비유로 주신 가르침(13:1–52), (4) 공동체에 대한 가르침(18:1–

조의 실마리를 찾았다. 이 이론의 유력한 지지자 가운데 한 사람은 미국 학자 벤저민 베이컨(Benjamin Bacon)인데, 이미 20세기 초에 이에 대한 글을 남겼다.[9] 그는 마태복음에 소위 전환어구(transition statement)가 있음을 발견하였다. 다섯 차례 이야기의 흐름이 바뀌는 부분에서 일정한 어구가 사용되고 있는데(7:28, 11:1, 13:33, 19:1, 26:1), 이 어구가 쓰일 때마다 담화가 끝나고 내러티브 단락(이하 서사)이 시작된다. 이 어구에 대해 베이컨은 마태의 편집 흔적이며, 또한 복음서 저자가 모세오경을 본떠서 담화와 서사가 한 세트로 되어 있는 다섯 권의 위대한 '책'으로 마태복음을 구성하였다는 증거라고 추측하였다. 마태복음이 오경과 같은 구조로 되어 있다는 것은 마태의 궁극적인 목적이 무엇인지를 알려준다. 그 궁극적 목적이란, 예수가 옛 율법의 권위를 대신하며 교회에 새로운 법 또는 새로운 토라를 주는 '새로운 모세'라는 것이다.

물론 대다수의 학자들은 다섯 담화가 마태복음의 문학적 구조에서 눈에 띄는 부분이라는 베이컨의 주장에 동의한다. 그러나 마태가 오경을 본떠서 마태복음 전체를 구성하였다는 그의 이론은 앞의 주장만큼 성공적이지는 못하였다. 그의 이론을 비판하는 학자들은 그의 이론이 1-2장의 예수 탄생 이야기와 26-28장의 고난과 부활 이야기를 소외시키는 경향이 있다고 지적하였다. 물론 베이컨은 1-2장이 '프롤로그'이고, 또 26-28장은 '에필로그'라고 하였으나, 그의 설명은 그다지 적절하지 못하다. 예수의 탄생 이야기나 고난과 부활 이야기는 프롤로그나 에필로그로 치부될 수 없는 중요한 부분이기 때문이다. 더군다나 예수의 고난 이야기는 마태복음 전체의 구조에서 너무나도 중요한 부분이다. 또한 마태복음에는 베이컨이 말한 5부작의 틀에 들어가지 않는 다른 기다란 담화도 있는데,

---

35), (5) 종말에 대한 가르침(24:3-25:46). 각각의 이야기는 제2부에서 자세히 다루어질 것이다.

9) Benjamin W. Bacon, *Studies in Matthew*(London: Constable, 1930); "The 'Five Books' of Matthew Against the Jews," *The Expositor* 15(1918): 55-66.

11:7-30의 말씀 자료와 23장에 보도되는 종교지도자들에 대한 비판이 여기에 해당한다. 베이컨의 5부작 구조 가설에 지나치게 집착하면 무리한 획일화의 오류에 빠질 수 있다. 5부작 구조라는 전제를 억지로라도 충족시키려고 복음서를 인위적으로 모양 짓는 오류를 범하게 된다는 것이다!

최근의 학자들은 베이컨의 5부작 모델을 그대로 따르지는 않는다. 그러나 일부 학자들은 마태복음에서 말씀 단락인 담화와 내러티브 단락인 서사가 교차되고 있다는 그의 통찰력을 발전시켰다. 예를 들면, 데일 앨리슨(Dale Allison)은 이러한 교차 구조가 마태복음의 핵심이라고 믿는다.[10] 즉, 마태는 아래의 표처럼 서사와 담화를 연속적으로 교차시키면서, 선교에 대한 명령과 더불어 고난과 부활에서 절정에 이르는 예수 이야기를 서술한다는 것이다.

1-4장	서사	주인공 예수에 대한 소개
5-7장	담화	이스라엘에 대한 예수의 요구
8-9장	서사	이스라엘을 위한 그리고 이스라엘 안에서의 예수의 활동
10장	담화	다른 사람들의 말과 활동을 통한 사역의 확장
11-12장	서사	이스라엘의 부정적인 반응
13장	담화	이스라엘의 부정적인 반응에 대한 설명
14-17장	서사	하나님의 새로운 백성으로서의 교회의 설립
18장	담화	교회에 대한 가르침
19-23장	서사	고난의 시작과 종말의 시작
24-25장	담화	미래: 심판과 구원
26-28장	서사	고난과 부활

10) Dale C. Allison, Jr., "Matthew: Structure, Biographical Impulse and the *Imatio Christi*," in Frans Van Segbroeck et al., eds., *The Four Gospels 1992*, Festschrift Frans Neirynck; BETL(Leuven: Leuven Univertity, 1992), 2:1203-1221.

2) 교차대구법 구조

교차대구법에 대한 연구는 마태복음의 또 다른 독특한 문학적 특징에서 시작된다. 복음서 저자는 자료들을 종류별로 분류하여 배열하는 경향을 보인다. 예수의 많은 말씀과 비유들은 담화로 정리되어 있고, 8-9장에서 예수의 기적 이야기는 3개의 그룹으로 나뉘어 보도되는데, 각 그룹에는 3개씩의 기적 이야기가 포함되어 있다. 종말론적 경고와 심판의 말씀은 23-25장에 몰려 있다. 그리고 마태복음은 많은 고대의 유대 작품들과 마찬가지로 숫자에 매우 민감한 것으로 보인다.[11)]

피터 엘리스(Peter F. Ellis)나 그린(H. B. Green)은 복음서 기자의 이러한 경향을 연구하여 한 걸음 더 발전시켰는데, 마태복음 전체의 문학적 구조가 교차대구법으로 되어 있다고 주장한 것이다.[12)] 교차대구법이란 그리스 고전문학에서 종종 사용되던 패턴인데, 어떤 본문을 구성할 때, 해당 본문의 한가운데를 정점으로 단락(또는 문장)들을 배열하는 방식을 가리킨다. 중심에 놓인 단락(또는 문장)이 정점이 되고, 나머지 단락(또는 문장)들은 그것을 중심으로 퍼져나가는데, 그것들이 서로 균형을 이루는 그러한 문학적 구조이다. 문자로 이것을 표현하면, 이러하다. a, b, c, b′, a′. 이 경우, c가 해당 문학 작품의 중심이 되고, 다른 부분들(a와 a′, 그리고 b와 b′)은 병행을 이루는데, 이때 뚜렷하게 같은 주제를 다루게 된다. 교차대구법으로 문장을 구성하는 기본적인 목적은 본문의 내용을 쉽게 외울 수 있도록 하려는 것이었다.[13)]

---

11) 이에 대해서는 Luz, *Matthew 1-7*, 38을 보라.

12) Peter F. Ellis, *Matthew: His Mind and His Message*(Collegeville, Minn.: Liturgical Press, 1974); H. Benedict Green, "The Structure of St. Matthew's Gospel," in Frank L. Cross, ed., *Studia Evangelica IV: Papers Presented to the Third International Congress on New Testament Studies*(Berlin: Akademie, 1968), Part One: *The New Testament Scriptures*, 47-59를 보라.

13) Bauer, *Structure of Matthew's Gospel*, 36-40에 소개되는 논의를 보라.

엘리스는 13장에 보도되는 비유 담화가 마태복음의 '중심'이라고 보았다. 13장은 예수가 적대자들과의 갈등에서 막 벗어나서, 제자들에게 하늘나라의 비밀에 대하여 가르치는 장면이다. 마태복음의 다른 이야기들이 이 단락을 중심으로 펼쳐져 있으며, 앞뒤로 서로 관련을 맺고 있다는 것이다. 주요 담화들을 예로 들어보면, 5-7장의 산상설교에 대한 병행단락은 23-25장에 보도되는 심판 담화이다. 그리고 10장의 선교 담화는 18장에 보도되는 공동체 내에서의 삶에 대한 가르침과 병행을 이룬다. 엘리스는 또한 마태복음의 서사단락들에 대해서도 이와 같이 병행되는 단락들을 찾아낸다. 예를 들면, 1-2장의 예수 탄생 이야기는 26-27장의 고난 이야기와 병행을 이룬다는 것이다. 전체적인 구조는 아래의 표와 같다.

설교	(f) 13장 (f′)	
서사	11-12장 (e)	(e′) 14-17장
설교	10장 (d)	(d′) 18장
서사	8-9장 (c)	(c′) 19-22장
설교	5-7장 (b)	(b′) 23-25장
서사	1-4장 (a)	(a′) 26-28장

반면에, 그린은 마태복음의 교차대구 구조의 중심을 11장으로 본다. 그린의 주장에 따르면, 세례자 요한에 대한 언급과 예수의 기적 이야기에 대한 요약, 또 하나님의 아들로서의 자신의 역할에 대한 예수의 의미심장한 말씀이 나오는 11장은 복음서 전체의 축소판과도 같다. 아래의 표와 같이, 11장을 구심점으로 하여 마태복음의 다른 모든 단락이 병행을 이룬다는 것이다.

중심으로서의 11장		
a)	사람들이 예수의 선포를 거부하다.	10장과 12–13장
b)	예수가 기적을 수행하나, 사람들이 거부하다.	8–9장과 14–18장
c)	설교로 가르침을 주시나, 사람들이 거부하다.	5–7장과 19–23장
d)	이스라엘에 그리스도가 나타나시고, 마지막 때에 나타나시다.	3–4장과 24–25장
e)	예수 탄생 이야기와 고난 이야기	1–2장과 26–28장

그러나 이들이 제안한 구조는 그다지 설득력이 있지는 않다. 첫째, 엘리스와 그린의 제안이 서로 차이를 드러내는 데서 알 수 있듯이, 마태복음의 '중심'이 어디에 있는지가 불명확하며, 또한 복음서 전체의 구심점 역할을 하거나 복음서 전체의 요약이라고 할 수 있는, 중요한 핵심단락으로서 중심이 있는지조차도 불명확하다. 둘째, 그들이 병행구절이라고 제시하는 단락들이 때로는 설득력이 약하거나 인위적으로 보이기도 한다. 예를 들면, 엘리스의 구조 분석에 따르면, 11–12장은 '서사'인데, 이 부분에는 상당히 긴 '담화'(11:7–30)가 포함되어 있다. 또한 8–9장에 보도되는 기적 이야기들과 19–22장의 내용이 정말로 병행이 되는지도 의심스럽다. 그린의 분석에서도 비슷한 문제점들이 발견된다. 그린은 8–9장과 14–18장에 "예수가 기적을 수행하나, 사람들이 거부하다"라는 제목을 붙이면서, 여기 보도되는 기적 이야기들이 서로 병행을 이룬다고 하는데, 이러한 주장은 이 부분에 포함된 모든 이야기를 다 설명하지는 못한다.

교차대구법을 포함하여 몇몇 형식적인 패턴을 마태복음의 특정 단락에서 발견할 수야 있겠지만, 복음서 전체를 관통하는 단 하나의 교차대구법이라든지 그와 비슷한 어떤 패턴이 마태복음의 전체적인 문학적 구조를 설명하는 실마리를 제공하는 것 같지는 않다.[14]

3) 복음서의 줄거리 흐름을 따르는 구조

현대의 많은 주석가는 마태가 하나의 커다란 이야기의 줄거리 흐름에 따라 복음서를 구성하였다고 믿는다. 다른 말로 표현하자면, 마태의 **이야기**에는 중요한 특징들이 발견되는데, 이러한 특징들을 살펴보면, 독자들은 마태가 왜 자신의 복음서를 이런 식으로 구성하였는지 그 의도를 알 수 있다는 것이다.

마태복음의 핵심공식 – "이때부터": 마태복음을 연구한 몇몇 해석자는 마태복음 구조와 관련한 핵심 포인트가 두 구절(마 4:17, 16:21)에서 발견된다고 믿는데, 두 군데 모두 마태의 예수 이야기에서 매우 중요한 순간이다. 마태복음 4:17에 보면, 예수는 갈릴리로 들어가 공생애를 시작하는데, 이때 본문은 이렇게 시작된다. "**이때부터** 예수께서 비로소 전파하여 이르시되 회개하라 천국이 가까이 왔느니라." 마태복음 16:21 또한 마태가 전하는 예수 이야기의 중요한 순간이다. 가이사랴 빌립보에서 예수가 제자들에게 자신의 정체에 대해 질문하고("사람들이 인자를 누구라 하느냐"), 베드로가 예수를 그리스도로 고백하는 것으로 보도되는데(16:13-20), 그리스도 고백이라는 이 결정적인 사건에 이어지는 마태복음 16:21은 또 다른 중요한 순간이다. 이때 예수는 자신이 겪어야 할 다가올 고난에 대하여 말하고, 복음서 이야기의 방향도 그쪽으로 흘러가기 시작한다. 이 결정적인 순간의 본문은 이렇게 보도된다. "**이때로부터** 예수 그리스도께서 자기가 예루살렘에 올라가 장로들과 대제사장들과 서기관들에게 많

14) M. 유진 보링(M. Eugene Boring)은 최근에 펴낸 주석서에서 마태가 교차대구법을 사용하여 복음서 1-12장을 구성하였다고 주장한다. 다시 말하자면, 1-12장에서 마태는 매우 자의적으로 복음서를 구성하였으나, 그 이후(13장)부터는 전반적으로 마가복음의 구조를 따랐다는 것이다. 이에 대해서는 "The Gospel of Matthew," *New Interpreter's Bible*, vol. 8(Nashville: Abingdon, 1995), 특히 14-118을 보라.

은 고난을 받고 죽임을 당하고 제삼일에 살아나야 할 것을 제자들에게 비로소 나타내시니."

이 두 본문(마 4:17, 16:21)에서 마태복음 저자는 "이때(로)부터"(그리스어로는 ἀπὸ τότε)라는 표현을 사용하는데, 특별히 때를 강조하여 나타내는 구절이다. 잭 딘 킹스베리(Jack Dean Kingsbury)는 에드가 크렌츠(Edgar Krentz) 등과 같은 앞선 학자들의 견해를 받아들이면서, 마태복음의 기본 구조에 대한 실마리를 이 두 핵심구절에서 찾아야 한다고 강하게 주장한다.[15] 그의 주장에 따르면, 4:17-16:20의 이야기는 하나님의 통치에 대한 예수의 선포와 관련이 되고, 16:21-28:20은 예수의 고난과 죽음과 부활과 관련이 있다. 물론 그는 복음서의 첫 부분을 무시하지는 않는다. 킹스베리는 마태복음의 첫 절을 "다윗의 자손, 아브라함의 자손, 예수 그리스도의 기원에 대한 책"(1:1)이라고 번역하는데, 그는 이 구절이 1:1-4:16 전체에 대한 제목이라고 주장한다. 말하자면 그는 마태복음의 시작을 여는 1:1의 그리스어 "βίβλος γενέσεως"를 '족보' 또는 '계보'라고 문자적으로 번역하지 않는다. 그렇게 번역할 경우, 이것은 예수의 탄생 이야기의 앞부분(1:2-18)에 대한 제목이 될 뿐이다. (다른 많은 주석가와 더불어) 킹스베리는 마태복음을 시작하는 이 첫 구절을 예수의 총체적 기원에 대한 소개로 본다. 즉, 예수의 족보와 그의 탄생 이야기, 요단 강에서

15) Jack Deam Kingsbury, *Matthew: Structure, Christology, Kingdom*(Philadelphia: Fortress, 1975); Edgar Krenz, "The Extent of Matthew's Prologue: Toward the Structure of the First Gospel," *Journal of Biblical Literature* 83(1964), 409-415. 크렌츠는 나중에 다시 한 번 마태복음의 구조에 대한 논문을 발표한다. "More Than Many Lessons: On Preaching Matthew," *Currents in Theology and Mission* 19(1992), 440-452, 특히 441-445. 최근에 킹스베리는 마태복음의 '줄거리'를 연구하면서 문학비평 방법을 사용하나, 마태복음이 세 부분으로 구성되어 있다는 자신의 기본적인 생각은 그대로 유지한다. 이에 대해서는 *Matthew as Story*(Philadelphia: Fortress, 2nd rev. ed., 1988)와 "The Plot of Matthew's Story," *Interpretation* 46(1992), 347-356을 보라.

세례자 요한과 처음으로 만나는 이야기, 그리고 광야에서의 시험 이야기 전체를 포괄하는 내용에 대한 제목이라는 것이다. 진정한 의미에서 이 모든 사건은 예수의 공생애에 대한 보도에 앞서 나오는 도입부가 된다. 그 결과 아래와 같이 마태복음이 나누어지며, 각각의 주제는 아래와 같다.

1) 예수에 대한 소개(1:1-4:16)
2) 이스라엘을 향한 예수의 사역과 예수에 대한 이스라엘의 거부(4:17-16:20)
3) 예루살렘을 향한 예수의 여정과 그의 고난과 죽음과 부활(16:21-28:20)

킹스베리가 제기하는 이 주제들에 대해서 여기서 충분히 논하기는 쉽지 않다. 그 주제들이 너무나도 방대하기 때문이다. 그가 관찰한 것처럼, 이러한 틀은 기본적으로, 다른 모든 이야기와 마찬가지로, 마태복음의 이야기에도 시작과 중간과 끝이 있음을 알려줄 뿐이다![16] 더욱이 마태복음 4:17과 16:21이라는 두 구절의 역할에 대하여 지나치게 부풀려서 생각하는 것일 수도 있다. 물론 마태복음을 읽는 독자라면, 이 두 구절이 마태복음 이야기의 중요한 이정표가 될 수도 있다고 생각할 것이라는 데는 의심의 여지가 없다. 그런데 이 두 구절이 정말로 마태복음 전체 문학적 구조의 든든한 버팀목이라고 할 수 있는가?

최근에 벨기에의 신약학자 네이링크(Frans Neirynck)는 이 문제를 더 깊이 연구하였다.[17] 여기서 그는 "이때(로)부터"라는 표현이 사용된 이 구절 자체가 전환점이 되는 것이 아니라, 이 구절들이 각각 포함된 이야기

16) Allison, "Matthew," 56.
17) Frans Neirynck, "APO TOTE ERXATO and the Structure of Matthew," F. Van Segbroeck(ed.), *Evangelica II 1982-1991. Collected Essays by Frans Neirynck* (Leuven: University Press, 1991), 141-182.

단락 **전체**가 전환점이 된다고 주장한다. 예를 들면, 예수의 공생애는 4:17에서 시작되는 것이 아니다. 마태는 예수가 갈릴리로 간다고 보도하고, 이 역사적 사건을 묘사하기 위해 구약을 인용하는데(4:15-16), 바로 이때, 즉 4:12에서 예수의 공생애가 시작된다는 것이다. "이때부터"라는 구절은 바로 앞에 서술된 중차대한 사건(4:12-16)을 포착하며, 예수가 하나님의 통치를 선포하기 "시작"하였다는 말로 이야기를 이어나간다. 따라서 4:17 자체가 전환점이 되는 것이 아니다. 4:17은 이야기가 전환되는 중요한 단락(4:12-17)의 없어서는 안 되는 일부가 되는 것이다. 16:21도 마찬가지이다. 16:21 자체를 전환점이라고 한다면, 그 전환점은 통일성 있는 하나의 이야기를 중간에서 끊어버리고 만다. 즉, 16:21이 중간에 자리를 잡고 있는 이 단락(16:13-23)은 베드로의 고백(16:13-20)과 이에 대한 예수의 반응(16:21-23)이라는 통일성 있는 하나의 이야기이며, 따라서 16:21이 전환점이 되기는 부적절하다는 것이다. 물론 가이사랴 빌립보에서의 사건과 예수의 첫 번째 고난예고는 둘 다 마태복음 이야기의 또 다른 중요한 이정표일 것이다. 그러나 어쨌든 열쇠가 되는 것은 하나의 절이 아니라, 전체로서의 하나의 단락이다.

이 두 경우 모두, "이때(로)부터"라는 표현에는 과거지향적(retrospective) 기능과 미래지향적(prospective) 기능이 들어 있다고 네이링크는 주장한다. 다시 말하자면, 이 표현은 바로 앞에 진술된 중요한 순간(예를 들면, 예수가 갈릴리에 들어가는 이야기와 베드로의 고백)을 포착하며, 동시에 앞으로 일어날 사건들(예를 들면, 예수의 공생애와 예수의 고난과 부활)에 대해 독자들이 주목하도록 한다.

복음서를 구조적으로 구분하는 일과 관련하여 매우 중요한 역할을 하는 이 두 구절에 대해 네이링크는 또 다른 의미 있는 주장을 펼친다. 그는 4:17과 16:21이 동일한 수준에 있지 않다고 지적한다. 그에 따르면, 4:12-17에 보도되는 하나님의 통치 선포에 대한 모티프는 16:21로 끝나는 것이 아니라, 복음서 전체를 관통한다. 달리 말하자면, 예루살렘으로의 여정과 고난에 대한 보도가 나왔다고 해서 하나님의 통치에 대한 선포가 끝난 것은 아니라는 것이다. 따라서 마태복음 이야기에서 4:17에 보도되는 모티프는 16:21(또는 1:1)보다 훨씬 더 광범위한 기능을 수행한다고 할 수 있다.

이 두 핵심구절에 대한 킹스베리의 논점이 지나치게 과장된 면이 있기는 하지만, 마태복음의 전체 문학적 구조를 분석하는 열쇠로 복음서의 이야기 흐름에 주목하였다는 점은 여전히 유효하며, 중요하다. 물론 어떤 하나의 형식적인 구조라든지 또는 몇몇 구조들을 묶어서(상당수의 담화, 서사와 담화의 교차, 교차대구법, 핵심구절 등) 마태복음의 구조 문제를 해결할 수 있을 것 같지는 않다. 결국 마태복음은 시작이 있고, 중간이 있고, 끝이 있는 하나의 이야기이다. 청사진을 가지고 일한다든지, 아니면 수학적으로 정교한 도면을 앞에 놓고 일하는 것과 똑같은 방식으로 문학작품을 저술하지는 않는다. 하나의 이야기를 창작하는 것은 전략 계획을 수립한다든가 매우 합리적인 철학 논문을 작성하는 것보다 훨씬 더 유기적이고, 더 교묘하며, 더 복잡하다. 문학비평가들이 지적하듯이, 좋은 이야기를 만들어내는 데는 다양한 요소들이 고려되어야 한다. 역동적인 줄거리(예수의 기원, 사역, 죽음, 부활)가 있어야 하며, 다양한 공간적 배경(광야, 갈릴리, 예루살렘, 호수, 성전, 산꼭대기)도 필요하다. 또한 등장인물(예수, 제자들, 제사장들, 바리새파 사람들, 사두개파 사람들, 율법학자들, 원로들, 로마 사람들, 군중, 그 밖의 많은 단역)도 있어야 한다.

이야기의 세계 밖으로 나가서 그림을 더욱 복잡하게 만들고자 한다면, 즉 양식비평과 자료비평을 통해서 얻게 된 지식까지 고려하기를 원한다면, 우리는 마태가 사용한 자료들이 마태복음의 문학적 구조에 어떠한 영향을 끼쳤는지도 질문해야 한다. 마가복음에 보도되는 이야기의 순서들이 마태가 예수 이야기를 서술하는 데 강력하게 영향을 끼친 것은 분명해 보인다. 그런데 마태복음 저자에게는 마가복음 외에 다른 자료들도 있었다. Q자료가 있었으며, 이 밖에도 그가 속한 공동체에서 비롯된 또 다른 전통의 문헌들과 그것들에 대한 해석들을 마태는 알고 있었다. 이러한 자료들 때문에 마태는 마가복음의 기본 줄거리에 새로운 기사들을 덧붙일 수밖에 없었다. 예수의 다섯 담화라든지 예수의 탄생 이야기, 또 부활 이후의 현현 이야기 등이 여기에 속한다.

4) 마태복음의 구조에 대한 제안

마태복음의 문학적 구조는 이러한 모든 요소를 다 고려해야 해서, 하나의 큰 그림으로 이해해야 한다. 이러한 사실을 염두에 둔 채로, 이제 아래와 같이 마태복음 구조를 제안한다. 마태복음 이야기에 대한 더 자세한 논의와 설명은 제2부에서 한다.

1) **예수의 기원과 그의 사역**(1:1–4:11). 예수의 기원은 마태만이 알고 있었던 탄생 이야기와 더불어 광야에서 세례자 요한을 만나는 이야기(여기가 바로 마태복음이 마가의 이야기에 합류하는 지점이다.), 또 광야에서 시험받는 이야기에서 찾아볼 수 있다.

2) **예수: 말씀하시고 사역하시는 메시아**(4:12–10:42). (어느 한 절이 아니라) 4:12–17 전체가 마태복음 이야기의 흐름을 바꾸는 중요한 순간이다. 이 단락(4:12–17)은 앞서 보도된 예수와 세례자 요한의 만남 장면(3:13 이하)을 이어주며, 갈릴리에서 예수의 공생애의 시작을 알린다. 또한 복음서 끝까지 흐르게 될 주제인 하늘나라 모티프를 드러낸다. 이야기의 흐름이 빨라지면서, 마태는 가르침(5–7장, 마태복음의 첫 번째 담화)과 치유(8–9장)로 정리할 수 있는 예수의 갈릴리 활동을 보도한다. 그런데 예수의 활동은 사도들의 활동(10장, 마가복음과 Q자료를 토대로 작성된 두 번째 담화)의 모델이 된다. 이 부분(4:12–10:42)은 마태복음에서 매우 중요한 부분인데, 여기서 마태는 마가복음에 보도되지 않는 자료를 많이 사용

한다.(예를 들면, 산상설교, 선교에 대한 담화) 그리고 (마가의 순서를 따르지 않고) 자기 나름대로 사건들을 배열한다.(예를 들면, 8-9장의 기적 이야기들의 순서) 다음 부분에서야, 조금 더 구체적으로 말하자면, 13장의 비유 담화 이후에야 마태는 다시 마가의 줄거리를 따른다.

3) **예수에 대한 반응: 거부와 이해**(11:1-16:12). 세례자 요한의 증언과 아버지 하나님에 대한 예수의 감사 찬양으로 이야기는 새로운 국면으로 치닫는데, 이때 마태복음 저자는 예수에 대한 다양한 반응을 보도한다. 그 반응은 유대인 적대자들의 거부(특별히 11-12장)와 제자들의 희미한 믿음(특별히 14-16장, 여기서 마태는 다시 마가의 이야기 순서를 정확히 따른다.)이다. 이 부분에는 또 다른 중요한 담화(13장, 비유 담화)가 포함되어 있기도 하다.

4) **예루살렘으로의 여정**(16:13-20:34). 16:13-23에 보도되는 베드로에 대한 이야기 전체가 '다리' 역할을 한다. 즉, 앞부분에서 명백하게 시작된 제자도에 대한 주제는 예수가 베드로를 축복하는 장면에서 절정에 이르며(16:13-20), 동시에 예수가 자신의 고난을 예고하고 베드로를 꾸짖는 장면(16:21-23)에서 알 수 있듯이, 이 부분은 앞으로 이어질 고난을 암시한다. 마태가 마가의 순서에 따라 예루살렘으로 올라가는 예수와 그의 제자들의 모습을 묘사해 나가면서, 예수의 죽음과 부활에 대한 드라마가 그 모습을 드러낸다. 예루살렘으로 가는 이 여정 가운데 제자들에 대한 가르침(예를 들면, 18장)과 적대자들과의 갈등(예를 들면, 19:3-9)이 이어지는데, 이러한 담화자료 역시 마가복음의 순서를 따른다.

5) **거룩한 도성에서: 갈등과 죽음과 부활**(21:1-28:15). 거룩한 도시는 예수가 생의 마지막 며칠을 머물며 가르침을 주었던 성전이 있는 곳이다. 거의 매일 예수는 적대자들과 날카롭게 갈등하는데, 예수의 가르침이 끝

나자(26:1), 본격적으로 고난 이야기가 시작된다. 고난 이야기는 예수의 죽음과 부활로 이어진다.

6) **대단원(28:16-20)**. 이 부분은 단 한 절에 불과하지만, (마태복음에만 보도되는) 이 강렬한 대단원이야말로 마태복음 이야기를 완성시킨다. 제자들은 갈릴리로 돌아가서 부활한 예수를 만나는데, 갈릴리의 어느 산 위에서 예수는 제자들을 세상으로 내보내며, 세상 끝 날까지 함께하실 것을 약속한다. 이 마지막 장면은 앞에 보도되는 부분에 대해 단지 결론을 짓는 것이 아니라, 복음서 전체에 걸친 중요한 주제들을 다시 반복한다. 그리고 독자들로 하여금 신앙공동체 안에서 예수가 명령한, 또 그가 친히 모범으로 보여준 그러한 삶을 지속적으로 살아가도록 격려한다.[18)]

18) 더 자세한 논의는 Donald Senior, "Matthew's Account of the Burial of Jesus Matt 27,57-51," Van Segbroeck, *The Four Gospels*, 2:1433-1448, 특별히 1441-1442를 보라.

제2장

마태의 구약성서 인용

마태복음을 조금만 읽어보아도 마태가 예수 이야기를 서술하면서 구약성서를 얼마나 자주, 또 얼마나 분명하게 인용하는지 금방 알아차릴 수 있다. 1장과 2장에서 마태는 다섯 차례에 걸쳐서 구약성서를 분명하게 인용한다. 이 가운데 네 차례는 구약본문을 인용하면서 '성취 공식'을 사용한다. 예수의 기적적인 수태는 이사야 7:14(마 1:23)의 예언을 성취하며, 예수가 이집트로 피신하는 것은 호세아 11:1(마 2:15)에 나오는 하나님의 약속을 성취한다. 메시아가 태어날 장소로 베들레헴을 지목하는 것은 미가 5:1(마 2:6)을 인용함으로써 확증된다. 베들레헴의 유아학살은 예레미야 31:15(마 2:18)에 나오는 탄식의 성취이다. 그리고 마태복음 2:23에서 복음서 저자는 예수의 가족이 나사렛으로 이주한 것이 예언자들의 말씀의 성취라고 말하는데, 정확히 구약성서의 어느 부분을 염두에 두고 이렇게 말한 것인지는 불분명하다.[1]

---

1) '나사렛'이라는 단어를 사용하면서 마태는 구약의 '나실인'을 생각하고 있었을지도 모른다. 삼손과 같은 사람이 나실인인데, 나실인은 하나님께 스스로를 바친 사람들을 가리킨다(삿 13:5-7을 보라). 또는 다음의 설명이 더 가능성 있는 설명인데, 마태가 히브리어 '나지르'(nazir)를 생각하고 있었을지도 모른다. '새싹' 또는 '어린가지'를 의미하는 '나지르'는 이사야 11:1("이새의 줄기에서 한 싹이 나며")

마태는 계속해서 '성취' 문구들을 인용한다. 예수가 갈릴리로 들어갈 때 인용하며(4:15-16), 예수의 치유행위를 해석할 때 인용한다(8:17). 또 예수의 자비로운 마음을 설명할 때(12:18-21), 비유로 가르치는 예수에 대해 말할 때(13:35), 예수가 예루살렘으로 들어갈 때(21:5), 예수가 잡혀갈 때(26:56), 그리고 유다의 끔찍한 배신과 죽음을 보도할 때(27:9-10)에도 '성취' 문구를 인용한다.

이렇게 분명한 성취 본문들만 있는 것이 아니다. 마태가 구약성서를 사용한 예는 훨씬 더 많다. 마태복음에 보면, 구약을 인용한 부분이 이 밖에도 많으며, 암시하는 부분까지 합하면 훨씬 더 많다. 구약의 인용이라는 사실이 매우 분명한 본문들도 있으며, 겉으로 분명하게 드러나지 않아서 겨우 알아차릴 수 있는 것들도 있다.[2] 물론 이것들 가운데 일부는 마가복음이나 Q자료에서 왔을 것이다. 그렇지 않은 것들은, 마태가 새로운 성경 구절을 덧붙여 본문을 확장한 경우에 해당한다. 구약성서의 특정한 본문이나 사건들에 대해 언급하는 것 외에도 마태는 유형론(typology)을 사용하는데, 복음서에 등장하는 인물을 구약성서의 중요한 인물처럼 묘사하는 것이다. 가령, 복음서의 시작 부분을 보면, 구약의 인물들과 거의 판박이인 인물들이 많다. 예수의 탄생 이야기에서 헤롯 대왕과 그 당국이 예수에게 가하였던 위협을 보면, 이스라엘의 첫 해방자인 모세에 대한 바로의 위협이 떠오른다. 또 산상설교의 시작 부분에서 예수는 산 위에서 가르침(법)을 주는 위엄 있는 인물로 묘사되는데(5:1-2), 이로써 마태가 예수를 새로운 모세로 묘사하고 있음을 알 수 있다.[3] 마리아와 아기 예수를 이집

에 나온다. 어쨌든 마태는 이로써 예수가, 끊긴 것처럼 보이는 다윗의 혈통에서 나온 메시아임을 강조한다.

2) 마태는 구약성서를 약 61번 인용하는데, 그 어떤 복음서보다도 많다. 만약에 여기서 구약성서의 본문이나 인물 또는 사건을 암시하는 단락까지 합친다면, 수백 개에 달할 것이다. 더 많은 정보는 M. Eugene Boring, "The Gospel of Matthew," *New Interpreter's Bible*, vol. 8(Nashville: Abingdon, 1995), 151-154를 보라.

트로 피난시켜 보호한 요셉은 출애굽기 이야기의 요셉과 비교되지 않을 수 없다. 또한 헤롯은 야만적인 대량학살로 바로의 역할을 하게 된다는 것이다.

1. 성취 본문의 의미

마태복음에는 구약에 대한 인용과 암시가 많고, 유형론도 강하게 나타나는데, 그래도 구약의 권위에 가장 분명하게 의존하는 마태의 두드러진 특징이라면 역시 성취 본문들이라고 할 수 있다. 따라서 성서학자들은 이 성취 본문들에 지대한 관심을 기울였다. 이와 관련된 질문들을 몇 가지 생각해 볼 수 있는데, 다음과 같다. 첫째, 이 인용문들을 마태가 히브리어 성서에서 직접 번역하였는가? 아니면, 칠십인역 등 이미 존재하던 그리스어 번역을 사용하였는가? 둘째, 구약의 본문을 인용하여 예수에게 적용시키는 일을 마태가 직접 하였는가? 아니면, 그러한 모음집이 이미 존재하고 있었는가? 그것도 아니면, 복음서에 보도되는 사건들을 해석하는 방식에 기인하는가? 셋째, 성취 본문을 인용하는 정확한 목적과 의미는 무엇인가?

마태복음의 성취 본문에 대한 초기의 연구들 가운데 가장 주목할 만한 것은 스웨덴의 신약학자 크리스터 스텐달(Krister Stendahl)의 연구이다.[4] 마태복음이 정교하게 구성된 것을 보면, 또 구약성서를 많이 사용한 것을 보면, 이 복음서가 그리스도인 지도자들과 교사들을 양산하기 위해 세워진 초기 그리스도교 '학파' 또는 해석 전통에서 나왔다고 그는 주장하

3) 마태복음의 모세유형론에 대한 방대한 연구에 대해서는 Dale C. Allison, Jr., *The New Moses*(Minneapolis: Fortress, 1968)를 보라.

4) Krister Stendahl, *The School of St. Matthew and Its Use of the Old Testament* (Philadelphia: Fortress, first American ed., 1968).

였다. 이러한 환경 가운데에서 구약성서에 비추어 예수의 생애를 해석하기 위한 특정한 패턴이 조성되었다는 것이다. 쿰란에 있던 유대 소종파 그룹이 자기네 공동체의 역사와 신학의 관점에서 성서를 읽었던 것과 마찬가지이다. 구약의 성취 본문에 대한 인용은 바로 이 '학파'의 유산이다.[5] 스텐달은 이것이 또한 마태의 구약 인용문들의 형태를 잘 설명한다고 믿는다. 마태가 마가복음에서 받아들인 구약 인용문들은 칠십인역의 번역인 반면에, 마태의 성취 인용문들의 형태는 독특하다. 분명히 그리스어로 되어 있기는 하지만, 우리가 알고 있는 그 어떤 히브리어 성서나 그리스어 번역과는 다르며, 오히려 탈굼(일찍이 아람어로 자유롭게 번역된 구약성서인데, 유대공동체의 예배에서 사용되었다.)과 유사성을 보인다. 마태와 그가 속한 학파는 이 성취 인용문들을 직접 번역하였을 것인데, 아마도 그것들을 복음서의 문맥에 맞도록 고치기도 하였을 것이다.

마태복음이 어떤 특정한 '학파'에서 나왔을 것이라는 스텐달의 제안이 많은 지지를 얻지는 못하였으나, 구약 인용문의 형태와 목적에 대한 그의 의견들 가운데 많은 것은 오늘날에도 여전히 유효하다. 스텐달 이후의 후속 연구들은 아래와 같은 스텐달의 결론을 확증해준다. 즉, 마태복음에서 성취 인용문 이외의 다른 인용문들은 대체로 칠십인역과 일치하지만, 성취 인용문들은 어떤 하나의 특정한 본문 형태를 따르지 않는다는 것, 그

5) 사실 스텐달은 이 구약 인용문들을 '공식' 인용문들('formula' quotations)이라고 불렀다. 구약을 인용하면서 도입부에 어느 정도 정형화된 공식을 사용하였기 때문이다. 몇몇 학자는 인용문들을 '성취'(fulfillment) 또는 '회상'(reflection)이라고 부르는 것을 선호한다. 이러한 용어가 마태복음의 맥락에서 구약 인용문들이 수행하는 기능을 더 잘 드러낸다고 생각하기 때문이다. 또 스텐달은 '학파'(school)라는 용어를 사용하면서, 이것이 반드시 학교와 같은 기관이어야 한다고 생각하지는 않았다. 오히려 그리스도인이 된다는 것이 무엇을 뜻하는지에 대한 자기들만의 전통과 생각을 가지고 있었던 특정한 환경이라는 의미로서의 '학파'라고 할 수 있다. 이 그리스도교 그룹은 유대교로부터 '페세르'(pesher)라고 불리는 성서 주석 방법을 받아들였는데, 현재의 사건에 비추어 성서를 해석하는 방식이다.

리고 그것들은 마태복음 저자가 직접 번역하였거나, 아니면 마태의 시대 직전에 독자적으로 번역된 자료를 마태가 사용하였으리라는 것이다. 그런데 초기 그리스도인들이 사용한 모든 그리스어 구약성서 번역본을 우리가 알 수 없다는 사실을 깨닫게 되면서, 그의 결론의 참신함이 어느 정도 희석되었다. 예를 들면, 로버트 건드리(Robert Gundry)는, 마태복음에 나오는 많은 구약 인용문을 우리가 알고 있는 번역본들과 비교해보면, 그것들이 혼합된 형태를 보인다고 지적한다. 마가복음은 그렇지 않다. 마가복음은 칠십인역을 충실하게 따른다. 마태가 마가복음에서 구약 인용문을 가져오는 경우에, 그것은 반드시 칠십인역의 본문과 일치한다. 그러나 마가에서 가져오는 경우가 아니면, 마태가 사용하는 구약 인용문은 혼합된 형태로, 다른 복음서들과 별 차이가 없다. 따라서 마태복음의 그리스어 성취 인용문들은 그다지 특이하다고 할 수 없다.[6]

그러나 동시에, 학자들이 전반적으로 동의하는 점도 있다. 마태복음의 성취 인용문들에서 독특한 특징이 발견되는데, 그것은 마태가 이 인용문들을 복음서 문맥에 끼워 맞추려는 데서 기인한다는 것이다. 예를 들면, 이사야 7:14를 인용하는 마태복음 1:23에는 "그들"(그의 이름을 임마누엘이라 할 것이다.)이라는 복수 형태가 주어로 나오지만, 이사야 7:14에는 주어가 단수이다("그가 그의 이름을 임마누엘이라고 할 것입니다"). 이사야 7:14를 보도하는 어떤 버전의 성서도 복수 형태의 주어를 사용하지 않는다. 마태에서 복수 주어가 사용된 이유는, 마태가 이 인용문을 자신이 쓰고 있는 복음서의 문맥에 맞추려고 하였기 때문이다. 즉, 죄에서 구원받은 사람들(복수)이 예수를 임마누엘이라고 부를 것(1:23)이라는 마태의 문맥에 맞추려다 보니, 주어가 복수로 바뀌었다. 또 마태복음 2:6은 미가

6) Robert Gundry, *The Use of the Old Testament in St. Matthew's Gospel with Special Reference to the Messianic Hope*, NovTSup 18(Leiden: Brill, 1967)을 보라. 스텐달의 책이 처음 출판된 것은 1954년인데, 이후 1968년판 서문에서 그는 스스로 이 가능성을 인정하였다.

5:2를 인용한 것인데, 마태복음에는 미가에 없는 "결코 … 아니다"가 덧붙어, 원래의 뜻이 완전히 바뀌었다. 즉, 미가에는 "너 베들레헴 에브라다야, 너는 유다의 여러 족속 가운데서 작은 족속이지만"이라고 되어 있는데, 마태는 이것을 인용하면서, "너 유대 땅에 있는 베들레헴아, (결코) 너는 유대 고을 가운데서 아주 작지가 않다"라고 하였다. 이제 이 마을은 메시아인 예수의 탄생 장소가 되는데, 이러한 맥락에 맞도록 본문을 변경한 것이다. 마태복음 27:9-10에서 마태는 스가랴의 본문과 예레미야의 본문을 섞어서 인용하는데, 이때도 역시 유다가 예수를 판 몸값을 다시 되돌려주는 문맥에 맞추어서 인용문을 변형시킨다.[7] 물론 이러한 사실이 마태 '학파'에 대한 구체적인 증거가 되지는 못한다. 그러나 복음서에 보도되는 사건들에 비추어서 구약성서를 읽고 해석하는 전통이 초기 그리스도교 공동체 안에 이미 확립되어 있었음을 알 수는 있다.

성취 인용문들의 유래와 형태보다 더 중요한 것은 마태복음의 문맥에서 그것들이 어떤 의미를 지니는가 하는 것이다. '성취하다'(그리스어 동사는 πληρόω)라는 단어가 마태가 이 인용문들을 사용하는 가장 중요한 의미를 잘 드러낸다. 마태복음서 저자는 예수의 총체적인 삶의 의미를 이스라엘의 역사의 '성취'로, 또 말씀(구약성서)의 '성취'로 본다. 이러한 생각은 5:17에서 분명하게 드러난다. 산상설교를 시작하면서 예수는 자신이 "율법이나 예언자들의 말을 폐하러 온" 것이 아니라, "완성(성취)하러" 왔다고 선언한다. 마태복음에서 예수의 첫 대사가 나오는 것은 3:15인데, 여기서 예수는 자신의 임무가 "모든 의를 이루는 것(성취하는 것)"이라고 선언한다. 비록 '성취하다'라는 동사의 정확한 의미에 대해서 여전히 논란의 여지가 남아 있기는 하지만, 이 단어의 기본적인 의미는 분명하다. 마태에게 예수는 하나님의 백성의 역사를 꽃피운 존재이다. 예수와 예수의 사역

7) 더 많은 예를 보고 싶으면 Graham Stanton, *A Gospel for a New People: Studies in Matthew*(Edinburgh: T&T Clark, 1992), 346-363을 보라.

은 일찍이 하나님께서 이스라엘에게 주신 구원의 약속에 대한 응답이라는 의미이다. 따라서 히브리인들의 성서(구약성서)에 응축되어 있는 모든 기대와 바람은 예수에게 집중되어 있으며, 그 궁극적인 해답도 예수가 된다. 달리 표현하자면, 예수는 성서의 궁극적인 의도와 의미를 밝힘으로써 성서를 '성취한다.' 이러한 관점은 마태복음에 묘사되는 예수의 초상, 즉 마태의 그리스도론에 녹아 있을 뿐만 아니라, 변증적인 목적을 위한 기능을 수행하기도 한다. 당시 유대인들은 그리스도인들이 예수를 믿는 것을 비판하며 여러 가지 문제를 제기하였는데, 이에 마태는 구약성서의 약속이 예수에게서 실현되었음을 드러냄으로써 그리스도교 공동체가 그들의 비판에 맞서 싸울 수 있도록 근거를 제공한다.[8)]

2. 구약성서와 마태의 예수 이야기

그런데 성취 인용문들이 마태의 근본적인 신학의 일부라고 한다면, 또한 이 성취 인용문들이 예수의 생애에 대한 마태의 이야기에 고르게 펴져 있지 않다는 사실을 알아야 한다. 거의 대다수의 성취 인용문들은 마태복음의 첫 열세 장에 나온다. 더군다나 이 가운데 상당수가 마태복음 1-4장에 집중된다.[9)] 어쩌면 이것은 부분적으로는 마태의 수사학적 전략 때문인지도 모르겠다. 예수의 탄생 이야기와 공생애 이전의 이야기에서 복음

8) 이에 대해서는 Ulrich Luz, *The Theology of the Gospel of Matthew*, New Testament Theology(Cambridge: Cambridge University Press, 1995), 특히 37-41을 보라.

9) 26:56이 성취 인용문에 포함되어야 하는지에 대해서는 논란의 여지가 있다. 어쨌든 성취 인용문을 표준적인 도입 공식 이후에 분명한 구약 인용문이 뒤따르는 것들로 제한한다면(이 경우 25:56은 제외된다.), 성취 인용문은 총 열 개이다. 이 가운데 두 개(21:5, 27:9-10)를 제외하면, 모두 1-13장 사이에 들어 있으며, 이 여덟 개 가운데 다섯 개가 1-4장에 집중되어 있다.

서 저자는, 자신이 예수를 어떻게 이해하는지를 독자들에게 소개한다. 그는 예수를 이스라엘의 역사와 연관 짓는다. 그리고 예수의 기적적인 수태가 하나님께서 하신 일이라고 단언한다. 또 예수의 구원 사역을 예고하고, 하나님의 계획에 대한 예수의 충성과 헌신을 드러낸다. 그러고 나서야 예수의 공생애를 서술하기 시작한다. 공생애 이전의 이야기에 성취 인용문을 덧붙임으로써 마태는 예수 이야기의 장엄한 서곡을 구약성서의 약속과 뗄 수 없도록 단단히 결합시킨다.

또한 성취 인용문 대다수가 들어 있는 1-13장이 마가복음이라든지 Q 자료 등 마태가 사용한 자료들과 관련하여 마태의 편집 작업이 가장 두드러지게 잘 드러나는 부분이라는 사실은 결코 우연이 아닐 것이다.[10] 복음서 후반부에서 마태는 자신이 사용한 자료에 있는 만큼만 구약 인용문을 받아들일 뿐이다. 또한 구약성서를 인용하는 방식도 그대로 따른다. 그러나 훨씬 더 자유롭게 편집 작업을 할 뿐만 아니라 1-2장의 탄생 이야기 등 마태만의 특별한 자료(마태특수자료)가 훨씬 더 많이 들어 있는 전반부는 사정이 다르다. 복음서의 전반부에서 마태는 자기 나름대로 구약성서를 명시적으로 인용하는데, 그때마다 인용문 도입 공식이 분명하게 나온다. 이러한 도입 공식은 마태의 특징을 잘 드러낸다. 따라서 마태의 수사학적 전략(복음서 시작 부분에서 독자들에게 자신의 관점을 주입하려는 전략)과 자료들에 대한 창조적 조작(1-13장의 순서로 독특하게 이야기를 구성한 것), 이 둘은 같은 목적을 가지며, 복음서의 같은 부분(전반부)에 집중되어 있다.

학자들은 또한 성취 인용문들이 구약의 예언서에서 인용된 것들임을 발견하였다. 특히 4-13장에 보도되는 예수의 사역과 관련된 본문에서 마태가 이사야서를 선호하였다는 사실도 알아냈다.[11] 벨기에의 성서학자 세

10) 39-41쪽을 보라.

11) 마 4:14-16은 사 8:23의 인용이며, 마 8:17은 사 53:4, 마 12:17-21은 사 42:1-4, 마 13:14-15는 사 6:9-10의 인용이다. 마 13:55에서 마태는 시 78:2를 인용

그브레크(Frans Van Segbroeck)는 마태가 두 가지 이유로 이사야를 선호하였다고 주장하였다. 첫째는 이사야가 이스라엘의 해방을 선포한 예언자이기 때문이고, 둘째는 이사야 역시 이스라엘에 대한 자신의 사명을 끝내 성공하지 못한 것을 탄식하였기 때문이다. 두 가지 면에서 마태복음은 이 예언자의 메시지와 유사성이 많다.[12] 더 최근의 연구들은 문학비평 방법을 사용하여 편집비평가들이 끌어낸 결론을 보강하였다. 예를 들면, 킹스베리는 마태복음이라는 내러티브 세계 안에서 성취 인용문들은 어느 특정한 등장인물이 내세우는 주장이 아니라, 복음서의 저자이자 내레이터인 '마태'가 직접 이것들을 인용한다는 데 주목한다. 내레이터의 역할은 하나님의 뜻이 무엇인지를 알려주는 것이다. 즉, 내레이터는, "예수의 삶에서 일어나는 여러 다양한 사건들이 구원사적으로 얼마나 중요한지를 판단할 때, 하나님의 뜻을 드러내는 해설자가 되는 것이다."[13] 또 데이비드 하월(David B. Howell)은 비슷한 방법론을 사용하여 성취 인용문들을 '일반화'한다. 즉, 성취 인용문이란 내러티브에서 나오는 요소인데, 내러티브 세계 밖에 있는 더 큰 권위와 더 폭넓은 시각에 호소하는 기능을 한다. 다시 말하자면, 구약 인용문들은 구약성서에 나타나 있는 하나님의 뜻을 드러낸다(하나님의 뜻은 권위가 있다). 그렇게 해서 예수의 삶에 적용되는 구약 인용문들은 예수의 삶이 매우 정당하며, 매우 중요하다는 사실을 확실하게 증명하는 것이다. 또한 구약성서 자체에도 새로운 빛을 비

한다. 그런데 고대의 일부 사본들 가운데서는 이 인용이 이사야에서 온 것이라고 하는 것도 있다. 그런데 몇몇 수석가는 이것이 원독법이라고 생각하기도 한다. 즉, 마태가 구약을 인용하면서, 신학적인 이유 때문에 그것이 원래 자료가 아니라 다른 자료에서 왔다고 이야기하는 경우이다(마 27:9-10을 보라. 여기서도 스가랴가 인용되는데, 마태는 이것을 예레미야의 말이라고 한다).

12) Frans Van Segbroeck, "Les citations d'accomplissement dans l'Evangile selon saint Matthieu d'après trois ouvrages récents," M. Didier(ed.), *L'Evangile selon Matthieu*, BETL 29(Leuven: Leuven University Press, 1972), 107-130.

13) J. D. Kingsbury, *Matthew as Story*, 35.

춤으로써 구약성서가 오늘날 그리스도교 신앙에서 차지하는 위치를 갖도록 한다.[14)]

마태복음에서 구약성서가 매우 독특한 방식으로 사용되는데, 이러한 사실은 복음서 저자의 복합적이고 창의적인 문학적 솜씨를 드러내는 지표일 뿐만 아니라, 또한 예수의 삶을 유대적 배경에 연관시키려는 마태복음의 관심을 드러내는 지표이기도 하다.

---

14) D. B. Howell, *Matthew's Inclusive Story*, JSNTSup 42(Sheffield: Sheffield Academic Press, 1990), 189-190.

제3장

유대율법에 대한 마태의 이해

마태가 율법에 대한 예수의 가르침을 밝히는 방식은 이 복음서의 또 다른 독특한 특징이며, 마태복음의 유대적 배경에 대한 중요한 연결고리이다. 율법의 의미에 대한 예수의 선언이라든지 율법해석을 둘러싼 갈등은 마태의 이야기에 많이 나온다. 핵심 본문은 산상설교의 맨 앞에 있는 마태복음 5:17-19이다. 여기서 예수는, 자기가 율법이나 예언서를 "폐하러" 또는 "무효화하러" 온 것이 아니라, 율법과 예언서를 "완성(성취)"하러 왔다고 선언한다.(17절) 이 선언에 이어지는 두 절(18-19절)은 이 율법의 영원한 정당성을 강력하게 보강하는 것처럼 보인다.

> 내가 진정으로 너희에게 말한다. 천지가 없어지기 전에는 율법은 일점 일획도 없어지지 않고, 다 이루어질 것이다. 그러므로 누구든지 이 계명 가운데 아주 작은 것 하나라도 어기고 사람들을 그렇게 가르치는 사람은, 하늘 나라에서 아주 작은 사람으로 일컬어질 것이요, 또 누구든지 계명을 행하며 가르치는 사람은, 하늘 나라에서 큰 사람이라고 일컬어질 것이다.
> (마 5:18-19)

의심할 여지도 없이 이 구절은 율법에 대한 마태의 생각을 드러내는 가장 중요한 본문이다. 또한 이 본문에 이어지는 산상설교에서 예수가 가르치는 내용(특히 제자들에게 바리새파 사람들의 의보다 더 큰 의를 요구하는 5:20, 또 5:21-48에 보도되는 반명제들)이 이 본문과 어떻게 연결되는지도 중요하다. 그러나 이 두 가지는 마태복음에서 가장 이해하기 어려운 난해 구절이기도 하다. 이와 같은 이유로 예수와 그의 적대자들은 마태의 예수 이야기 전체에 걸쳐 지속적으로 율법에 대해 논쟁하며 갈등한다.[1)]

1. 일관된 관점 찾기

지금껏 마태복음을 해석하는 학자들은 율법에 대한 마태의 다양한 진술들을 하나의 일관된 관점으로 설명하는 데 어려움을 겪었다. 한편으로 마태는 5:17-19에서 율법의 영원한 유효성을 강조하여 가르치는데, 심지어 "점" 하나 또는 "획"(5:18) 하나까지도 유효하다고 한다. 이러한 진술은, 마태가 속한 유대적 그리스도교 공동체가 여전히 유대율법을 준수하고 있었음을 드러낸다. 마태는 마가복음을 자료로 사용하면서, 마가복음의 본문을 미묘하게 변경시켰는데, 이렇게 변경된 본문을 살펴보면 마태의 이러한 경향을 더욱 분명하게 알 수 있다. 9:9-13과 12:1-8의 논쟁 단락에서 마태는 마가복음에는 없는 호세아 6:6을 인용한다. 이렇게 예언서 본문을 인용함으로써 마태는 예수가 구약을 어떻게 이해하였는지를 드러낸다. 손을 씻는 규정에 대한 논쟁에서 예수는, 사람을 더럽히는 것은 밖에서 들어가는 것이 아니라고 선언한다. 이때 마가는 "모든 음식은 깨끗하다고 하셨다"(막 7:19)라는 예수의 견해를 덧붙이는데, 마태복음의 병

1) 예를 들면, 마 9:9-13(특히 9:13에 호 6:6이 추가로 인용되어 있는 것), 9:14-17, 12:1-8(또 한 번 호 6:6이 인용), 12:9-14, 15:1-20, 17:24-27, 19:3-9, 22:15-22, 34-40(마가복음 병행단락의 갈등과는 다르다. 막 12:28-34 참고), 23장의 날카로운 논쟁 등을 보라.

행구절에는 이 결론적인 진술이 삭제되어 있다(마 15:17 참고). 가장 큰 재난에 대한 마가복음의 본문을 보면, 예수가 제자들에게 그 일이 "겨울에" 닥치지 않도록 기도하라고 가르친다.(막 13:18) 그런데 마태의 병행 단락에는 "안식일에"가 덧붙어 있다.(마 24:20) 율법학자들과 바리새파 사람들의 위선을 통렬하게 비판하는 단락에서도 마태의 예수는 여전히 그들의 가르치는 권위만큼은 존중한다. 그리고 자기 제자들과 사람들에게 "그들이 너희에게 말하는 것은 무엇이든지 다 행하고 지켜라"라고 충고한다.(23:3) 또한 마태에만 보도되는 몇몇 단락에 보면, 예수는 제자들에게 불법을 행하는 자들을 경계하라고 한다.(7:23, 13:41, 24:12 참고) 여기서 "불법(아노미아)을 행하는 자들"은 율법을 지키지 않는 사람들을 가리킨다.

그런데 마태복음에는 정반대되는 양상도 보인다. 마태복음 어디에도 유대교의 가장 중요한 율법조항이라고 할 수 있는 할례 규정이 언급되지 않는다. 또한 산상설교에서 예수의 가르침은 율법의 관행과 모순되는 것처럼 보인다. 가령, 예수는 맹세를 금지하며(5:33-37), 복수에 대한 율법을 뒤집어엎는다(5:38-42). 또 이혼을 허락하지 않는다.(5:31-32. 또한 19:3-9 참고) 예수는 율법해석과 관련하여 율법학자들이나 바리새파 사람들과 갈등하며, 또 사랑 계명(5:43-48, 22:34-40)을 특별히 강조하는 것으로 마태가 묘사하는데, 이러한 배경에서 많은 학자는 아래와 같은 결론을 내린다. 즉, 마태는 예수가 율법의 자리를 대신하는 것으로 보았으며, 따라서 일부 율법, 특별히 예식법이나 정결예법은 더는 마태공동체에서 구속력이 없었다.

2. 마태복음 5:17-20의 핵심적인 역할

분명히, 유대율법과 관련된 문제의 핵심은 5:17-20의 의미와 산상설교의 내용에 있다. 이 부분을 복음서의 바로 이 자리에 위치시킨 데 관하여는 제2부에서 더 자세히 논의하게 될 것이다. 여기서는 다만, 이 본문에 대한 오늘날 학계의 견해를 대략적으로나마 살펴보고자 한다. 그렇게 함으로써 이 문제가 무엇과 관련된 것인지를 이해할 수 있게 될 것이다.

여러 가지 면에서 가장 문제가 되는 본문은 마태복음 5:18이다. 여기서는 마태는 율법의 가장 하찮은 조항("점"과 "획")마저 영원히 유효하다고 한다. 율법의 영원한 유효성을 특별히 강조하기 위해 "천지가 없어지기 전까지"와 "이 모든 것이 다 이루어질 때까지"와 같은 '때를 나타내는 부사구'가 덧붙었다. (우리말 새번역에는 "천지가 없어지기 전에는 율법은 일점 일획도 없어지지 않고, 다 이루어질 것이다"라고 번역되어 있는데, 그리스어 원문은 "천지가 없어지기 전까지 율법에서 일점 일획도 결코 없어지지 않을 것이다. 이 모든 것이 다 이루어질 때까지"이다.) 18절이 없다면, 율법의 "완성(성취)"에 대하여 진술하는 5:17은 조금 느슨하게, 또는 유연하게 해석될 것이다. 즉, 율법 가운데 일부 특정한 조항들이나 몇 가지 금지명령들은 폐지되고, 나머지 조항들을 지킴으로써 율법을 완성, 또는 어느 단계에 이르게 하는 것으로 해석할 여지가 있게 된다. 그런데 18절은 그렇지 않다. 매우 엄격하게 율법을 지킬 것을 요구한다. 그러니 이 두 구절(17절과 18절)을 어떻게 조화시킬 수 있겠는가? 오늘날 학계에서는 대략 세 가지 방식으로 이에 대답한다.

1) **전승의 여러 층위**: 첫 번째 해결 방식은, 율법의 유효성을 긍정하는 좀 더 전통적인 진술이 초기 단계의 전승에 해당하며, 그것이 마태복음의 본문에 흘러들어 갔다고 보는 식이다. 예를 들면, 율법의 가장 하찮은 부분까지도 지키라고 강조하는 5:18의 진술은 유대율법의 유효성에 대한 좀 더 보수적인 유대 그리스도인들의 견해에 해당하는데, 마태는 이에 완전하게 동의하지는 않았지만, 그래도 자신의 복음서에 넣었다는 것이다. 이러한 초기의 전승이 사라지지 않고 존속되었다. 그럼으로써 공동체 내

의 좀 더 보수적이고 전통적인 부류의 사람들을 달랠 수 있었으며, 또 유대율법과 윤리적 계명에 지나치게 느슨한 태도를 보인 일부 공동체 구성원들을 자제시킬 수 있었다.[2)]

2) **두 시대 해법(Temporal solution)**: 다른 학자들은, 5:17-20에 초기 전승이 들어 있다는 것은 인정하면서도, 구원사에 대한 마태의 관점을 토대로 이 본문을 해석한다. 존 마이어(John Meier)를 예로 들 수 있는데, 그는 5:18에 나오는 두 개의 '때를 나타내는 부사구'가 이 단락을 해석하

---

2) 예를 들면, Gerhard Barth, "Matthew's Understanding of the Law," *Tradition and Interpretation in Matthew*(Philadelphia: Westminster, 1963), 58-164를 보라. 또한 비슷한 견해로 Robert Guelich, *The Sermon on the Mount: A Foundation for Understanding*(Dallas: Word, 1982); Hand Dieter Betz, *Essays on the Sermon on the Mount*(Philadelphia: Fortress, 1985)와 같은 저자의 주석서 *The Sermon on the Mount*, Hermeneia(Minneapolis: Frotress, 1995)를 보라. 베츠(Betz)는 산상설교 전체가 (아마도 50년대에 예루살렘에 있던) 초기 유대적 그리스도교 공동체에서 변형 없이 그대로 왔으며, 복음서의 전체적인 문맥에 그다지 잘 들어맞지 않게 끼워졌다고 믿는다. 그는 산상설교 자체에는 그리스도론적 내용이 거의 없다고 지적한다. 산상설교의 문학적 형태는 '발췌'이며, 이것은 곧 예수의 기본적인 가르침에 대해서 공동체를 가르치기 위해 수집한 예수의 어록이라는 것이다. 이 유대적 그리스도교 공동체는 정결예법과 예식법을 포함한 유대율법 전체를 지켰다. 그러나 그것들을 예수의 가르침을 토대로 이해하였다. 그들은 율법의 유효성을 강조하였는데, 그러한 경향은 교회 내의 또 다른 분파인 바울파와 직접적으로 대조된다. 율법 가운데 가장 작은 계명 하나라도 어길 뿐만 아니라, 남들에게도 그렇게 하라고 가르치는 사람은 하늘나라에서 "가장 작은 사람"이라고 하는데(5:19), 베츠는 이것이 바울에 대한 은근한 비판이라고 주장한다. 마태는 엄격한 율법준수를 강조하는 초기의 이 견해를 자신의 복음서에 편입시킨다. 율법의 강력한 윤리적인 명령들을 높이 평가하기 때문인데, 그래도 대체로 초기의 자료보다는 조금 더 온건한 태도를 보인다. 산상설교에 그리스도론이 결여되어 있으며, 이것이 마태의 전반적인 신학에 제대로 접목되지 못하였다는 베츠의 주장에 대해서는 많은 학자가 강하게 의문을 제기한다. 이에 대해서는 Graham Stanton, *A Gospel for a New People*(Edinburgh: T&T Clark, 1992), 307-325를 보라. 마태복음의 구조와 신학이 산상설교와 어떤 관계에 있는지에 대해서는 제2부에서 다룰 것이다(148-162쪽).

는 중요한 단서라고 믿는다.[3] "천지가 없어지기 전까지"라는 문구는 문자 그대로 율법이 세상 끝 날까지 유효할 것이라는 종말론적 관점을 드러낸다.[4] 반면에, "이 모든 것이 다 이루어질 때까지"라는 두 번째 문구는 예수의 사명을 통하여, 특별히 예수의 죽음과 부활을 통하여 비로소 모든 것이 성취된다는 것을 독자에게 알려준다. 사실, 마태는 예수의 죽음을 우주적 차원의 표적을 불러일으키는 무엇으로 해석하며, 이러한 표적들은 세상이 끝날 때 주어질 것이라고 이해한다.(땅이 흔들리고 무덤들이 열리는 27:51–53의 보도와 땅이 흔들리고 예수의 무덤이 열리는 28:2의 보도를 보라.) 예수의 죽음과 부활은 구원사의 전환점이다. 예수의 죽음과 부활로 (율법이 유효하던) 옛 시대는 끝나고, 이제 새로운 시대가 열린다. 새로운 시대를 알리는 또 다른 표적(sign)은 마이어가 "예표(豫表)된 파루시아"(proleptic parousia)라고 부르는 28:16–20의 장면이다. 여기서 부활한 예수, 곧 영광을 받은 사람의 아들이 세상 끝 날에 마지막으로 다시 올 것을 예견하며 승리자의 모습으로 제자들에게 나타난다. 마태에게 율법은 예수의 직무가 완성될 때까지만 유효하다.("이 모든 것이 다 이루어질 때까지") 그리고 예수의 직무가 완성된 이후에 새로운 시대가 시작되었다. 예수의 '토라(율법)'는 산상설교에 잘 드러나 있으며, 예수의 다른 가르침들과 그가 보인 모범은 이제 그리스도 공동체를 위한 규범이 되었다. 구원사의 이 위대한 전환점은 유대율법의 중요한 명령들이 폐지되거나 대치될 수 있는 이유가 된다.

3) **통합적 해법(Integrated solution)**: 다른 학자들은, 비록 마태가 율법에 대해 모순적인 태도를 보이는 것은 분명하지만, 이러한 모순이 전체적

3) John Meier, *The Vision of Matthew: Christ, Church, and Morality in the First Gospel*(New York: Paulist, 1978), 262를 보라.

4) 1세기 유대교 안에는 이 문제에 대한 다양한 견해가 존재하였다. Betz, *Sermon on the Mount*, 181–184를 보라.

으로 통합될 수 있다고 확신한다. 알렉산더 잔트(Alexander Sand)를 예로 들 수 있는데, 그는 이미 유대교 안에서도 더 중요한 율법조항과 덜 중요한 율법조항에 대한 심각한 논쟁이 있었음을 강조한다. 즉, 예식이나 제사에 관련된 법조항보다는 이웃에 대한 정의와 사랑에 관련된 법조항이 우선순위가 높은 시급한 것이었다고 한다.[5)]

따라서 율법의 우선순위에 대한 마태의 예수와 적대자들 사이의 갈등은 율법 자체에 대한 비판적 자세가 있느냐 없느냐와 직접적으로 관련된 것은 아니다. 사실, 잔트는 마태가 토라, 즉 "율법과 예언서들"을 넓은 의미로 사용하였다고 주장한다. 그것은 이스라엘을 향한 하나님의 구원의 말씀 전체뿐 아니라, 하나님에 대한 충성의 표현으로 이스라엘이 구체적으로 지켜야 할 특정한 명령들까지 포괄하는 개념이다. 이것이 바로 5:17의 의미이다. 예수의 삶 전체와 그의 가르침은 히브리 성서에 드러나는 하나님의 말씀과 철저하게 연속성을 지니고 있으며, 그 말씀의 의미를 새롭고 독특한 방식으로 드러낸다. 마태의 예수는 한 사람의 예언자로서 율법에 있는 사랑의 계명(22:33-44, 7:12, 5:43-48)이 특별히 중요하다고 강조한다. 그리고 죄인들과 "가장 작은 자들"(예를 들면, 25:31-46을 보라.)을 돌봄으로써 스스로 그 명령을 실천한다. 율법학자들과 바리새파 사람들이 우선순위를 거꾸로 정한 것을 비판하는 23:23과 같은 본문은 율법에 대한 이러한 관점을 매우 적절하게 보여준다. "율법학자들과 바리새파 사람들아! 위선자들아! 너희에게 화가 있다! 너희는 박하와 회향과 근채의 십일조는 드리면서, 정의와 자비와 신의와 같은 율법의 더 중요한 요소들

---

5) Alexander Sand, *Das Gesetz und die Propheten: Untersuchungen zur Theologie des Evangeliums nach Matthäus*, Biblische Untersuchungen 11(Regensburg: Friedrich Pustet, 1974). 또한 Klyne R. Snodgrass, "Matthew's Understanding of the Law," *Interpretation* 46(1992), 368-372를 보라. 마태가 율법과 예언서들을 언급하는 것은, 공의를 선포하는 예언문학의 전통을 강조하려는 데 있다고 스노드그라스(Snodgrass)는 주장한다.

은 버렸다. 그것들도 소홀히 하지 않아야 했지만, 이것들도 마땅히 행해야 했다."

울리히 루츠는 매우 중요한 주석서를 썼는데, 여기서 그는 비슷한 경향을 드러낸다. 그는, 마태의 그리스도교 공동체가 기본적으로 율법을 지켰다고 믿는다. 물론 이방선교를 위해 다소 변경된 부분도 있었겠지만 말이다.(예를 들면, 할례를 세례로 대체한 것 등) 사용된 어휘라든가 또는 다른 증거들을 근거로 5:18과 같이 율법을 엄격하게 지킬 것을 요구하는 진술들이 마태 이전의 전승에 속하는 것이라 주장하더라도, 어쨌든 마태가 이러한 견해들을 자신의 복음서에 편입시켰으며, 따라서 그것들을 받아들였다는 것은 엄연한 사실이다. 마태는 자신의 복음서에서 율법을 제시하는 방식에 본질적인 모순을 전혀 느끼지 않는다. 핵심은 마태의 그리스도론이다. 메시아로서, 또 하나님의 아들로서의 예수는 율법을 거부하지도 않고, 심지어는 수정하지도 않는다. 다만 예수는 자신의 메시아로서의 권위를 통해 율법의 궁극적 의미를 드러낼 뿐이다. 5:21-48에서 예수는 급진적인 가르침을 여섯 차례 반복하는데, 5:17-20은 이러한 반명제 단락(5:21-48) 앞에 반드시 있어야 하는 서론적인 본문이며, 마태는 의도적으로 이 본문을 여기에 배치한 것이다. 즉, 5:17-20은 예수의 가르침(반명제)이 토라와 단절된 것이 아니라, 연속성 안에 놓여 있음을 확증해주는 역할을 한다. 루츠는 이것을, 우리가 앞서 살펴본 성취 인용문과 비교하는데, 매우 흥미로운 부분이다. 두 경우 모두, 마태가 자신이 물려받은 유대적 유산을 포기하지 않고, 그것을 그리스도교 공동체 안에서도 사용하였음을 알려준다. 마태복음에 성취 인용문들이 사용된 것을 보면, 마태공동체의 그리스도인들이 구약성서의 권위를 인정하였다는 사실을 알 수 있다. 이와 마찬가지로, 5:17-20의 본문과 율법에 대한 예수의 이어지는 가르침을 보면, 마태공동체가 유대교의 본질적인 제도들을 긍정하는 것을 알 수 있다.[6)]

비록 유대율법에 대한 마태의 입장을 설명하는 데는 다양한 의견이 분분하지만, 학자들이 대체로 동의하는 몇 가지 사실이 있다. 이는 마태복음 전체를 해석하는 데 중요하다.

1) 마태가 구약성서를 사용하는 경우를 살펴보면 알 수 있듯이, 율법에 대한 이해와 관련하여 분명히 마태복음은 유대적 유산을 진지하게 받아들인다. 그것은 예수가 물려받은 유산이기도 하다. 그리고 마태복음은 그리스도교 공동체를 이 유산과 연관시키려 한다. 마태의 설명에서 미묘한 부분이 있다 하더라도, 마태복음이 율법의 연속성을 확립하려는 데 관심을 가지고 있는 것은 분명하다. 즉, 예수와 그의 가르침을 토대로 하여, 과거에 율법이 가졌던 의미와 현재 율법이 가지고 있는 의미를 연결시키려는 것이다.

2) 마태복음의 가장 중심에는 예수와 그의 권위가 놓여 있으며, 그것은 또한 마태의 신학적 전망을 여는 궁극적인 열쇠가 된다. 물론 마태공동체와 당시 유대교의 관계가 율법에 대한 마태의 가르침에 영향을 주었을 수도 있고, 또한 율법에 대한 마태의 태도가 그 두 공동체의 관계에 대한 것일 수도 있다. 그러나 훨씬 더 깊은 차원에서 마태는 예수라는 인물과 그 인물이 공동체의 삶에 어떤 의미를 주는지에 관심을 가졌다.

3) 마태복음에는 유대율법에 대한 내용이 많이 포함되어 있다. 이미 산 위에서 가르침을 주는 예수의 사역 초기에 유대율법에 대한 내용이 포함되어 있다. 이것은 이 복음서가 윤리적 명령에 특별히 관심이 많다는 사실을 뒷받침한다. 마태는 단지 그리스도교에 대한 변증이나 그리스도론뿐 아니라 그리스도인들의 실천적인 삶에 관심을 가지고 있었다.

6) Ulrich Luz, *Matthew 1-7*(Minneapolis: Augsburg Frotress, 1989), 271을 보라.

제4장

마태복음과 이방선교

오늘날 학계의 또 다른 관심사는 마태복음에서 이방인들이 차지하는 역할과 이방선교에 대한 것이다. 여기서도 복음서 저자는 한 작품 안에 서로 다른 관점들을 드러내 보인다. 역사비평 방법으로 연구하는 학자들은 복음서가 처음 놓여 있던 정황에 대한 단서들을 발견하였다. 반면에 복음서의 문학적 차원에 관심을 갖는 학자들은 명백하게 다른 관점들을 어떻게 일관성 있게 통합할 수 있을지를 고심하였다.

1. 마태복음의 이방인들에 대한 언급

마태복음에 언급되는 이방인들을 한눈에 살펴보면, 독자들은 문제점을 금방 알아차릴 수 있다. 이방인들에 대한 언급은 크게 세 가지 범주로 나뉜다.

1) **선교에 대한 명백한 언급들**: 마태에만 보도되는 몇 군데 본문에서 예수는 이방선교에 대해서 직접적으로 말하는데, 그것들이 다소 모순이 된다. 열두 제자를 파송하는 단락에서 예수는 이렇게 지시한다. "이방 사

람의 길로도 가지 말고, 또 사마리아 사람의 고을에도 들어가지 말아라. 오히려 길 잃은 양 떼인 이스라엘 백성에게로 가거라."(10:5-6) 자기 딸을 고쳐달라고 비는 가나안 여인을 만나는 극적인 이야기에서 예수는 두 번이나 이방선교를 거절하는 것으로 보인다. "나는 오직 이스라엘 집의 길을 잃은 양들에게 보내심을 받았을 따름이다"(15:24) 하고 말한 뒤에, "자녀들의 빵을 집어서, 개들에게 던져 주는 것은 옳지 않다"(15:26)고 하였다.[1)]

그러나 복음서의 마지막 장면에서 마태의 예수는 진지하게 제자들에게 이방선교의 사명을 맡긴다. "그러므로 너희는 가서, 모든 민족을 제자로 삼아서, 아버지와 아들과 성령의 이름으로 세례를 주고, 내가 너희에게 명령한 모든 것을 그들에게 가르쳐 지키게 하여라."(28:19-20) 마태는 마가의 포도원의 비유에 한 구절을 덧붙이는데, 이 구절에서 비슷한 관점이 드러난다. 이스라엘이 메시아를 거절한다는 이 알레고리에서 포도원 소작인들은 이러한 경고를 받는다. "그러므로 나는 너희에게 말한다. 하나님께서는 너희에게서 하나님의 나라를 빼앗아서, 그 나라의 열매를 맺는 민족에게 주실 것이다."(21:43) 여기서 민족으로 번역된 그리스어는 이방인을 뜻하는 '에트노스'(ἔθνος)이다.(8:11-12에도 비슷한 생각이 나온다.)

이렇게 마태복음의 본론에서 이방선교가 명백하게 제한되고 있는데, 복음서의 마지막 결론 부분에서는 이방인들에게 가도록 지시를 받는 것으로 바뀐다.

2) **이방인들에 대한 경멸적 언급들**: 여러 군데에서 이방인들은 부정적으로 묘사된다. 그들은 외부인들이며(18:17), 도덕적인 삶을 살지 못할 것 같은 사람들이며(5:47, 6:32 등), 어떻게 기도해야 하는지 알지 못하는 사

1) "시로페니키아" 여인에 대한 이야기가 마가복음에 보도된다(7:24-30). 그러나 마태복음의 이 이야기에서 보도되는 "가나안" 여인의 청원에 대한 예수의 거절이 훨씬 더 강경하다. 이에 대해서는 제2부 191-195쪽을 보라.

람들이다(6:7). 또한 그들은 잔인하고, 그리스도교 공동체를 박해할 것이다.(10:18, 20:25, 24:9) 예수도 이방인들의 손에 넘어갈 것이다.(20:19)

3) **이방인들의 긍정적인 이미지**: 외부인 또는 불신자의 전형으로서의 이방인들에 대한 이러한 부정적인 묘사만 있는 것이 아니다. 마태복음에는 긍정적으로 묘사되는 이방인들도 있으며, 이방인들 가운데에는 예수에게 우호적이었던 개인들도 있다. 예를 들면, 예수의 족보에 등장하는 여인들,[2)] 동방박사들(2:1-12), 가버나움에 살고 있던 백부장(8:5-13), 가나안 여자(15:28), 빌라도의 아내(27:19), 예수의 십자가 앞에 있었던 백부장과 군인들(27:54)이다. 또 예수는 동료 유대인들의 반응과 이방인들의 반응을 비교하며, 오히려 이방인들을 더 긍정적으로 평가하기도 한다.(11:20-24, 12:41-42) 또한 이방인들이 예수의 선교의 대상으로 언급되는 본문도 있다.(예를 들면, 4:15, 25[데가볼리에서 온 사람들], 12:18-21)

마태복음을 해석하면서 모순으로 보이는 이러한 자료들을 어떻게 조정할 수 있겠는가? 일단은 이방인들이 묘사되는 방식을 몇 가지로 분류할 수 있을 것이다. 이방인들을 경멸적으로 묘사하는 문구들이 있는데, 이것들은 이방인들을 '외부인' 또는 전형적인 '비신자'라는 고정관념에 따라 묘사한 것이다. 예를 들면, 이방인들은 자기 형제자매들만을 사랑하며, 어떻게 기도해야 하는지 알지 못한다. 이러한 배경에서 이방인들은 "세리들"과 똑같으며(5:46-47의 보도처럼), 예수의 제자들과 대조를 이룬다. 예수를 따르는 제자들은 예수에게 기도하는 법을 배웠으며, 따라서 기도를 더

---

2) 마태의 족보에 등장하는 여자는 네 명인데, 이 가운데 라합(수 2:1-21)과 룻(룻 1:4)과 밧세바(삼하 11-12장)는 유대인이 아닌 것이 분명하다(이 족보에서 마태는 밧세바를 "우리아의 아내"라고 부른다). 또 다말(창 38:29-30)은 유대인인지 아닌지 불분명하다. 어쨌든 성서 이야기 안에서 네 여자에게 주어진 역할은 '외부인'이다. 이에 대해서는 제2부 130-131쪽을 보라.

잘한다. 반대로, 이스라엘이 잘못한 일을 정죄할 때, 이방인들이 비교대상이 되기도 한다. 이러한 맥락에서, 두로와 시돈은 물론, 소돔마저도 심판의 날에 고라신과 가버나움보다 견디기 쉬울 것이다.(11:20-24) 여기서 관심의 초점이 이방인 자체에 있는 것이 아니라, 동료 유대인들에 대한 예수의 도발적인 심판에 있음을 누구나 알 수 있다.

그러나 문제가 더 심각한 경우들도 있다. 모순으로 보이는 마태의 상반된 견해를 조정하려는 시도가 매우 까다로운 경우들이다. 10:5와 15:24에서 예수는 이방선교를 금지하는데, 복음서의 마지막 장면에서는 자기 제자들을 세상 끝까지 파송한다.(28:16-20) 이러한 모순을 어떻게 해결할 수 있겠는가? 또한 마태는 왜 이방선교를 금지하면서, 동시에 동방박사들이나 로마군 백부장 같은 인물들을 긍정적으로 묘사하는가? 또 가나안 여자에 얽힌 이야기를 보면, 처음부터 예수는 자신의 선교가 이스라엘에 제한되어 있다고 하였다가, 나중에는 이 이방인 여자의 딸을 고쳐주기만 할 뿐 아니라, 이 이방인 여자의 끈기 있는 믿음을 극찬하였다. 이 이야기를 우리는 어떻게 이해할 수 있는가? 최근 성서학계에서는 크게 두 가지 연구방법으로 이러한 문제를 다루고 있는데, 각각 서로 다른 방법론을 사용한다.

2. 구속사의 맥락에서 본 선교

몇몇 연구자는 이방인들에 대한 마태의 견해가 결코 모순이 아니라고 생각한다. '구원사'에 대한 복음서의 전반적인 이해에 비추어 보면, 이방인들에 대한 마태의 견해에 일관성이 있다는 것이다. 달리 말하자면, 마태복음 저자는 역사 속에 드러나는 하나님의 계획이라는 전체적인 틀 안에서 이스라엘의 역사를 바라보며, 또한 예수의 사역뿐 아니라 그 사역에서 이어지는 마태공동체의 경험 역시 그러한 틀 안에서 바라본다. 사실, 마태복음의 중요한 목적 가운데 하나가 역사에 대한 이러한 이해를 마태복음 독자들, 즉 대대적인 전환기 한복판에 놓여 있던 마태공동체 구성원들에게 전하는 것이었다.

마태의 역사관에 대해 말할 때, 무엇을 다루어야 하는지에 대해서는 학자들이 일반적으로 동의하지만, 그 역사가 과연 무엇인가를 정확히 설명하는 데는 의견이 불일치한다. 독일 학자 롤프 발커(Rolf Walker)를 예로 들어보자. 그는 마태가 구원사를 세 단계로 보았다는 결론을 내렸다.[3] (1) 첫 번째 단계는 이스라엘의 역사인데, 이것은 아브라함으로부터 시작하여(아브라함은 마태의 예수 족보에서 가장 먼저 언급된다. 1:1 참고) 메시아의 탄생으로 끝나는 '메시아 이전' 단계이다. (2) 두 번째 단계는 이스라엘을 대상으로 예수가 사역한 기간이다. 이 기간은 역사적 예수의 활동 기간(그 대상이 이스라엘에 제한된 것으로 마태가 설정한 예수의 선교 시기)뿐 아니라 초기 교회 시대까지 포함한다. (3) 기원후 70년경에 새로운 시대가 시작한다. 예루살렘 성전이 파괴되고, 이 공동체가 이방인들에 대한 태도를 결정적으로 바꾼 때이다. 구원사의 이 세 번째 단계는 끝까지 지속되는 것이다. 마태복음의 마지막에 부활한 예수가 제자들을 세상으로 보내는 것으로 보도되는데, 바로 이 세 번째 단계의 정황이 복음서에 반영된 것이다. 당시 마태공동체는 이스라엘에 대한 교회의 선교가 실패로 돌아가고, 오히려 이방인들이 교회 안으로 급속하게 유입되는 현실을 경험하고 있었다. 그러한 때에 마태는, 이런 식으로 역사를 서술함으로써 마태공동체 구성원들이 지녀야 할 적절한 역사관을 제공한 것이다.

다른 주석가들은 이 기본적인 3단계 구조(이스라엘, 예수, 교회)를 받아들이면서도, 여기에 다소 수정을 가하였다. 예를 들면, 게오르크 슈트레커(Georg Strecker)는 복음서 저자가 예수의 생애를 특정한 '역사화'

3) Rolf Walker, *Die Heilsgeschichte im ersten Evangeliums*(Göttingen: Vandenhoeck & Fuprecht, 1967).

(historicizing) 방식으로 제시하고 있다고 생각하였다. 다시 말하자면, 복음서가 예수의 생애와 사역을 역사적인 틀 안에 위치시키려고 하였다는 것이다.[4] 이 종교적 역사의 첫 단계는 예수 이전의 이스라엘 역사이다. 그 다음 단계는 예수의 삶과 죽음과 부활에 얽힌 역사이다. 지금은 예수 이후의 시대인데, 그리스도교 공동체는 역사의 또 다른 새로운 시대를 살고 있는 것이다. 그리스도인들이 예수의 윤리적 명령들을 실천해야 하는 시대이다. 예수의 시대, 즉 예수가 살아 있는 동안에 선교는 이스라엘로 제한되어 있었다.(10:5와 15:24) 그러나 지금, 역사의 마지막 단계에서는 이방인들도 선교의 대상에 포함된다. 존 마이어도 마태를 해석하는 핵심 개념이 구원사라고 생각한다. 그래서 그 역시 세 단계의 역사 구분을 받아들인다.[5] 그러나 그는, 마태가 예수의 생애 전체를 하나로 보지 않는다고 지적한다. 즉, 예수의 죽음과 부활이 그의 메시아적 사명의 정점을 이루고 있으며, 따라서 이 시점이 역사의 전환점이 된다는 것이다. 이 시점 이전까지 선교는 이스라엘로 제한되었지만, 이제 새로운 시대가 열렸으며, 부활한 예수가 제자들에게 나타나는 마지막 장면(20:16-20)에서 마태가 보도하듯이, 이방인들에게도 선교의 문호가 개방되었다.

한편, 킹스베리는 또 다른 구조를 제시하였다. 마태의 역사관은 세 단계가 아니라, 두 단계라는 것이다. (1) 첫 번째 단계는 이스라엘의 시대이며, 마태의 이야기의 틀 안에서 보면, 아브라함에서 시작하여 메시아 예수의 시대까지 이어지는 단계이다. (2) 두 번째 단계는 예수의 시대인데, 이 시대는 예수의 부활 이전과 이후 시기를 모두 포괄한다. 마태의 관점에서

4) Georg Strecker, "Das Geschichtsverstandnis des Matthäus," *Evangelische Theologie* 26(1966), 57-74. *Journal of the American Academy of Religion* 35(1967), 209-230에 영어 번역이 실려 있다.

5) John Meier, "Salvation-History in Matthew: In Search of a Starting Point," *Catholic Biblical Quarterly* 37(1975), 203-214. 또한 Meier, *The Vision of Matthew* (New York: Paulist, 1978), 26-41을 보라.

볼 때, 부활한 그리스도가 교회를 결코 떠나지 않는다고 킹스베리는 지적한다. 오히려 세상 끝 날까지 함께할 것이라고 약속한다.(28:20. 이미 예수가 태어날 때, 하나님이 우리와 함께하신다는 의미의 "임마누엘"이라는 이름이 그에게 주어지면서 약속하였듯이) 그래서 예수의 역사와 교회의 역사는 둘이 아니라 하나가 되며, 결국 같은 것이 된다. 한때 이스라엘에 제한되었던 선교가 부활한 예수의 권위를 통해서 이제 모든 민족에게로 확대되는데, 마태가 예수의 생애를 묘사하는 방식을 보면, 이러한 변화가 어떤 영향을 끼치는지를 알 수 있다.

킹스베리는 마태를 이해하는 열쇠가 교회론이 아니라 그리스도론이라고 생각한다. 마태의 역사관에 결정적으로 중요한 것은 교회의 선교 경험 자체가 아니라, 예수를 하나님의 아들로 보는 것이다. 예수의 메시아적 사명이 새로운 시대의 도래를 알렸으며, 예수의 권위로 인해 공동체는 새로운 대담한 일을 할 수 있게 되었다.

3. 마태복음의 이야기 세계의 맥락에서 본 선교

역사비평가들과는 달리, 몇몇 서사비평가들(narrative critics)은 이러한 해석들을 평가하면서, 이러한 구조가 마태복음 밖에서 끌어들인 정보에 의존한다고 지적하였다. 다시 말하자면, 이스라엘을 대상으로 하는 선교의 부분적인 실패와 기원후 70년에 일어난 예루살렘 파괴라는 어마어마한 사건의 영향, 그리고 이방교회의 지배력이 커지는 상황을 포함한 초기 교회의 역사로부터 끌어온 정보에 의존한다는 것이다. 역사-비평적 방법을 사용하는 연구자들은 이러한 역사적 경험들이 마태복음에 영향을 끼쳤으며, 아마도 복음서 저자는 자신이 속한 공동체의 관점에서 이러한 근본적인 경험들을 바라보려 하였다고 생각한다.

문학비평적 방법을 엄격하게 사용하는 연구자들은 이방인들과 이방

선교에 대한 마태의 관점을 마태복음 자체의 이야기 세계 안에서 조화시켜 보려고 하였다. 처음부터 역사적 사건들을 전제하는 그러한 역사비평적 해석을 피하였다. 데이비드 하웰의 지적을 예로 들 수 있다. 그에 따르면, 학자들이 '구원사'라는 개념을 매개로 마태복음을 연구한 여러 이유들 가운데 하나는, 마태복음 독자들의 경험을 복음서와 연결시키려고 하였기 때문이라는 것이다.[6] 그러나 마태복음을 연구하는 데 '구원사'라는 개념을 사용하는 것이 가장 좋은 방법은 아닐 것이라고 그는 생각한다. 마태복음에는 다양한 수사학적 장치들이 있는데, 특별히 하웰은 자신이 "예표"(豫表, prolepsis)라고 부르는 개념을 발견한다. 미래를 내다보는 것인데, 그럼으로써 마태복음의 이야기를 미래로 투영하고, 그럼으로써 또한 이 이야기가 독자들의 세계를 포괄하게 되는 것이다. 이러한 "예표"의 명백한 실례로, 28:15를 들 수 있을 것이다. 여기서 마태는 빈 무덤에 대한 거짓 소문이 "오늘날까지" 전해진다고 선언한다. 또 하나의 예를 들자면, 마태공동체를 고통에 빠뜨릴 미래의 박해를 예수가 예언하는 것이다. (10:16-23, 24:9-14 등)

하웰은 마태복음 이야기 안에 정말로 두 개의 '지금'이 있다는 결론을 내린다. 하나의 '지금'은 예수와 그의 제자들에 얽힌 과거 이야기이며, 또 다른 하나의 '지금'은 예수의 생애가 복음서 독자들의 삶에 영향을 미침으로써 그들의 세계로까지 확장된 이야기이다. 이방선교에 대한 관점이 모순처럼 보이는 것은, 이와 같이 마태의 이야기 안에 두 개의 층이 있기 때문이다. 과거의 '지금'이라는 수준에서 보면, 예수의 선교는 이스라엘에 제한되어 있다. 그러나 복음서 독자들의 삶으로 확대된 또 다른 수준에서 보면, 선교의 대상이 모든 민족에게로 확장된다. 이 두 개의 층을 깔끔하게 구분할 수는 없다. 물론 선교 담화는 예수가 그의 제자들에게 말한 것

6) David B. Howell, *Matthew's Inclusive Story: A Study in the Narrative Rhetoric of the First Gospel*, JSNTSup 42(Sheffield: Sheffield Academic Press, 1990).

이며, 복음서 이야기 안에 위치하여 있어서, 과거의 '지금'과 얽혀 있는 것이다. 그럼에도 불구하고 그 이야기는 복음서를 읽는 독자들에게도 여전히 의미가 있으며, 따라서 선교 담화 전체는 독자들에게도 여전히 유효하다. 마태복음의 이야기에 등장하는 제자들의 예를 들어보더라도, 마찬가지로 두 개의 층이 뒤얽혀 있음을 알 수 있다. 하나의 수준에서 보면, 제자들이 예수와 함께 지낸 일은 '과거의 지금'에 속한다. 그러나 또 다른 수준에서 보면, 예수와 제자들의 관계가 현재까지 확장되고 있으며, 과거 예수와 제자들의 관계가 오늘날 예수와 자신들의 관계를 규정한다는 것을 독자들은 잘 알고 있다.

에이미 질 리바인(Amy Jill Levine)은 마태의 역사관에 대하여 흥미로운 연구를 하였다. 리바인은 다양한 연구 방법을 사용하였는데, 결국에는 비슷한 결론에 도달하였다.[7] 서사비평적 연구 방식을 출발점으로 삼아서 연구한 그는 10:5와 15:24와 28:19와 같은 핵심 본문들 사이에 내적 일관성이 있다고 생각한다. 리바인은 반-유대주의라는 민감한 문제를 조심스럽게 다루면서, 10:5나 15:24와 같이 제한적 선교를 말하는 구절들이 더 오래된 관점 또는 좁은 의미의 유대-그리스도교적 관점을 반영하고, 29:19와 같이 포괄적 선교를 말하는 구절이 친이방적 관점을 반영한다는 식의 해결책에 대해 의구심을 품는다. 사실, 마태복음 본론에서 유대인들(제자들, 세리 마태, 병 고침을 받은 환자들 등)이나 이방인들(동방박사들, 백부장, 가나안 여자 등) 모두 예수에게 긍정적으로 반응한다.

그의 해결책은, 복음서에 두 개의 교차하는 '축'을 설정하는 것이다. 하나는 시간적인 축이고, 또 하나는 사회적인 축이다. 시간적인 축은 사건들의 연대적 순서와 관련되는데, 예수의 선교가 우선 이스라엘로 한정된 것으로 시작하며(10:5, 15:24), 그의 죽음과 부활을 통해 이방인들에게

7) Amy Jill Levine, *The Social and Ethnic Dimensions of Matthean Salvation History. "Go Nowhere Among the Gentiles ···"(Matt. 10:5b)*. Studies in the Bible and Early Christianity 14(Lewiston, N.Y.: Edwin Mellen, 1988).

열리게 된다(28:19-20). 그러나 이방인들이 선교의 대상에 포함되었다고 해서 유대인들에 대한 선교가 끝난 것은 아니다. 다만, 더는 유대인들만이 선교의 대상이 되는 것이 아니다.

동시에 복음서의 이야기 세계 안에는 '사회적인 축'도 있다. 복음서의 등장인물들은 제각기 종교적, 사회적, 경제적으로 다양한 지위를 차지하고 있는데, 이 축은 이러한 다양한 사회적 계층을 관통한다. 이러한 관점에서 볼 때, 예수의 선교는 사회적으로 밑바닥에 있는 사람들마저 포함하게끔 확대된다. 여기에는 이방인들과 여자들뿐 아니라 세리나 죄인들, 또는 환자들과 같이 사회적으로 따돌림받는 사람들이 포함된다. 이들은 하나같이 예수에게 긍정적으로 반응한다. 반면에 종교지도자들이나 헤롯과 빌라도 같은 정치지도자들 등, 권력이 있고 명예가 있는 사람들은 예수에게 부정적으로 반응한다.

전통적인 해석 방식에서 벗어나서 본문을 읽게 되면, 본문에서 새롭게 의미를 발견하기 마련이다. 그는 여성학적 관점에 착안하여 새로운 주장을 내세웠다. 많은 연구자에게는 이해할 수 없는 것처럼 보이는 본문들에서 복음서의 시간적인 축과 사회적인 축이 정확하게 교차한다고 주장한 것이다. 시간적인 축의 측면에서 볼 때, 예수는 자신의 선교 대상이 제한적이라고 하는데("이방 사람의 길로 가지 말라." 10:5), 사회적인 축의 측면에서 보자면, 예수의 선교의 포괄적인 성격이 또한 분명하게 드러난다("오히려 이스라엘 집의 **길 잃은** 양떼에게 가라." 10:6). 가나안 여자에 얽힌 이야기(15:21-28)는 이러한 복합적 현상을 완벽하게 보여주는 실례이다. 예수가 자신의 포괄적인 선교(사회적 축)를 선언하자, 제한적인 선교(연대기적 축)는 사라진다. 여성, 더군다나 이방인 여성(따라서 가장 낮은 사회계층에 속하는 사람)이 병에 걸린 자기 딸을 대신하여 예수를 만난다. 이 여자의 끈기 있는 믿음 때문에, 결국 예수는 자신의 선교의 특징을 드러내고 마는데, 궁극적으로 그것은 포괄적이고 해방적이다. 동방박사들이나 백부장 같은 이방인들, 또 유대인들 가운데도 소외계층에 있는 사람들의 이야기와 더불어 가나안 여자에 얽힌 이 이야기에서 독자들은 그리스도교 선교의 본질과 교회의 포용적 본질을 배울 수 있다.

선교 문제는, 편집비평과 문학비평이라는 두 방법론이 중첩되는 부분이 상당히 많은 경우이다. 물론 하웰과 같은 서사비평가는 복음서의 이야기 세계와 마태공동체의 역사적 정황을 직접적으로 연관시키려 하지 않는다. 그럼에도 그는 마태공동체의 선교 경험이 마태의 이야기의 틀과 전략에 영향을 끼쳤으리라는 것은 인정한다.[8] 거의 모든 경우에 (문학비평적 방법이나 역사비평적 방법 가운데 어떤 연구 방법을 사용하든 상관없이) 대다수의 연구자들은, 마태복음의 여러 가지 목적 가운데 하나가 그리스도교 독자들로 하여금 그리스도교 운동의 유대적 유산과 빠르게 발전하는 그들의 역사를 관련지을 수 있도록 하는 데 있다는 결론을 내린다. 마태의 유대 그리스도인들은 예수에 대한 신앙을 토대로 자신들의 정체성을 새롭게 이해하는 동시에 유대인으로서의 정체성을 잃지 않으려고 노력하였다. 그러나 그리스도교에 대한 그들의 헌신으로 인해 그들은 예수를 메시아 또는 권위 있는 교사로 받아들이지 않는 다른 유대인들과 첨예하게 갈등하게 되었다. 다른 한편으로, 마태의 유대 그리스도인들은 또한 자신들의 불안한 미래와 싸우지 않을 수 없었다. 완전히 다른 배경과 경험과 관심을 가지고 있었던 이방인 개종자들이 대량으로 그리스도교 공동체로 유입되었으며, 이에 따라 공동체가 변화를 겪지 않을 수 없었기 때문이다. 현대 성서학자들이 꼼꼼하게 연구하는 마태복음의 거의 모든 특징은 대략 이러한 이슈들로 집약된다.

8) Howell, *Matthew's Inclusive Story*, 211.

제5장

마태복음의 그리스도론

마태의 '그리스도론'에 대해서 말하는 것은, 마태의 이야기가 전하는 예수의 전반적인 모습을 묘사하는 것을 의미한다. 어느 복음서의 그리스도론이라고 한다면, 해당 복음서가 예수의 삶과 사역과 운명과 인격에 부여하는 총체적인 의미를 말한다. 체계적이고 논리적인 방식으로 '그리스도론'을 전개하는 조직신학과는 달리, 복음서 서사신학에서 말하는 그리스도론은 각 복음서가 묘사하는 예수의 독특한 특징들을 통해서 창출된다. 이와 같이 실제로 복음서의 모든 요소가 그리스도론과 관련이 있다.

최근의 성서학계는 마태 그리스도론의 몇 가지 측면에 특별한 관심을 보이는데, 마태복음 해석의 주요 쟁점들이 무엇인지를 알려주기 위해 이에 대해 간략하게 살펴보려고 한다.

1. 예수의 칭호들

신약성서 그리스도론에 대한 연구는 복음서뿐 아니라 신약의 다른 문서들에 나오는 예수의 칭호에 집중하는 경향을 보인다. "하나님의 아들", "인자(사람의 아들)", "그리스도", "주" 등과 같은 칭호들은 예수의 정체성에 대한 초기 그리스도인들의 고백을 담고 있는 '암호'(code words)라고 할 수 있다. 예수의 칭호들 가운데 많은 것은 구약성서 또는 유대교에서 유래한 것이며, 또 일부는 그리스 문화에서 차용한 것이다. 적어도 그 칭호들이 구약성서와 유대교의 맥락에서 조금 더 헬라화된 세계로 옮겨지면서 새로운 의미를 받았다고 할 수 있다.[1] 이러한 칭호들이 전통적으로 어떤 의미였는지를 추적하고, 또 특정한 신약 저자나 특정한 신약 문서가 그것들을 어떤 의미로 사용하였는지를 살펴보면, 그리스도론에 대한 중요한 단서를 발견할 수 있을 것이다.

이러한 접근방식으로 마태복음의 그리스도론을 연구하는 주요한 학자들 가운데 한 사람이 킹스베리이다. 후기의 저작들에서 그는 편집비평에 의존하였던 데서 벗어나 문학비평적 방법론으로 전환하였는데, 그의 연구는 이 분야에 영향력이 있다.[2]

킹스베리는 마태 그리스도론의 핵심 칭호가 **하나님의 아들**이라고 지

1) '메시아' 또는 '기름 부음 받은 자'라는 뜻을 가진 "그리스도"라든지 "다윗의 자손"과 같은 칭호는 군주제에 대한 이스라엘의 경험에 기인하며, 유대교의 메시아 대망 사상에서 유래하는 특별한 의미를 지니고 있다. 다시 말하자면, 메시아는 이상화된 다윗의 이미지를 가지고 있는 구원자이자 해방자라는 것이다. 유대인이 아닌 사람들은 이러한 생각을 쉽게 이해하지 못하였다. 다른 한편, "주"와 같은 경의의 칭호가 구약성서에서 하나님을 가리키는 표현방식으로 사용되기도 하였지만, 또한 유대교에서나 헬라문화에서나 권위와 경의를 표하는 일반적인 칭호로 사용되기도 하였다. "하나님의 아들"은 특별히 이스라엘 역사에서 왕을 가리키는 칭호였다. 그러나 헬라문화에서도 신성을 함축한 칭호로 사용되기도 하였다. 이와 관련된 더 많은 정보에 대해서는 다음 책을 보라. Pheme Perkins/Reginald Fuller, *Who is This Christ?*(Philadelphia: Fortress, 1983); Raymond E. Brown, *An Introduction to New Testament Christology*(New York: Paulist, 1994).

2) Jack Dean Kingsbury, *Matthew: Structure, Christology, Kingdom*(Philadelphia: Fortress, 1975); *Jesus Christ in Matthew, Mark, and Luke*, Proclamation Commentaries(Philadelphia: Fortress, 1981), 64–75; *Matthew as a Story*(Philadelphia: Fortress, 2nd rev. ed., 1988).

속적으로 주장하였다. 물론 이것이 마태복음에서 가장 빈번하게 사용된 예수의 칭호는 아니다. 그러나 이 칭호가 사용된 방식과 그 구체적인 내용을 살펴보면, 이 칭호가 가장 중요하며, 예수에게 붙은 다른 모든 호칭이 이 칭호에 종속된다는 사실을 알 수 있다는 것이다. 복음서의 구조에 대한 자신의 분석을 바탕으로 킹스베리는 이 칭호에 대한 언급이 마태복음의 주요 단락에 모두 나타난다는 사실을 지적한다.[3] 복음서의 시작 부분에서는 이 칭호가 3:17에 처음으로 나타나는데, "이는 내가 사랑하는 아들이다. 내가 그를 좋아한다"라는 소리가 하늘에서 들리는 장면이다. 하늘에서 들리는 소리는 바로 하나님의 음성이다. 그러나 이러한 드라마틱한 선포 이전에도 마태는 독자들에게 예수가 하나님의 아들이라는 사실을 분명히 알려준다. 예수의 탄생 이야기를 보면, 동정녀가 예수를 잉태하였으며, 예수의 이름은 "임마누엘"(1:23)인데, 하나님이 우리와 함께하신다는 뜻이다. 그리고 예수는 반복적으로 "아기"로 표현된다.(1:20, 2:2, 8, 9, 11, 13, 14, 20, 21) 또 마태는 "내가 이집트에서 내 아들을 불러냈다"(2:15)라고 호세아 11:1을 인용하면서 예수를 하나님의 아들로 설정한다. 이러한 모든 것이 마태가 예수를 하나님의 아들로 소개한다는 사실을 뒷받침한다.

예수를 하나님의 아들로 고백하는 것은 이미 마태 이야기의 도입 부분에서부터 시작되었는데, 복음서의 나머지 부분에서도 계속 이어진다. 11:25-27에서 예수는 자신의 정체를 하나님의 아들로 규정한다. 또 예수가 물 위를 걷는 기적을 행한 뒤에 제자들은 예수를 하나님의 아들로 고백하며(14:33), 특별히 베드로는 빌립보의 가이사랴에서 예수를 하나님의 아들이라고 엄숙하게 고백한다(16:16). 세례 장면과 비슷하게 변화산에서도 하늘에서 소리가 나는데(하늘은 하나님에 대한 완곡어법이다.), 예수는 하나님이 사랑하는 아들이라고 선포된다(17:5). 포도원 소작인들의 비

3) 킹스베리가 제안한 삼중구조에 대해서는 34-39쪽을 보라.

유(21:33-46)에서도 예수는 "아들"로 지목되는데, 이것 역시 다시 한 번 예수를 하나님의 아들로 규정하는 역할을 한다. 이 비유에 이어지는 혼인 잔치의 비유(21:1-10)에서도 왕은 "그의 아들"을 위해서 잔치를 베푸는 것으로 설정된다. 산헤드린에서 재판받을 때, 예수에게 덧씌운 죄목은 그가 스스로를 "하나님의 아들"이라고 선언하였다는 것이다.(26:63) 예수가 십자가에 달렸을 때, 그 앞을 지나가는 사람들은 "네가 하나님의 아들이거든, 너나 구원하여라" 하고 말하며 예수를 모욕한다.(27:40) 예수가 하나님의 아들이라는 것은 로마군 백부장과 군인들의 선언에서 절정에 이르게 되는데, 이때 그들은 "참으로, 이분은 하나님의 아들이셨다"라고 말하는 것으로 보도된다.(27:54)

복음서의 마지막 장면(28:16-20)에서는 비록 이 칭호가 직접 사용되지는 않았지만, 그래도 킹스베리는 예수가 하나님의 아들이라는 생각이 전제되어 있다고 생각한다. 산꼭대기에 장엄하게 서 있는 예수의 모습이라든지, 예수가 하늘과 땅의 모든 권세를 받았다는 선언에는 예수가 하나님의 아들이라는 사실이 전제되어 있다는 것이다. 사실, 고난을 당하면서 하나님의 아들로서의 예수의 정체성에 의문이 붙는 것 같지만, 결국은 그의 부활로 이러한 모든 의문은 사라지며, 하나님의 아들로서의 그의 정체가 확실하게 증명된다.

탄생 이야기에서와 마찬가지로, 하나님의 아들로서의 예수의 정체는 단지 그 칭호가 분명하게 사용되는 것으로만 확증되는 것이 아니다. 5-7장에서 마태는 예수를 위대한 스승이자 율법을 규정하는 자로 묘사하고, 8-9장에서는 병을 치유하는 예수의 위대한 능력을 보도하는데, 이것은 하나님의 아들로서의 예수의 정체를 잘 드러낸다. 마태복음에서 예수를 하나님의 아들로 지목하는 보도는 이 밖에도 많이 나온다. 이 칭호를 통해서 마태는, 예수가 하나님과 아주 특별한 관계를 맺고 있으며, 최종적이고 결정적인 권위를 가지고 교사로, 계시자로, 또 구원자로서의 역할을 수행한다고 단언하는 셈이다.

킹스베리의 분석에서 강조된 요점들 가운데 하나는 예수의 다른 칭호들이 하나님의 아들이라는 칭호에 종속적이며, 또 그것들의 궁극적인 의미는 결국 하나님의 아들로서의 예수의 역할을 드러내는 데 있다는 것이다. 그는 "다윗의 자손"이나 "그리스도", 또 "구세주"나 "주" 등의 칭호들이 마태에게 특별히 의미가 있다는 것을 기꺼이 인정한다. 그러나 사실, 그것들은 하나님의 아들로서의 예수가 차지하고 있는 유일무이한 권한과 소명의 특징들을 부각시키는 역할을 할 뿐이다.

"인자", 즉 '사람의 아들'이라는 명칭은 킹스베리에게 아주 특별한 경우이다. 사람들이 예수의 유일무이한 메시아로서의 정체를 분명하게 고백하는 장면들에 보면, 하나님의 아들이라는 칭호가 사용된다. 세례 장면이나 변화산 사건에서 하나님이 이 칭호를 사용하는 것으로, 14:33과 16:16에서는 제자들이 이 칭호를 사용하는 것으로 보도된다. 또 27:54에서는 백부장이 이 칭호를 사용한다. 이 고백적 칭호는 예수의 신비로운 정체에 대한 마태공동체의 가장 깊은 확신을 반영하였다. 반대로, 고백적 문맥에서는 '사람의 아들'이라는 명칭이 사용되지 않는다. '사람의 아들'이라는 명칭은, 예수가 일반 대중이나 믿지 않는 사람들 앞에서 연설하면서 자기 자신을 가리킬 때 사용될 뿐이다. (이에 대한 분명한 예는 26:64에서처럼 예수가 대제사장에게 대답하는 장면이다.) 예수를 분명하게 알아보는 사람들 앞에서는 이 명칭이 사용되지 않는다. 따라서 이 칭호는 그 자체로서 특별한 내용이 없다. '사람의 아들'은 예수의 공적인 사역 장면이나 적대자들이 예수를 반대하는 장면, 또 예수가 고난을 당하는 장면, 재림 때에 예수가 담당할 역할을 보도하는 장면에서만 사용될 뿐이다.

문학비평 방법을 사용하는 그의 후기 연구서들에서 킹스베리는 한 걸음 더 나아간다. 이제껏 "하나님의 아들"이라는 칭호가 마태의 이야기에서 중요한 이유로 그가 제시한 근거는, 이 칭호가 복음서의 모든 단락에 등장한다는 것과 이 칭호가 내포하고 있는 의미 때문이었다. 그런데 킹스베리는 여기서 더 나아가 이 칭호가 중요한 이유에 대한 또 다른 근거를 제시한다. 그는 마태복음 이야기 세계 안에서 이 칭호가 어디서 왔는지에 주목한다. 즉, 이 칭호의 출처가 매우 권위적이라는 것이다. 세례 때 예수가 하나님이 사랑하는 아들이라고 선포되며(3:17), 또 17:5에서도 비슷한 내용이 선포되는데, 이 두 번의 선포는 더없이 중요하다. 마태복음의 이야기 세계 안에서 이 두 선포는 바로 하나님의 선언이기 때문이다. 이 이야기 세계 안에서 하나님의 '관점'은 진리를 판단하는 궁극적인 기준이다. 그러니, 이 이야기를 읽는 독자라면, "하나님의 아들"이라는 칭호가 예수에 대한 가장 깊은 진실을 드러낸다는 사실을 결코 의심할 수 없다.[4)]

반면에, '사람의 아들'이라는 명칭은 예수의 정체를 드러내려는 의도에서 사용되는 '그리스도론적 칭호'가 아니라, 그저 '전문용어'(technical term)일 뿐이다. 즉, "마태의 이야기 세계 안에서 특정한 의미를 지닌 어떤 말이나 표현"[5)]이다. 킹스베리의 견해에 따르면, '사람의 아들'이라는 명칭은 두 가지 기능을 수행한다. 첫째, 우선 '사람의 아들'이라는 명칭은 예수의 행동의 근거가 되는 신적 권위에 주목하도록 한다. 사람의 아들은 죄를 용서하는 권한을 가지고 있고(9:6), 안식일의 주인이며(12:8), 또 죄인들과 어울릴 권한이 있다(11:19). 바로 이러한 권위를 가지고 그는 마지막 때에 영광스러운 모습으로 돌아올 것이다.(26:64) 사람의 아들이라는 용어를 고난 이야기에서 찾아보면, 가령, 고난예고 장면(17:22-23, 20:18-19 등)에 보면, 예수는 자신이 하나님의 뜻에 따라서 행동한다는 사실을 강조한다. 사람의 아들이라는 명칭의 두 번째 기능은 예수가 직면한 반대를 강조하는 것이다. 주로 갈등과 반대의 맥락에서 이 용어가 사용된다.(예를 들면, 8:19-20, 9:3, 6, 12:24, 32, 13:37-39, 16:13-14, 20:25-28 등. 이 밖에도 고난을 예고하는 장면)

물론 "하나님의 아들"이라는 칭호가 마태의 그리스도론에 매우 중요

---

4) Kingsbury, *Matthew as Story*, 52.
5) *Ibid.*, 96.

하다는 사실에 시비를 걸 학자는 거의 없을 것이다. 그러나 "하나님의 아들"이 가장 중요하고, 다른 칭호들은 그저 이 핵심 칭호에 '종속적'이라는 킹스베리의 주장에 학자들이 모두 동의하는 것은 아니다. 마태복음에서 사람의 아들이 어떠한 기능을 수행하는지에 대해 킹스베리는 매우 독특한 방식으로 설명하는데, 아마도 많은 학자가 여기에 이의를 제기할 것이다.

그레이엄 스탠턴(Graham Stanton)을 비롯하여 몇몇 학자가 마태복음에서 "다윗의 자손"이라는 칭호가 차지하는 중요성에 대해 지적한 바 있다.[6] 스탠턴은 이 칭호가, 복음서의 첫 줄(1:1)을 포함하여 마태복음에서 아홉 번이나 사용되는 사실에 주목한다.(마가복음에서는 겨우 세 번 사용되었다.) 이 칭호는 특별히 치유 이야기에서 많이 사용된다.(예를 들면, 9:27, 12:23, 15:22, 20:30, 31) 그러나 또한 예수와 그의 적대자들 사이의 갈등이 드러나는 장면에서도 사용된다.(예를 들면, 12:42를 보라.) 스탠턴은 이 칭호가 마태에게는 매우 중요하다고 생각한다. 이 칭호야말로 메시아로서의 예수의 정체성의 독특한 특징들을 드러내기 때문이다. 마태에게 예수는 참으로 "다윗의 자손", 즉 왕으로서의 메시아였지만, 동시에 치유자이자(2:2-6), 온유하고(11:29), 겸손한(21:5) 하나님의 종(12:17-21)이었다.

데이비드 힐(David Hill) 역시 킹스베리의 견해에 도전하였다.[7] 마태복음에 나오는 예수의 다른 칭호들이 하나님의 아들이라는 칭호에 반드시 종속적일 필요가 없다는 것이다. 사실, 힐의 주장은 마태가 다른 칭호

---

6) Graham Stanton, *A Gospel for a New People*(Edinburgh: T&T Clark, 1992), 180-185.

7) David Hill, "The Figure of Jesus in Matthew's Gospel: A Response to Professor Kingsbury's Literary-Critical Probe," *Journal for the Study of the New Testament* 21(1984), 37-52.(이에 대해 킹스베리가 또한 아래의 글로 화답하였다. "The Figure of Jesus in Matthew's Story: A Rejoinder to David Hill," *Journal for the Study of the New Testament* 25[1985]).

들을 사용함으로써 하나님의 아들이라는 칭호에 특별한 뉘앙스를 덧붙이려고 한다는 것이다. "종"이라는 명칭이 이러한 실례가 될 것이다. 마태는 이 명칭을 예수에게 붙이는데, 특별히 이사야 42:1-4를 길게 인용하면서 (마 12:17-21을 보라.) 예수의 사명을 설명할 때 "종"이라는 명칭을 사용한다. 하나님의 종으로서의 겸손하고 자비로운 성품은 하나님의 아들로서의 예수가 가지는 메시아적 권위의 본성이 무엇인지를 잘 드러낸다.

또 다른 마태 연구자인 존 마이어 역시 마태복음에서 '사람의 아들'이 수행하는 기능과 관련하여 킹스베리의 견해에 이의를 제기하였다.[8] 마이어는 '사람의 아들'이 특정한 의미를 가진 칭호이며, 다니엘의 묵시사상에서 강하게 영향을 받았다고 생각한다.(7:17) 마태는 예수의 이 칭호를 자주 사용한다.(대략 30번쯤) 예수의 다양한 사역(예를 들면, 9:6, 11:19, 12:8), 예수의 고난과 그에 대한 거부(17:12, 22, 20:18, 26:2), 세상 끝 날에 승리자의 모습으로 오게 될 미래의 심판자로서의 예수의 역할을 다루는 장면(10:23, 13:41, 16:27-28, 24:27, 30, 37, 39, 44, 25:31)에서 이 칭호가 사용된다. 마이어는, 비록 이 칭호가 마지막 장면(28:16-20)에서는 분명하게 사용되지 않았지만, 그래도 마태가 사람의 아들로서의 예수의 정체를 늘 마음에 품고 있었다고 생각한다. 하늘과 땅의 권위를 지니고 승리자의 모습으로 제자들에게 돌아오는 부활한 그리스도를 마태가 묘사하는데, 이러한 모습은 마지막 때, 즉 사람의 아들이 영광에 둘러싸여 재림하는 때를 맛보기로 미리 보여준 것이라고 마이어는 생각한다. 마이어는 이것을 "예표된 파루시아"라고 부른다. 이 장면에서 마태는 예수를 승리자로서 묘사하는데, 다니엘서의 영광스러운 '사람의 아들(인자)'이 떠오른다. 따라서 사람의 아들이라는 칭호는 하나님의 아들이라는 칭호에 종속적으로 사용된 것이 아니라, 나란히 병행적으로 사용된 것이다. 하나님이 예수를 단순히 "내 아들"이라고 지칭하는 장면들에서 마태는 하나님

8) John Meier, *The Vision of Matthew*(New York: Paulist, 1978), 210-219.

의 아들이라는 칭호 외에 사람의 아들이라는 칭호도 염두에 두었을 것이다. (3:17, 17:5를 보라.)

2. 칭호들을 넘어서

마태의 예수에 붙은 다양한 칭호의 의미와 기능을 정확하게 이해하기는 힘들다. 그 칭호들 사이의 정확한 관계를 아는 것은 더욱더 어렵다. 이러한 사실은 칭호들만을 가지고 마태의 그리스도론을 밝히려는 시도의 한계를 잘 드러낸다. 문학비평을 지지하는 학자들이 우리에게 끊임없이 일러주듯이, 복음서는 신학논문이 아니라 하나의 이야기이다. 따라서 칭호들은 전체 이야기의 일부이며, 각각의 문맥에서 격리되어서는 안 된다. 하나님의 아들이라든지, 다윗의 자손, 또는 사람의 아들과 같은 칭호들은 이미 마태의 예수 이야기 이전부터 의미를 지니고 있었으며, 또 마태의 이야기와는 별개로도 특정한 의미를 지니고 있다. 그러나 마태의 그리스도론에서 칭호들이 수행하는 기능은 유기체로서의 전체(예수에 대한 마태의 흥미진진한 이야기)에서 오로지 일부분일 뿐이다. 따라서 마태 이야기에 드러나는 다른 특징들도 칭호들만큼이나 마태의 그리스도론을 밝히는 데 기여를 한다.

1) 유형론(Typology)

유대교의 세계 또는 성서의 세계에서 '유형론'은 사람이나 사건에 의미를 부여하는 데 중요한 역할을 하였다. 이전에 존재하였던 유명인의 색상과 색조로 특정한 인물을 묘사함으로써 지금 묘사하려는 인물에 새로운 의미를 부여한 것이다. '유형론'이라는 장치 역시 마태 그리스도론의 중요한 특징이다.

예를 들면, 데일 엘리슨은 마태가 어떻게 예수를 '새로운 모세'로 묘사하는지를 연구하였다.[9] 유대 문학에서, 심지어 초기 그리스도교 문학에서도, 모세는 여러 가지 역할을 하는 영웅적인 인물로 받아들여진다. 출애굽 이야기를 바탕으로 하여, 유대 문학은 모세를 율법을 준 사람으로, 지도자로, 해방자로, 백성의 구원자로, 기적수행자로, 계시자로, 예언자로, 또 자기 백성을 대신하여 고통을 당하는 자로 묘사하였다. 마태의 구조를 연구한 벤저민 베이컨은 모세와 오경이 밀접하게 연관되어 있다고 하였는데, 결국 예수를 새로운 모세로 묘사한 것이다.[10] 반면에 엘리슨은 마태복음의 내용을 면밀하게 조사한 뒤에 예수라는 인물에게 모세의 옷을 입힌 구절을 몇 군데 찾아냈다. 확실히 복음서의 앞부분에는 모세 유형론이 분명하게 드러난다. 아기 메시아를 죽이기 위해 사악한 왕이 이스라엘의 어린 아이들을 모조리 학살하는 장면(마 1-2장. 또한 출 1:1-2:20 참고)이라든지 예수가 광야에서 시험을 받는 장면(마 4:1-11. 또한 출 16:1-17:7 참고)이 여기에 해당한다. 또 예수를 율법을 세우는 자로 소개하는 것(5-7장), 예수가 하나님에 대해 매우 잘 알고 있는 것(1:25-30), 산 위에서 예수가 영광스러운 모습으로 변하는 것(여기서는 모세가 분명하게 언급되기도 한다. 17:1-9) 등이 마태의 이야기에서 예수가 새로운 모세로 묘사되는 대표적인 경우들이다. 이 밖에도 엘리슨의 견해에 따르면, 복음서의 마지막 장면에서 예수가 제자들에게 명령하는 것(마 28:16-20. 또한 신 31:7-9 참고)도 이에 해당한다.

이렇게 함으로써 마태는 예수의 메시아적 권위를 강조하려고 하였다. "철학자들이 자신들의 직무를 돋보이게 하려고 특별한 옷을 입는 것처럼, 마태는 메시아에게 모세의 옷을 입혔다. 그럼으로써 마태는 예수를

9) Dale C. Allison, Jr., *The New Moses: A Matthean Typology*(Minneapolis: Fortress, 1993).

10) 28-30쪽을 보라.

전적으로 하나님의 권위를 지닌 사로 만들었다."[11] 엘리슨은 또한, 이러한 유형론으로 마태는 예수와 그리스도교 공동체의 유대적 유산을 강조하였다고 주장한다. 예수가 새로운 모세이기 때문에, 예수는 이스라엘의 거룩한 역사에서 단절되는 것이 아니다. 오히려 그 역사를 완성하는 것이다. 마태공동체가 점차 이방화되어감에 따라 이러한 생각은 더욱더 강조되었으며, 실제로 효과적이었다. 즉, 그리스도교 메시지의 뿌리가 유대교임을 강조함으로써 마태는 '그리스도교와 유대교의 분리'를 방지하고자 하였다.[12]

마태가 구약성서와 유대전승을 사용하여 예수를 묘사하는 또 다른 경우가 있는데, 바로 '지혜' 유형론이다. 잭 서그스(M. Jack Suggs)는 마태가 Q자료를 사용함으로써 지혜 모티프를 도입하였다고 주장하였다.[13] 잠언, 시락서, 지혜서 등에 하나님의 지혜를 시적으로 묘사하는 부분이 있는데, 여기에 인격화된 지혜가 나오며, 그 지혜는 천지창조와 이스라엘의 역사 가운데 드러난 하나님의 자기계시이다.(예를 들면, 잠 8장; 시락서 51:23-30을 보라.) '지혜'는 하나님이 사람들에게 보내는 사자 또는 메신저이다. 사람들은 그 지혜를 거부하기도 하고, 받아들이기도 하였다. 서그스는 마태복음 23:34에서 지혜신화의 흔적을 발견한다. 하나님이 이스라엘에 보낸 "예언자들과 지혜 있는 자들과 율법학자들"이 고난을 당하고, 심지어는 죽임을 당하였다는 구절이다. 이와 비슷하게, 서그스는 마태복음 11:2-30이 지혜 모티프의 영향을 강하게 받았다고 생각한다. 예수가 행한 위대한 업적을 보면, 예수는 지혜의 사자이다.(11:19를 보라.) 11:25-30에 아버지 하나님과 아들 예수의 친밀함이 드러나며, 또한 하나님을 계시하는 아들로서의 예수의 역할이 나타나는데, 이러한 것 역시 지

11) Allison, *The New Moses*, 277.

12) *Ibid.*, 290.

13) M. Jack Suggs, *Wisdom, Christology, and Law in Matthew's Gospel*(Cambridge: Harvard University, 1973).

혜 유형론을 반영한다.[14)]

2) 치유자로서의 예수

마태복음이 교사로서의 예수의 역할을 강조한다는 것은 일반적인 견해이다. 예수의 사역 초기의 산상설교에서 보여준 위대한 가르침이라든지, 훌륭한 가르침을 주는 네 개의 또 다른 담화가 복음서 전체에 걸쳐 보도되는 것, 또 모세 유형론을 통해서 율법을 전해준 모세와 예수를 연결시키는 것 등을 보면, 이러한 평가는 정당하다. 그러나 마태의 이야기를 읽다보면, 치유자로서의 예수의 모습도 발견하게 된다. 예수의 초기 사역을 요약해주는 4:23에 보면, 마태는 치유자로서의 예수의 역할을 특별히 강조하는 것 같다. 예수는 "백성 가운데서 모든 질병과 아픔을 고쳐 주셨다. 예수의 소문이 온 시리아에 퍼졌다. 그리하여 사람들이, 갖가지 질병과 고통으로 앓는 모든 환자와 귀신 들린 사람들과 간질병 환자들과 중풍병 환자들을 예수께로 데리고 왔다. 예수께서는 그들을 고쳐 주셨다." 산상설교가 끝나고, 예수가 산에서 내려오자 많은 사람이 예수께 몰려들었고, 이때부터 마태는 여러 개의 치유 이야기를 보도하기 시작하는데, 이 이야기들이 8장과 9장에 걸쳐 길게 이어지고 있다.

---

14) 버넷(Fred W. Burnett)이라든가 도이치(Celia Deutsch) 같은 학자들은 서그스의 이론을 세련되게 발전시키고 확대하였다. 버넷은 종말에 대한 이야기 전체(마 24:3-31) 또한 지혜로서의 예수의 이미지에서 영향을 받았다고 생각한다. 제자들은 지혜의 사자가 되어야 하며, 따라서 예수는 마지막 유언에서 그들에게 박해당하는 것과 거부당하는 것에 대비하라고 이른다. 이에 대해서는 F. W. Burnett, *The Testament of Jesus-Sophia: A Redaction-Critical Study of the Eschatological Discourse in Matthew*(Washington: University Press of America, 1981)를 보라. 도이치는 지혜를 거부하는 모티프가 마 23:34-37에 영향을 주었다고 본다. 이에 대해서는 "Wisdom in Matthew: Transformation of a Symbol," *NovT* 32 (1990), 13-47을 보라.

마태 이야기의 이러한 특징은 오늘날 학계의 관심을 끌고 있으며, 마태의 그리스도론에도 상당한 영향을 끼치고 있다. 기적 이야기들에 대한 연구가 주로 편집비평으로 이루어지는데, 여기에 중요한 영향을 끼친 것이 한스 요아킴 헬트(Hans Joachim Held)의 연구이다.[15] 헬트는 8장과 9장에 집중적으로 보도되는 기적 이야기들을 분석하였으며, 마태의 독특한 문체와 신학에 특별히 관심을 기울였다. 그는 마태가 5-9장에서 예수의 초상을 그리고 있으며, 8-9장은 이 가운데 일부라고 지적한다. 다시 말하자면, 4:23과 9:35는 예수의 사역에 대한 요약인데, 이 두 구절 사이에 있는 부분(5-9장)에서 마태는 예수를 교사(5-7장), 또 치유자(8-9장)의 모습으로 제시하였다는 것이다. 기적 이야기들을 모아놓은 부분(8-9장)은 주로 마가복음의 자료에 의존하고 있는데, 하나의 치유 이야기(백부장의 종을 고치는 이야기, 8:5-15)와 예수의 말씀들은 Q자료에서 왔다. 그러나 마태는 이 자료들을 특정한 순서에 따라 배열하였으며, 자신의 신학적 관점에 따라 이 이야기들을 편집하였는데, 이것이 마태의 공헌이라고 할 수 있다.[16]

헬트는 8-9장에 나오는 열 개의 기적 이야기가 세 부분으로 구성되어 있으며, 각 부분마다 특정한 주제가 있음을 발견하였다. 8:1-17에 소개되는 세 개의 기적 이야기는 예수의 치유능력을 집중적으로 조명하며, 8:18-9:17의 기적 이야기들은 제자도라는 주제에 초점을 맞추고 있다. 또 9:18-34의 기적 이야기들은 공동체의 '기도하는 믿음'에 초점을 맞추고 있다. 헬트는, 마태가 마가의 이야기들을 요약함으로써 이야기의 본질적인 부분에 더 초점을 맞추고, 또한 이야기 속에 보도되는 예수의 핵심적인 말씀을 강조하려는 경향이 있다고 주장하였다. 예를 들면, 첫 번째 부

15) Hans Joachim Held, "Matthew as Interpreter of the Miracle Stories," *Tradition and Interpretation in Matthew*(Philadelphia: Westminster, 1963), 165-299.

16) 제2부에서 이 단락에 대해 논의하는 부분(162-170쪽)을 보라.

분(8:1-17)은 그리스도론과 관련되는데, 여기 보도되는 세 개의 기적 이야기, 즉 나병환자를 고치는 이야기와 백부장의 종을 고치는 이야기, 또 시몬의 장모를 고치는 이야기는 예수의 권위와 능력을 강조한다는 것이다. 이 세 기적 이야기는 이사야에서 인용한 성취 본문으로 결론을 맺는다. "그는 몸소 우리의 병약함을 떠맡으시고, 우리의 질병을 짊어지셨다." (8:17)

물론 기적 단락(8-9장)을 세 부분으로 구분하는 헬트의 방식을 조금씩 수정한 학자들도 있지만, 헬트의 분석은 여전히 유효하다.[17] 스웨덴의 성서학자 비르거 예르핫숀(Birger Gerhardsson)은 마태복음의 기적들을 연구하였는데, 헬트의 연구 결과를 받아들이면서도, 연구의 범위를 복음서 전체로 확장시켰다.[18] 그는 치유 이야기들이 마태복음 전체에 걸쳐 보도되고 있다고 지적한다. 예수의 초기 갈릴리 사역부터 예루살렘에서의 마지막 날들에 이르기까지 고루 퍼져 있다는 것이다. (다만, 그는 치유[healing] 이야기를 "치료"[therapeutic] 이야기라고 부른다.) 이러한 치유 이야기에 음식 기적(14:13-21, 15:32-39)과 바다를 잠잠하게 한 기적(8:23-27), 또 바다 위를 걸은 기적(14:22-33) 등과 같은 다른 기적들이 덧붙어 있다. 이러한 기적들을 예르핫숀은 "비(非) 치료"(non-therapeutic) 기적이라고 부른다. 이러한 모든 기적이 마태의 그리스도론에 중요하다. 물 위를 걸은 기적에 보면, 제자들이 예수를 "하나님의 아들"로 경배하며 끝을 맺

17) 예를 들면, 킹스베리는 8-9장의 기적 이야기들을 네 부분으로 구분한다. (1) 8:1-17은 (헬트의 제안과 마찬가지로) 그리스도론에 초점을 맞추고 있으며, (2) 8:18-34는 (역시 헬트의 제안과 마찬가지로) 제자도에 초점을 맞추고 있다. (3) 9:1-17은 예수와 제자들을 이스라엘로부터 구분하는 것에 초점을 맞추고 있다. (4) 9:18-34는 (역시 헬트의 제안과 마찬가지로) 믿음에 초점을 맞추고 있다. 이에 대해서는 "Observations on the 'Miracle Chapters' of Matthew 8-9," *CBQ* 40(1978), 559-573을 보라.

18) Birger Gerhardsson, *The Mighty Acts of Jesus According to Matthew*(Lund: Gleerup, 1979).

는데(14:33), 여기서 볼 수 있듯이, "비치료" 기적의 경우에도 그리스도론은 매우 강조되고 있다. 기적 이야기들의 핵심 모티프는 "이스라엘의 치유자로서 어느 누구와도 비견될 수 없는 (예수의) exousia('능력' 또는 '권위'를 뜻하는 그리스어)"[19]를 드러내는 데 초점이 맞추어져 있다. 예르핫숀은 "하나님의 아들"이라는 칭호가 마태복음에서 가장 중요한 칭호라는 것을 인정하면서도 8:17과 12:18에서 치유자로서의 예수의 역할에 대해서 "종"이라는 용어가 분명하게 사용된다는 사실을 지적한다. 마태는 그렇게 예수를 자비로운 치유자의 모습으로, 또 하나님의 온유한 종의 모습으로 묘사하는데, 이것은 예수를 존귀함을 입은 하나님의 아들로 규정하는 데 일조한다.

마태복음의 그리스도론을 이처럼 간단히 살펴보기만 해도, 우리는 복음서와 관련하여 중요한 한 가지 사실을 알게 된다. 예수의 정체에 대한 자신의 이해를 표현하기 위해 복음서 저자가 다양한 방법을 사용하였다는 것이다. 우선, 유대교 안에서 전통적으로 특별한 의미를 지니고 있으면서, 복음서의 맥락에서 또 다른 특별한 의미를 부여받은 칭호들을 예수에게 붙이기도 하였다. 그리고 성서의 중요한 인물을 암시하는 방식, 또 특정한 모티프를 암시하는 방식을 사용하기도 하였는데, 모세라는 인물과 시적 은유로서의 지혜가 여기에 해당한다. 또한 예수를 권위 있는 교사로, 자비롭고 능력 있는 치유자로 묘사하기도 하였다. 그 밖에도 마태는 예수와 그의 사역을 구약의 성취로 선포하기도 하였으며, 하나님의 말씀의 결정적인 계시자로 선언하기도 하였다.

마태의 이야기를 충분히 읽은 후에야 비로소 독자들은 이 복음서의 그리스도론을 평가할 수 있다. 분명히 마태는 심오하고 고귀한 용어로 예수를 묘사한다. 예수는 전례 없는 방식으로 이스라엘에 하나님의 임재를 가져다준 인물이며, 최종적인 구원의 시대를 열어젖힌 인물이다.[20] 제2부

19) *Ibid.*, 82.

에서 우리는 마태의 이야기 전체에서 예수가 이러한 식으로 묘사되는 것을 살펴볼 것이다.

20) 이에 대해서는 R. T. France, *Matthew: Evangelist and Teacher*(Grand Rapids: Zondervan, 1989), 278-317; Donald Senior, "The Jesus of Matthew," *Church* 5(1989), 10-13을 보라.

제6장

마태복음의 제자도

마태가 제자들을 어떻게 묘사하는지, 또 제자들에 대한 그러한 묘사가 교회와 그리스도인의 삶의 방식에 대한 마태의 이해를 어떻게 반영하는지 등도 성서학계의 관심사이다. 마태 그리스도론과 마찬가지로, 이러한 문제들 역시 매우 방대하여서 마태의 서사세계 구석구석을 살펴보지 않을 수 없다. 예를 들면, 마태가 예수를 묘사하는 방식, 바로 그것이 그리스도인의 실존을 위한 모범이 된다.[1] 예수의 모든 가르침은 교훈적인 목적을 가지고 있다. 누구든지 하늘나라에서 큰 사람은 예수의 계명을 "행하며 가르치는" 사람들이다.(5:19) 또한 예수의 모든 행동(기도, 자비, 정의감, 고난에 대한 반응 등)은 진정한 제자도를 위한 모범이 된다.

어쨌든, 제자들에 대한 마태의 독특한 묘사는, 그리스도인의 삶에 대한 그의 시각을 이해하는 데 가장 중요한 요소이다. 편집비평은 제자들에 대한 마태의 묘사에서 마태공동체의 정황을 발견할 수 있으며, 그러한 정황에 처한 구성원들에게 마태가 무슨 메시지를 전하는지 알 수 있다고 생

1) Charles E. Carlston, "Christology and Church in Matthew," F. Van Segbroech et al.(eds.), *The Four Gospels 1992*, vol. 2, 1283-1304; David Howell, *Matthew's Inclusive Story: A Study in the Narrative Rhetoric of the First Gospel*, JSNTSup 42(Sheffield: Sheffield Academic Press, 1990), 251-259를 보라.

각한다. 반면에 문학비평은, 독자들이 복음서에 묘사되는 제자들에 대해 동질감을 느낄 것이며, 그들에게서 그리스도인으로서의 삶의 모습을 발견할 것이라고 생각한다. 제자도라는 주제 역시 마태복음 연구의 한 분야인데, 여기서도 연구자가 본문에 끌어들이는 갖가지 전제조건들과 교회의 경험이 본문 해석에 상당한 영향력을 끼치게 된다.

1. 마태복음의 제자들

장 춤슈타인(Jean Zumstein)은 마태복음의 제자도에 대해 매우 포괄적으로 연구하였는데, 그의 연구는 이 주제를 이해하는 데 좋은 출발점이 될 것이다.[2] 마가복음과 마찬가지로, 마태복음에서도 제자들은 특별한 그룹이다. 분명히 그들은 조금 더 중립적인 용어인 "무리"와는 차별화된다. 물론 "무리"는 예수의 사역의 대상이다. 그러나 예수를 거부하는 적대자들까지 포함된 개념이다. 반면에 제자들은 예수가 불러서 예수를 따르게 된 사람들이며, 이전의 삶을 모두 버리고 예수를 따른 사람들이다.(4:18-22, 9:9) 그들은 처음부터 끝까지 예수와 함께한 사람들로, 예수에게서 특별한 가르침을 받는다.(마태복음의 5대 담화[5-7장, 10장, 13장, 18장,

---

2) Jean Zumstein, *La Condition du Croyant dans L'Evangile selon Matthieu*, Orbis Biblicus et Orientalis 16(Göttingen: Vandenhoeck & Ruprecht, 1997). 이 밖에도 Richard A. Edwards, "Uncertain Faith: Matthew's Portrait of the Disciples," F. Segovia(ed.), *Discipleship in the New Testament*(Philadelphia: Fortress, 1985), 47-61; Ulrich Luz, "The Disciples in the Gospel According to Matthew," G. Stanton(ed.), *The Interpretation of Matthew*(Edinburgh: T&T Clark, 2nd ed., 1995), 115-148; Michael J. Wilkins, *Discipleship in the Ancient World and Matthew's Gospel*(Grand Rapids: Baker Books, 1995)을 보라. 특히 윌킨스(Wilkins)의 책 225-247쪽을 보면, 마태복음의 제자도에 대한 최근의 연구사를 알 수 있다.

23–25장]는 모두 제자들을 대상으로 한다.) 또한 그들은 예수에게서 사명을 위임받기도 한다.(10:1, 5–8, 28:16–20) 마태의 이야기에서 예수는 그들에게 함께하겠다고 약속한다. 자기를 따르는 제자들 가운데 두세 사람이 모인 자리에 함께하겠으며(18:20), 또한 온 세상에 대한 그들의 사명을 수행할 때, 세상 끝 날까지 함께하겠다고 약속한다(28:20).

제자들에 대한 마태의 보도는 몇 가지 면에서 마가의 보도와 대조를 이룬다. 예수를 이해하지 못하는 마가복음의 제자들과는 달리, 마태의 제자들은 예수를 '이해한다.'(예를 들면, 막 6:52; 마 14:33; 막 8:21; 마 16:12 참고) 제자들에게 믿음 없다고 마가가 지적하는 단락에서 마태는 "믿음이 적다"는 표현을 사용한다.(6:30, 8:26, 14:31, 16:8) 물론 제자들이 약한 모습이나 주저하는 모습을 보이기도 하지만(예를 들면, 14:30–31, 28:17), 궁극적으로 그들이 예수를 믿는 것으로 보도된다. 마태복음은 윤리를 매우 강조하는데, 그것은 단지 말이 아니라 행동에 대한 강조이다. 참 제자들, 즉 예수의 진정한 형제자매들은 하나님의 뜻을 듣기만 하는 것이 아니라, 실천한다.(7:21–27, 12:50)

"제자" 또는 '배우는 사람'이라는 용어(그리스어로는 μαθητής)는, 예수가 하나님의 말씀을 이스라엘에 전하는 최고의 교사라는 마태의 이해에 잘 들어맞는다. 참된 제자는 유일무이한 교사인 메시아에게 배우고, 그의 가르침을 받아들이는 사람이다.(23:10, 이 구절에서 마태는 스승 또는 지도자를 뜻하는 그리스어 '카테게테스'[καθηγητής]라는 단어를 사용하는데, 이 단어는 신약성서 전체 가운데 여기서만 사용된다. 그런데 그리스 문헌들을 살펴보면, 이 단어는 교사의 권위를 특별히 강조할 때 사용되는 단어이다.) 또한 복음서의 결말에서 제자들은 "모든 민족을 제자로 삼아(μαθητεύσατε) (예수가) 명령한 모든 것을 그들에게 가르치고 지키게 하라"(28:19–20)는 명령을 받는다.

마태가 선호하는 또 다른 단어는 학자들, 또는 율법에 대한 전문가들을 가리키는 "율법교사"라는 용어인데, 아마도 율법교사들은 유대–그리스도교 공동체인 마태공동체에서 중요한 역할을 하였을 것이다.[3] 하늘나라를 위하여 훈련을 받은 신실한 율법학자는 집안 살림에 대한 책임이 있으며, 자기의 "곳간"에서 "새 것과 옛 것" 모두를, 즉 전통에 대한 새로운 해석과 옛 해석 모두를 끌어내는 사람이다.(13:52) 스승 예수와 마찬가지로, 그리스도인 율법학자들은 마태공동체에 주어진 임무를 수행하다가 박해를 받을 것이며, 심지어는 순교를 당할 것이다.(23:34)

춤슈타인은, 마태가 전반적으로 제자들을 어떻게 묘사하였는지를 보면, 복음서 저자인 그가 교회를 어떻게 이해하는지 파악할 수 있다고 생각한다. 모임 또는 "교회"를 의미하는 그리스어 '에클레시아'(ἐκκλησία)는 마태복음에서 세 번 사용되는데(16:18, 18:17[두 번]), 이 단어를 사용하는 복음서는 마태가 유일하다. 교회는 다름 아니라 제자들의 모임인데, 여기서 제자들이란, 다가오는 나라의 초대에 믿음과 순종으로 응답하는 사람들이다.(22:1-14, 21:33-48) 5대 담화 가운데 하나인 18장의 공동체 담화는 교회에 대한 마태의 생각을 찾아낼 수 있는 중요한 본문이다. 공동체 생활 가운데 진정으로 위대한 것은 약자에 대한 관심(18:6-14)과 형제자매를 사랑하는 것(18:15-20), 그리고 넘치는 용서(18:21-35)로 특징지을 수 있다. 복음서에 보도되는 예수의 권면이 공동체가 실제로 직면한 상황을 반영한다면, 마태공동체는 결코 문제가 없는 공동체가 아니었다. "불법을 행하는 일"(7:23, 24:12)과 스캔들(18:5-9)과 분열(10:24)과 박해(10:17-23)가 있었다는 암시가 있다. 심각한 분쟁을 해결하기 위한 절차가 구체적으로 명시되어 있는 것을 보면, 이것은 공동체 안에서 일어날 수 있는 가상의 사건들을 가정한 채 세워진 절차로 보이지는 않는다.(18:15-18) 마태복음에만 보도되는 밀과 가라지의 비유(13:24-30, 36-43)라든지 그물의 비유(13:47-50)에서 예수는, 마지막 심판이 있을 때까지 이 공동체 안

---

3) David E. Orton, *The Understanding Scribe: Matthew and the Apocalyptic Ideal*, JSNTSup 25(Sheffield: University of Sheffield Press, 1989)를 보라.

에 선한 사람들과 악한 사람들이 섞여 있을 것이라고 한다.

마태공동체 안에서 정확히 무슨 갈등이 있었는지에 대해서는 학자들마다 의견이 다르다. 어떤 학자들은 성령의 은사를 강조하는 그룹(아마도 이들은 철저하게 순회하는 그룹이었을 것이다.)과 카리스마적 은사보다는 도덕적인 삶을 강조하는 그룹(이들은 정착한 사람들로 이루어진 그룹이었을 것이다.) 사이에 갈등이 있었을 것이라고 생각한다.[4] 예를 들면, 마태복음 7:21에서 예수는 제자들에게 경고하는데, "주님, 주님" 하는 사람들이 아니라, 하나님의 뜻을 행하는 사람들이 하늘나라에 들어간다는 것이다. 또 예수의 이름으로 예언하고, 예수의 이름으로 귀신을 내쫓고, 예수의 이름으로 놀라운 기적을 행하는 자들이 오히려 "불법을 행하는 자들"로 규탄을 받을 것이라고 한다.(7:22-23) 거짓 예언자들과 불법을 행하는 일에 관련하여 비슷한 경고가 종말 담화(24:5, 11-12, 24를 보라.)에도 나온다.

또 다른 학자들은 마태공동체 내의 갈등이 이방인들에 대한 선교 문제와 관련이 있다고 생각한다. 마태공동체의 강한 유대적 특징을 유지하려는 사람들, 율법을 엄격하게 준수할 것을 주장하는 사람들은 이방인들에게 공동체의 문호를 개방하고 그들을 위해 유대 전통을 탄력적으로 적용해야 한다고 주장하는 사람들과 갈등하고 있었다는 것이다. 마태복음 15:21-28에 보도되는 가나안 여자 이야기를 예로 들 수 있는데, 처음에 예수는 이스라엘에 대한 자신의 의무를 강조함으로써 이 이방인 여자의 간청을 거절하지만, 결국 여자의 딸을 고쳐준다. 아마도 이 이야기는 공동체 내에 있었던 이러한 논쟁의 맥락 가운데에서 발전한 것으로 보인다.[5]

---

4) 예를 들면, Eduard Schweizer, "Observance of the Law and Charismatic Activity in Matthew," *NTS* 16(1969-1970), 213-230을 보라.

5) 이에 대한 논의는 191-195쪽을 보라.

2. 여성신학적 관점에서 본 제자도

마태복음의 제자들에 대한 최근의 여성신학적 연구는 마태복음의 교회론에 새로운 빛을 비추었다. 호주의 여성성서학자 일레인 웨인라이트(Elaine Wainwright)는 여성학적 관점으로 복음서를 해석하면서, 제자들의 역할에 특별한 관심을 기울였다.[6] 웨인라이트는 복음서 안에 두 개의 전통 또는 경향이 긴장 관계에 있음을 발견한다. 첫째, 마태는 제자들을 묘사하면서 강한 가부장적 관점을 유지하고 있는데, 이러한 관점은 마태복음의 주요 자료인 마가복음에서 온 것으로 보인다. 처음으로 부름을 받은 제자들은 모두 남성이다. 남자들이 중요한 역할을 담당하고 있으며, 이 남자들이 대사를 다 차지하고 있다. 사도 명단(마 10:2-4)에도 남자들만 올라가 있다. 그리고 복음서의 결말에서 사명을 위임받는 사람들도 "열한 명"의 남성 사도들이다.(28:16)

마태의 예수 이야기 안에 들어 있는 또 다른 전통에서는 여자들이 중요한 역할을 수행한다. 종종 여자들은 나약함과 불신앙을 드러내는 남성 등장인물들과 대조를 이룬다. 마태는 예수의 족보에 네 명의 여자들을 넣었으며, 경우에 따라서 (특별히 다말과 밧세바의 경우에) 이 여자들은 남성 등장인물들의 엄청난 잘못을 상기시킨다. 물론 예수의 탄생 이야기에서 마태는 특별히 요셉을 강조하기는 하지만, 마리아 역시 확실히 결정적인 역할을 수행한다. 시몬의 장모(8:14-15)와 혈루증으로 앓는 여자 등도 치유 이야기에서 예수의 사역의 대상이 된다. 가나안 여자는 예수의 선교

6) Elaine Mary Wainwright, *Toward a Feminist Critical Reading of the Gospel According to Matthew*, BZNW 60(Berlin/New York: Walter de Gruyter, 1991); "The Gospel of Matthew," Elisabeth Schüssler Fiorenza(ed.), *Searching the Scripture: A Feminist Commentary*, vol. 2(New York: Crossroad, 1994), 635-677.

에서 중요한 역할을 수행한다.(15:21-28) 고난 이야기에서도 예수에게 기름을 부은 여자(26:6-13)와 예수의 무죄를 지지한 빌라도의 아내(27:19), 또 예수의 십자가 앞에 남아 있던 여자들(27:55-56)과 예수가 무덤에 묻힐 때 그 자리에 있던 여자들(27:61), 이 여자들은 예수를 배신하고, 예수를 버리고, 예수를 부인한 남자 제자들과 분명히 대조를 이루고 있다. 마태복음에서 예수의 빈 무덤을 처음 발견한 사람들은 여성이었으며(28:1), 부활한 예수를 처음으로 목격하고 경배한 사람들도 여성이었다(28:9). 또 부활의 소식을 전하라고 명령받은 사람들도 여성이었다.(28:10)

웨인라이트는 마태복음 안에 있는 이러한 두 가지 흐름이 마태공동체 안에 있었던 투쟁을 반영한다고 생각한다. 전통적인 가부장적 관점에 좀 더 평등주의적인 시각이 도전하였다는 것이다.(23:8-12) 마태복음에는 '제자'라는 명칭을 공식적으로 받지는 못하였지만, 그럼에도 진정한 제자도의 모범을 보여주는 주변 인물들이 있다.(예를 들면, 동방박사들, 세리 마태, 백부장, 많은 환자들 등)[7] 마태복음에서 예수에게 충실한 것으로 보도되는 여자들도 이들과 같은 부류이다. 실제로, 이러한 흐름은 제자도에 대한 오래된 가부장적 전통에 변화를 주었으며, 그러한 전통을 좀 더 포용적으로 만들었다. 웨인라이트의 견해에 따르면, 이방인에게 문호를 개방하는 것 등을 포함하여, 좀 더 포용적인 비전을 제시하는 것이 마태복음의 몇 가지 중요한 목적들 가운데 하나였다.

3. 마태복음의 베드로

마태가 제자들에 대해 보도하는 것을 전반적으로 살펴보면, 베드로라는 인물이 특별히 눈에 띈다. 마태는 마가가 전하는 베드로에 대한 이야기

---

7) 이에 대해서는 Howell, *Matthew's Inclusive Story*, 233-236을 보라.

에 몇 가지 이야기를 보탠다. 예수가 시몬을 부르는 이야기(마 4:18-22; 막 1:16-20)라든지, 빌립보의 가이사랴에서 베드로의 고백(마 16:16; 막 8:29), 또 예수를 세 번 부인한 이야기(마 26:58, 60-75; 막 14:54, 66-72)는 마태가 마가복음에서 가져온 것이다. 여기에 마태가 덧붙인 이야기는 아래와 같다. 베드로가 물 위를 걷는 이야기(마 14:28-31), 눈먼 사람이 눈먼 사람을 인도하는 "비유"의 뜻을 묻는 베드로의 질문(마 15:15), 빌립보 가이사랴에서 메시아를 고백한 뒤에 베드로가 예수에게서 받은 칭찬(마 16:17-19), 성전세에 얽힌 이야기(마 17:24-27), 용서에 대한 베드로의 질문(마 18:21-22)이다.

물론 베드로에 대한 마태의 묘사가 긍정적인 것만은 아니다. 물 위를 걸을 때, 베드로는 두려움에 사로잡혀서 주저하다가, 결국 예수에 대한 믿음을 잃어버리고 만다.(14:30) 예수가 당할 고난에 대해 항의하다가, "사탄"이라는 말과 "걸림돌"이라는 말을 듣는다.(16:23) 예수 공동체 안에서의 삶의 특징 가운데 하나가 끝없는 용서인데, 베드로는 이러한 무한한 용서를 과소평가한 것처럼 보인다.(18:21) 그리고 베드로는 "맹세하며" 예수를 부인한다.(26:72. 예수를 부인하는 베드로에 대한 마가의 보도에 마태는 베드로의 맹세를 덧붙였다.)

따라서 마태의 이야기에서 베드로가 어떤 역할을 하는지에 대한 연구는 마태복음의 중요한 연구 주제이다. 베드로와 관련된 이러한 자료가 후기 로마가톨릭의 교회론에서 매우 중요한 역할을 하였기 때문에, 이에 대한 논의는 다른 주제와는 차원이 다르다. 연구자가 아무리 '객관적'이고 냉철하고자 하여도, 서로 다른 교회 전통이 특정한 성서 구절을 어떻게 이해했는지 뿐만 아니라, 연구자가 개인적으로 어떤 경험을 했는지, 또 무엇을 더 중요하게 생각하는지 등이 연구자에게 영향을 미칠 수밖에 없다.[8] 예를 들면, 로마가톨릭은 전통적으로 마태복음 16:16-19를 교황직에 대한 성

---

8) Ulrich Luz, *Matthew in History*(Minneapolis: Fortress, 1994), 57-74를 보라.

서적 근거로 이해한다. 최근에 발행된 『가톨릭교리문답』(*Catechism of the Catholic Church*)은 정확히 이 문맥에서 16:15-19를 인용한다. "주님께서 시몬을 베드로라고 부르시며, 오직 그만이 교회의 '반석'이라고 하셨다. 주님께서 베드로에게 교회의 열쇠를 주셨으며, 그를 온 양떼의 목자로 세우셨다."[9] 물론 교리문답은 본질적으로 신앙고백적이며, 성서에 대한 비평적 연구 결과이어야 하는 것은 아니다. 가톨릭 학자들과는 다른 교회론을 전제하는 개신교 신학자들은 일반적으로 마태복음에서 베드로를 제자들의 '대표' 정도로 본다. 복음서에서 베드로에게 주어졌다고 보도되는 것들이 사실은 공동체 전체에 주어졌다는 것인데, 다만 대표로 베드로가 언급되었다는 것이다.

성서학계의 최근 연구들은 이 문제를 정면으로 다루었다. 루터교 신학자 킹스베리는 "마태복음이 보도하는 베드로에 대한 신학적 문제"라는 논문에서, 베드로가 마태의 이야기에서 독보적으로 중요한 인물이기는 하지만, '분명히 제자 그룹에 속하는 한 사람'이라는 점을 지적한다.[10] 16:19에서 베드로에게 주어진 "매고 푸는" 권한은 18:18에서 공동체 전체에 주어진다. 16:17에서 베드로에 주어진 복은 13:16-17에서 제자들 모두에게 주어진 복과 병행을 이룬다. 베드로가 망설임 없이 예수를 "하나님의 아들"로 고백하였는데, 그것은 14:33에서 제자들 모두가 한 고백과 똑같다. 따라서 베드로는 유일무이한 독보적인 인물이 아니며, 또한 계속 이어지는 어떤 직무(교황직)의 근거가 될 수도 없다. 마태의 교회는 평등주의적이다.(23:8-10) 물론 마태복음이 보도하는 베드로라는 인물은 한 가지 중요한 측면에서 제자들을 대표하는 위치 이상의 위치를 차지한다. 베드로는 처음으로 부름을 받은 제자이며(4:18), 제자 명단에서도 가장 먼저 이름이 언급된 제자이다(10:2). 그는 제자들의 대변인이기도 하다. 마태

9) *Catechism of the Catholic Church*, #881.

10) Jack Dean Kingsbury, "The Figure of Peter in Matthew's Gospel as a Theological Problem," *JBL* 98(1979), 67-83.

의 구속사가 펼쳐지면서, 베드로는 '동등한 사람들 가운데 첫째'로 드러난다. 복음서 드라마의 역사적인 맥락 안에서 그는 지도자의 위치를 차지하는 것 같다. 그러나 이야기 세계 안에서 그렇다는 것이지, 그 이야기 세계를 넘어서까지 그런 것은 아니다.[11)]

또 다른 루터교 신학자 아를로 나우(Arlo Nau)는 마태가 보도하는 베드로의 부정적인 모습을 강조하였다.[12)] 베드로에 대한 이야기들을 살펴보면, 거의 모든 경우에 베드로의 시작은 좋으나 끝이 나쁘다는 점을 지적한다. 베드로는 물 위를 걷기 시작하나, 곧 빠지고 만다.(14:28-31) 예수를 하나님의 아들로 고백하나, 곧 예수가 십자가에 달려야 한다는 데 항의한다.(16:22) 죽기까지 예수를 따를 것이라고 용감하게 외치지만, 맹세까지 하며 예수를 부인한다.(26:33-35, 74) 나우는 이것이 마태의 정교한 수사학적 기법이라고 생각한다. '비난의 찬사'라는 것인데, 베드로의 명예를 훼손하는 데 목적이 있다. 그는 마태공동체 안에 두 그룹 사이의 갈등이 있었다고 주장한다. 한쪽 그룹 사람들은 마태공동체가 평등주의적인 공동체, 은사 중심 공동체이기를 원하였고(23:8-12에 반영되듯이), 다른 그룹 사람들은 더 위계적이고 권위주의적인 공동체이기를 원하였다. 나우는 복음서의 내용과 오늘날의 교회의 모습을 지나칠 정도로 직접적으로 연관짓는 것 같다. 교회가 복음서의 참된 정신을 회복하고 교회 안에서 "엘리트주의, 우월주의, 가부장주의, 이기적인 자기방어"를 없애려면, "마태복음 16:17-19 전염병"을 제거해야 한다는 것이다.[13)]

반면에, 몇몇 로마가톨릭 학자들의 최근 연구는 다른 방향으로 전개되었다. 예를 들면, 레이먼드 브라운(Raymond Brown)은 "베드로에 대

11) 킹스베리는 자신의 견해를 아래의 책에서 또다시 주장한다. *Matthew's Inclusive Story*, 233-236.

12) Arlo J. Nau, *Peter in Matthew: Discipleship, Diplomacy, and Dispraise*, Good News Studies 36(Collegeville, Miss.: Liturgical Press, 1992).

13) Arlo J. Nau, *Peter in Matthew*, 147.

한 에큐메니컬한 이해와 베드로의 신학, 이에 대한 현대 신약 연구의 의미"라는 제목을 붙인 글에서 마태가 베드로를 어떻게 묘사하는지에 대해 썼다.[14] 이 글을 쓰기에 앞서, 브라운은 개신교 학자들과 로마가톨릭 학자들이 함께 『신약성서의 베드로』(*Peter in the New Testament*)라는 제목의 책을 냈는데, 여기서 이들 가톨릭 학자들과 개신교 학자들은 베드로와 관련된 성서본문들을 연구하였다.[15] 대다수의 경우, 킹스베리와 다른 학자들이 주장하듯이 베드로는 '제자들을 대표하는 인물'로 묘사되지만, 베드로에게만 특별히 주어진 몇 가지 권한도 있는데, 오로지 베드로에게만 주어졌지, 전체 공동체에 주어지지는 않은 권한이다. 가령, "하늘나라의 열쇠"는 베드로에게만 주어졌다.(16:19) 또 베드로만이 교회의 터가 될 "반석"이라고 불린다.(16:18) 모든 제자 가운데서 베드로가 두드러지는 또 한 가지는 예수가 하나님의 아들이라는 그의 고백이며, 하나님에게서 계시를 받았기 때문에 그는 복 받은 사람으로 보도된다.(16:17) 더 나아가, 성전세에 대한 이야기(17:24-27)는, 대변인 또는 지도자로서 베드로의 역할이 예수와 첫 제자들 시대를 뛰어넘어, 부활 이후의 공동체의 시대까지 확장된다는 것을 드러낸다.

브라운과 그의 동료들은 마태가 베드로를 어떻게 묘사하는지를 신약 전체의 틀 안에서 이해하려고 하였다. 마태가 그린 베드로의 이미지는 '발전하는 궤적'의 일부분인데, 이 궤적이 마가복음에서 시작하여, 마태로, 또 누가-행전으로, 또 요한으로, 또 베드로서신으로 이어지며 발전하였다는 것이다. 이 궤적은 점점 더 현저한 방식으로 베드로를 목회자로, 선교

14) Raymond Brown, "The Meaning of Modern New Testament Studies for an Ecumenical Understanding of Peter and a Theology of Peter," *Biblical Reflections on Crises Facing the Church*(New York: Paulist, 1975), 63-83.

15) R. Brown, K. Donfried, J. Reumann(eds.), *Peter in the New Testament: A Collaborative Assessment by Protestant and Roman Catholic Scholars*(Minneapolis: Augsburg; New York: Paulis, 1973).

사로, 신앙의 고백자이자 수호자로, 계시의 수령자로, 순교자로 묘사한다. 물론 죄 많은 연약한 사람으로 묘사하기도 한다. 바울에 대해서도 이와 같은 궤적을 발견할 수 있다. 제2바울서신에서 바울이 묘사되는 방식을 보면 알 수 있듯이, 이방교회에서의 바울의 역할도 이와 비슷한 방식으로 발전하였다.[16] 그러나 베드로의 궤적이 더욱 지배적인 것으로 보인다. 최종적으로 베드로서신에 드러나듯이, 바울을 해석하는 사람이 베드로이다. 브라운은, 마태복음과 후기 신약 문서들에 나오는 베드로에 대한 묘사가 초기 그리스도교 교회 내에서 목회적 지도력의 직무가 어떻게 발전하였는지를 잘 보여준다는 결론을 내린다.

또 다른 로마가톨릭 여성신학자인 핌 퍼킨스(Pheme Perkins)는 『베드로: 온 교회의 사도』(*Peter: Apostle for the Whole Church*)에서 베드로에 대한 자료를 다시 연구하였다.[17] 퍼킨스는 베드로에 대한 신약성서의 다양한 묘사를 '발전하는 궤적' 모델로 설명하는 데 만족하지 못하였다. 베드로가 이렇게 다양하게 묘사되는 것은 많은 다양한 전통을 반영한다고 그는 주장하였다. 마태복음의 경우, 베드로는 예수가 정죄하는 "눈먼 길잡이들"과 대척점에 서 있는 것으로 보인다.(15:10-17, 23:1-36) 예수가 자신의 가르침을 베드로에게 설명할 때, 결국 베드로는 예수의 가르침을 이해한다.(15:16-17) 베드로는 공동체 내 유대인과 이방인의 갈등에 관련된 문제들에서 중요한 역할을 한다. 가령, 정결과 부정의 문제(15:1-20)라든지 성전세 납부 문제(17:24-27), 또 잘못한 사람들을 용서하는 문제(18:21-35) 등에서 베드로가 중요한 역할을 한다. 베드로를 이렇게 묘사함으로써, 복음서 저자는 마태공동체(지도자들뿐 아니라 공동체 전체)가

16) 이에 대해서는 Frances Young, *The Theology of the Pastoral Letters*, New Testament Theology(Cambridge: Cambridge University Press, 1994), 122-144를 보라.

17) Pheme Perkins, *Peter: Apostle for the Whole Church*(Columbia: University of South Carolina Press, 1994), 66-80.

예수의 가르침을 충실히 이해하고 따르는 것이 매우 중요하다는 사실을 확신시키고자 하였다. 퍼킨스는 마태뿐 아니라 신약성서 전체에 걸쳐 보도되는 베드로의 역할에서 후대의 교회론에 이르는 연결고리를 발견한다. 베드로는 다리와 같은 인물로, 공동체 내의 여러 분파를 중재한다.(갈 1:18-24와 사도행전의 보도처럼) 베드로에 대한 신약성서의 이러한 보도는 다양한 그리스도교 분파들을 화해시키고 일치시키는 베드로의 역할에 대한 새로운 이해의 지평을 제공한다.

마태가 제자들을 묘사하는 방식은 교회의 구조라든지, 권위의 기능, 또 그리스도인으로서의 삶의 의미 등과 같은 이슈들과 밀접하게 연관되어 있다. 그렇기 때문에 연구자의 개인적인 경험과 전제조건들이 여기서도 매우 중요하고 명백한 역할을 하는 것은 당연한 일이다.

제7장

마태와 마태공동체

마태학계의 연구 결과를 둘러보고자 하는 우리의 마지막 과제는 복음서의 역사적 정황을 살펴보는 것이다. 편집비평이 그렇게 하듯이, 이 복음서의 배후에 있는 공동체(또는 공동체들)가 이 복음서의 형성에 영향을 끼쳤다고 가정해 보자. 그러면 우리는, 이 초기 공동체 또는 공동체들이 처한 정황에 대해서 무엇을 알아낼 수 있는가?[1] 또한 전통적으로 이 복음서는 마태의 것으로 여겨지는데, 복음서 저자 마태에 대해서 우리는 무엇을 알 수 있는가? 이 핵심 인물의 배경에 대해서 우리는 복음서에서 어떤 정보를 찾아낼 수 있는가? 물론 엄격한 의미에서의 문학비평은, 실제 저자가 누구인지, 또 이 복음서를 처음 읽었던 독자들은 어떤 사람들이었는지

1) 마태가 이 복음서를 쓸 때, 어느 지역에 있는 하나의 공동체를 위해 썼는지, 아니면 몇 개의 작은 공동체들이나 가정교회들을 위해 썼는지, 또는 더 폭넓게 몇몇 그리스도교 공동체들 사이에서 유통되기를 바라면서 썼는지 우리는 알지 못한다. 잘못을 저지른 구성원의 말을 들어보기 위한 자리에 "교회"가 모인다는 말이 있는데(18:17), 이러한 표현은 마태공동체가 상당히 작은 규모의 그룹이었음을 암시한다. 그러나 이것이 결정적인 것은 아니다. 이 본문이 수많은 여러 지역 공동체들에 대한 지침일 수 있기 때문이다. 또한 이것이 마태 당시의 지역 교회의 실제 규율을 말하는 것인지도 우리는 확신할 수 없다. 물론 대다수의 학자는 그렇다고 생각하지만 말이다.

등과 관련된 문제들을 기껏해야 이차적인 것으로 본다. 이야기로서의 복음서를 해석하는 데 그다지 중요하지 않다는 것이다. 그러나 대다수의 현대 성서학자들은 이러한 문제들을 심각하게 고민한다. 이러한 문제들이 마태복음의 관점을 이해하는 데 결정적으로 중요하다고 생각하기 때문이다.

1. 마태공동체의 배경과 유대적 성격

최근 많은 학자가 관심을 갖는 핵심문제는, 마태공동체가 변화의 소용돌이 속에 있던 1세기의 유대교와 어떤 관계를 맺고 있었는지에 대한 것이다. 최근 몇십 년 동안 성서학자들은 1세기 유대교의 모습을 철저히 규명하는 과정 중에 있다. 그동안 우리는 불완전한 정보, 때로는 고정관념을 바탕으로 1세기 유대교를 재구성하였다.[2] 복음서를 포함하여 초기 유대교와 그리스도교 문헌들을 조금 더 주의 깊게 읽는 것, 사해사본을 연구하고 1세기 팔레스타인 유대교의 또 다른 차원의 삶을 배우는 것, 그리고 지중해 세계의 고고학적 발견들에 대한 지식을 쌓는 것, 이 모든 것이 1세기 유대교에 대한 새로운 이해를 가능하게 하였다. 또한 그리스도교 학자들은 수세기에 걸친 편견과 고정관념이 홀로코스트라는 비극적인 사건에 책임이 있다는 사실을 결코 좌시할 수 없다.

예수 시대의 유대교는 하나의 통일성 있는 단일체가 아니었다. 당시 유대교 안에는 다양한 특징과 다양한 관점이 혼재되어 있었다. 물론 복음

2) 1세기 유대교에 대해서는 Frederick J. Murphy, *The Religious World of Jesus: An Introduction to Second Temple Palestinian Judaism*(Nashville: Agingdon, 1991); Lester L. Grabbe, *Judaism from Cyrus to Hadrian*, 2 vols.(Minneapolis: Fortress, 1992); Anthony J. Saldarini, *Pharisees, Scribes, and Sadducees in Palestinian Society: A Sociological Approach*(Wilmington: Michael Glazier, 1988); E. Sanders, *Judaism: Practice and Belief 63 BCE-66 CE*(Philadelphia: TPI, 1992)를 보라.

서들이 그리스도교뿐 아니라 1세기 유대교를 이해하기 위한 기초자료임은 분명하다. 그런데 대다수의 학자들은 네 복음서에 나오는 유대 종교지도자들에 대한 극단적인 부정적 묘사에 대해서는 조심스럽게 다루어야 한다고 강조한다. 이 복음서들이 쓰인 정황을 이해해야 하며, 1세기 유대교와 헬라 세계 안에서 이러한 수사학이 갖는 특징과 기능을 이해해야 하며, 또 다른 자료들이 알려주는 또 다른 견해도 알아야 한다.[3)]

마태복음은 이러한 논의의 중심에 서 있다. 앞에서 살펴본 논의에서 알 수 있듯이, 이 복음서는 철저하게 유대적 배경을 지닌 독자들을 염두에 두고 기록되어 있다. 가령, 마태복음에는 구약성서가 폭넓게 사용되는데, 때로는 분명하게 인용되기도 하고, 또 미묘하게 암시되기도 한다. 또 유형론이 정교하게 사용되는데, 이것은 예수를 이스라엘의 역사와 밀접하게 관련지으려는 시도이다. 그래서 예수를 유대인들의 소망이 실현된 인물로 드러내려는 것이다. 또한 예수가 유대율법을 폐기하러 온 것이 아니라 완성하러 왔다고 강조한다. 예수의 사역의 대상이 유대인들이라고 주장한다. 그리고 예수는 이스라엘이 기다리던 메시아라고 확신한다. 이러한 모든 것을 보면, 마태복음의 유대적 성격을 분명히 알 수 있다.

그런데 마태복음에는 '반유대적'으로 보이는 자료도 많다. 마태는 "율법학자들과 바리새파 사람들"뿐 아니라 예루살렘 제사장들과 지도자들을 포함하여 유대 지도자들을 가차 없이 비판한다. 그들은 처음부터 예수의 적대자들로 등장한다. 예수의 탄생에 대한 소식에 헤롯과 온 예루살렘이 "당황하였다." "대제사장들과 율법학자들"도 이 범주에 포함되는데, 그들

---

3) 물론 랍비문헌들이 이러한 중요한 자료에 속한다. 다만 문제는, 이러한 문헌들이 유대교의 초기 전통을 반영하기는 하지만, 1세기보다 훨씬 더 후대에 기록되었다는 것이다. 1세기 유대교의 정확하고 완전한 그림을 얻기 위해서는 복음서들과 마찬가지로 랍비문헌들도 매우 조심스럽게 해석되어야 한다. 이에 대해서는 Jacob Neusner, *Rabbinic Judaism: The Documentary History of its Formative Age 70-600 CE*(Bethesda, Md.: CDL Press, 1994)를 보라.

은 메시아의 탄생 장소를 알고 있었지만, 동방박사들과는 달리, 예수를 경배하지 않았다.(마 2:1-6) 특히 12장 이후로 예수와 이들 종교지도자들은 첨예하게 대립한다.

물론 마태가 포괄적인 의미에서 '유대인'이라는 말을 잘 사용하지도 않고(가령, 요한복음의 경우와는 반대로), 예수의 적대자들을 가리킬 때 특정한 지도자 그룹을 거명하지만, 그렇다고 해서 마태복음에서 유대 백성들에 대한 부정적인 시각이 없는 것은 아니다. 마태복음에서 '군중'은 일반적으로 중립적인 의미로 사용된다. 그러나 그들은 결국, 종교지도자들에게 매수되어, 예수를 십자가에 처형하라고 소리 질렀으며, 예수의 죽음에 대한 책임을 스스로 받아들인 것으로 보인다.(27:24-25) 마태는 또한 "**그들의** 회당"이라는 말을 하는데, 이로써 마태는 예수의 제자들과 나머지 유대인들을 구분하는 것으로 보인다.(4:23, 9:35, 10:17, 12:9, 13:54를 보라.) 포도원 소작인들의 비유라는 중요한 이야기에서 포도원 주인은 살인을 저지른 소작인들을 응징하며, "하나님께서는 너희에게서 하나님의 나라를 빼앗아서, 그 나라의 열매를 맺는 민족에게 주실 것이다"(21:43)라고 말한다. 이 비유가 세 복음서에 다 보도되지만, 이 대사는 오직 마태복음에만 보도되는데, 이스라엘에게서 하나님의 백성이라는 특별한 지위를 박탈하겠다는 것 같다. 복음서의 마지막 장면인 지상명령(28:16-20)에 보면, 예수가 제자들을 "모든 민족"에게로 보내는데, 이것은 이러한 변화된 역사적 정황을 확인해주는 것 같다. 복음서는 제자들의 선교활동이 유대 지도자들의 반대에 직면할 것이라고 예언한다. 마태의 예수는 제자들에게 "사람들이 너희를 법정에 넘겨주고, 그들의 회당에서 매질을 할 것이다"(10:17)라고 경고하기도 하며, 또 제자들이, 과거에 예언자들이 그러하였듯이, 죽음에 직면할 것이라고도 한다(23:29-36).

복음서의 양면적인 모습이 이렇듯 명백하게 드러난다. 한편으로 철저히 유대적이면서도, 다른 한편으로는 유대 지도자들에 대해서 매우 비판적이다. 그러니 마태공동체와 1세기 유대교의 관계를 파악하는 문제가 복잡하지 않을 수 없다. 달리 말하자면, 우리는 이런 질문을 던져볼 수 있다. 마태의 교회는, 비록 유대 지도자들과 어느 정도 긴장관계에 있기는 하였지만, 그래도 여전히 유대공동체에 속해 있다고 여겼는가? 아니면 마태공동체와 유대공동체의 최종적인 결별이 이미 이루어졌고, 마태공동체 구성원들은 이방 세계에 눈을 돌린 채, 자신들은 유대교와는 구별되는 별개의 종교단체라는 의식을 가지고 있었는가?

1) 유대공동체로부터 완전히 분리된 마태공동체

한편으로는, 마태공동체가 바리새파 유대교와 완전히 결별하였다고 생각하는 학자들이 많이 있다. 영국의 저명한 학자 데이비스(W. D. Davies)는 이 부류의 목소리를 대변하는 대표적인 사람이다. 데이비스는 자신의 거작 『산상설교의 배경』(*The Setting of the Sermon on the Mount*)에서 마태복음이 기원후 66-70년에 있었던 유대항쟁 이후 위기의 시대에 바리새파 유대교와 직접적으로 대립하고 있었다는 결론을 내린다.[4] 기원후 70년, 유대항쟁이 실패로 돌아가고, 예루살렘과 예루살렘 성전이 로마군대에 파괴된 뒤에, 유대교를 다시 정비한 것은 랍비 요하난 벤 자카이(Johanan ben Zakkai)가 이끌었던 바리새파 그룹이었다. 예루살렘 성전은 파괴되었고, 유대사회의 전통적인 지배계급이었던 예루살렘 중심의 지도체제는 완전히 무너졌다. 이런 끔찍한 상황에서 바리새파 유대교 지도자들은 욥바(Joppa) 남쪽의 지중해 마을 얌니아(Jamnia)에서, 또 나중에

---

4) W. D. Davies, *The Setting of the Sermon on the Mount*(Cambridge: Cambridge University, 1964). 이러한 견해는 이 복음서에 대한 그의 중요한 주석에서 그대로 유지된다. W. D. Davies/Dale C. Allison, Jr., *Matthew*, International Critical Commentary(Edinburgh: T&T Clark, vol. 1[Matthew I-VII], 1988; vol. 2[Matthew VIII-XVIII], 1991)를 보라. 또 유대항쟁과 그 결과에 대해서는 David M. Rhodes, *Israel in Revolution 6-74 CE*(Philadelphia: Fortress, 1976)를 보라.

는 갈릴리 지역의 여러 장소에서 유대교를 다시 살리기 위한 작업에 착수하였다. 여기서 율법해석을 성문화하는 작업과 유대교 경전을 공식적으로 정경화하는 작업이 시작되었다. 유대인 학자 야콥 누스너(Jacob Neusner)는 이 시기를 '형성기의 유대교'(formative Judaism)라고 불렀다.[5)]

70년 이후의 유대교를 다시 정비한다는 것은, 가문과 회당과 율법준수를 중심으로 하는 새로운 자기정체성을 수립하는 일이었다. 희생제의를 드리는 성전, 순례와 정통의 중심으로서의 성전은 더는 존재하지 않았다. 결국 성전은 사라지고, 그저 상징적인 의미만이 남게 되었다. 지금껏 희생제의를 통해 예물도 드리고, 또 부정한 사람이 정결해지는 경험을 하였는데, 이제는 율법 준수만을 통해서 이러한 경험을 할 수 있게 되었다. 유대교의 이러한 새로운 정체성을 지키려다 보니, 유대교 내의 그룹들 가운데 표준을 벗어나는 그룹들에 대해서는 더 이상 관용적인 태도를 보일 수 없었다. 성전이 파괴되기 이전의 유대교 안에는 다양성이 있었다. 그때만 해도, 유대교 내의 다양한 그룹들과 분파들 사이에 격렬한 논쟁이 있기도 하였지만, 어쨌든 모든 그룹이 다 유대교라고 생각하였다. 그러나 형성기의 유대교 시기에는 묵시적 그룹과 다른 과격한 그룹들이 회당에서 추방되었다. 이들 가운데 한 분파가 그리스도교라고 데이비스는 생각한다. 회당 예배 순서에 들어 있는 테필라(Teffilah), 즉 18개의 축복기도문에서 열두 번째 항목은 '이단자들'을 뜻하는 **미님**(minim)과 그리스도인들을 비난하는 내용이다. 이 열두 번째 항목이 테필라에 들어가게 된 것은 아마도 이 시기일 것이며, 이것은 또한 유대 그리스도인들이 바리새파 유대교에서 떨어져 나왔다는 또 다른 증거가 되기도 한다.

데이비스는 마태복음을 이러한 상황에 대한 직접적인 응답이라고 보았다. 따라서 마태복음에 바리새파 사람들과 유대 지도자들이 적대적으로

---

5) Jacob Neusner, *From Politics to Piety: The Emergence of Pharisaic Judaism* (Englewood Cliffs, N.J.: Prentice-Hall, 1973)을 보라. 또한 *First-Century Judaism in Crisis*(Nashville: Abingdon, 1975)를 보라.

묘사되는 것은, 다만 예수와 바리새파 사람들 사이의 갈등뿐만 아니라, 이 복음서가 작성되던 시기의 마태공동체와 그 시대의 유대교 사이의 첨예한 갈등을 반영하는 것이다. 산상설교에서 마태는 예수를 율법의 권위 있는 해석자로 강조하는데, 이것은 예수를 따르는 것이 자신들의 유대적 유산을 버리는 것이 아니라, 오히려 그 유산의 궁극적인 의도를 충실히 이어받는 것이라는 사실을 유대 그리스도인들에게 확신시키려는 것이다.

데이비스의 핵심적인 논지는 여전히 유효하다. 데이비스가 스스로 인정하듯이, 어쩌면 그는 70년 이후 유대교의 전반적인 개혁에서 얌니아 회의가 차지하는 중요성을 지나치게 강조하였는지도 모른다. 유대인들의 삶 속에서 랍비들의 역할을 특별히 강조하기 위해 후대의 랍비문헌들에서 이 회의의 역할이 이상화되었는지도 모른다.[6] 회당 기도의 18개 축복기도문의 연대와 기능에 대해서도 여전히 논쟁이 진행 중이다. 그러나 마태복음이 바리새파 유대교와의 결별로 인해 그리스도교 공동체(마태공동체)가 직면한 위기에 대한 응답이며, 또한 이와 관련하여 이 심오한 격변의 시기에 놓인 그리스도교 공동체의 자기정체성 고민에 대한 응답이라는 그의 기본적인 주장은 여전히 흔들리지 않는다.

물론 몇몇 학자는, 바리새파 유대교와의 결별이 아득한 과거의 일부일 뿐이며, 더는 마태공동체의 실질적인 관심사가 아니라고 생각한다. 울리히 루츠는 자신의 주석에서 마태가 바리새파 유대교와 직접적으로 대화하지 않는다는 결론을 내린다. 회당에서 축출된 것은 과거 역사일 뿐이다. 오히려 유대 지도자들이 예수를 거부한 것에 대한 마태의 관심에는 신학적인 목적이 있다. "따라서 마태복음이 '얌니아'에 대한 대답이 아니라는 점은 분명해졌다. 마태복음은 오히려 예수를 거부한 이스라엘에 대한

6) Davies/Allison, *Matthew*, vol. 1, 134, 각주 6번을 보라. 이와 관련하여 또한 J. Andrew Overman, *Matthew's Gospel and Formative Judaism: The Social World of the Matthean Community*(Minneapolis: Augsburg Fortress, 1990), 38-43을 보라.

그리스도교의 대답이다. 달리 말하자면, 그리스도교의 근본적인 정체성과 관련하여 이러한 거부의 상황을 타개하려는 시도이다."[7] 이와 비슷한 주장을 내세우는 학자들로는 미국의 데이비드 갈란드(David Garland)와 네덜란드의 셰프 판 틸보르크(Sjef Van Tilborg)가 있다. 각자가 따로 유대 지도자들에 대한 마태의 부정적인 묘사들을 연구하였는데, 비슷한 결론에 도달하였다. 그들은 마태의 논쟁이 바리새파 유대교와 대결의 결과가 아니라, 그리스도교 메시지에 대한 부정적이고 불신실한 반응을 수사학적이고 상징적으로 표현하기 위해 사용된 것이라는 결론을 내린다.[8]

2) 유대공동체 안에 있는 마태공동체

똑같은 자료를 검토하면서도, 마태와 마태공동체가 유대교로부터 완전히 분리되지 않았다고 확신하는 학자들도 있다. 독일 학자 라인하르트 훔멜(Reinhart Hummel)은 데이비스와 거의 같은 시기에 책을 냈는데, 그와는 완전히 상반된 결론에 도달하였다.[9] 비록 마태공동체가 다른 유대 그룹들과의 첨예한 논쟁에 휘말렸을지는 모르지만, 아직은 여전히 내부갈등이었다. 예를 들면, 성전세를 내는 문제와 관련된 사건(17:24-27)을 보면, 성전세를 내지 못해서 바리새파 사람들의 분개를 사고 싶어 하지 않음을 알 수 있다. 또한 23:2-3에서 마태의 예수는 제자들에게, 율법학자들과 바리새파 사람들의 행실은 따르지 말되, 그들의 권위만큼은 존중하라고 가르친다. 회당에서 박해를 받을 것이라는 보도(10:17, 23:34)는 마태공동체 구성원들이 여전히 회당에 속해 있음을 암시한다.

---

7) Ulrich Luz, *Matthew 1-7*(Minneapolis: Augsburg Fortress, 1989), 88.

8) David E. Garland, *The Intention of Matthew 23*, NovTSup 52(Leiden: Brill, 1979); Sjef Van Tilborg, *The Jewish Leaders in Matthew*(Leiden: Brill, 1972).

9) Reinhart Hummel, *Die Auseinandersetzung zwischen Kirche und Judentum im Matthäusevangelium*(München: Kaiser Verlag, 1963).

그런데 홈멜은 여기에 또 다른 차원의 갈등을 덧붙였다. 공동체 구성원들 사이의 내부갈등이 있었다는 것이다. 율법의 유효성을 인정하지 않으려는 사람들(아마도 헬라파 유대인들과 이방인들)과 예수가 해석한 것처럼 율법이 지속적으로 유효하다고 주장하는 사람들 사이의 갈등이 마태공동체 안에 있었다. 이에 마태는 이 두 '극단' 모두에 대해 메시지를 전한다. 유대 지도자들을 예수의 적대자들로 묘사함으로써 그들을 날카롭게 비판하는데, 그럼으로써 극단적으로 율법을 옹호하는 공동체 내의 친율법 그룹을 조정하려 한다. 다른 한편, 예수를 율법 스승으로 인정함으로써, 또 선행이 예수의 제자 됨을 드러내는 진정한 표징이기 때문에, 선행이 매우 중요하다고 함으로써 '율법 없이 살고자 하는' 그리스도인의 주장도 공격한다.

비록 최근의 마태학계에서는, '반율법적' 극단에 대한 홈멜의 주장이 폭넓은 지지를 얻지 못하였지만, 전반적으로 마태공동체가 여전히 유대공동체의 일부였다는 그의 이론을 받아들이는 학자들도 적지 않다. 예를 들면, 오버맨(J. Andrew Overman)은 하스모니아 왕조 때로부터 시작하여 기원후 1세기에 이르기까지 '형성기의 유대교'는 매우 다양하였다고 강조한다.[10] 경쟁하던 분파들은 각각 자신이 참된 유대교라고 주장하며, 다른 유대교 그룹들을 가리켜 '타락한' 또는 '불법적인' 유대교라고 규정하였다. 바리새파 사람들과 다른 유대 지도자들에 대한 마태의 비판을 우리는 이러한 맥락에서 보아야 한다. 오버맨은 바리새파의 견해가 우세하였고, 마태공동체는 주변으로 내몰리고 있었다는 것을 마태가 알고 있었다고 생각한다. 그래서 마태는 종교지도자들의 권위를 실추시키고, 예수의 가르침을 따르는 사람들에게 정당성을 제공하는 데 힘을 기울였다. 비록 오버맨은 마태공동체가 여전히 철저하게 유대교적이었고, 아직 공동체 안에 이방인들이 거의 없었다고 생각하지만, 복음서 맨 뒤에 보도되는 지상명

---

10) Overman, *Matthew's Gospel and Formative Judaism*, 특별히 6-34.

령(28:16-20)은 공동체의 미래가 그 방향으로 나아갈 수 있다는 마태의 생각을 잘 드러낸다.

사회학 이론에서 도입한 카테고리와 모델을 사용하여 이 견해를 더욱 발전시킨 학자들도 있다. 예를 들면, 그레이엄 스탠턴은 마태공동체를 예루살렘 파괴 이후 형성기의 유대교 안에 나타난 몇몇 '소종파'들 가운데 하나로 본다.[11] 마태는 다른 분파들과의 관계 속에서, 또는 다른 분파들과의 차이점을 드러냄으로써 그리스도교 공동체를 규정하고자 하였다. 마태의 유대 그리스도인들은 다른 유대인들에게서 멀어졌지만, 그렇다고 이방인들에게 곧바로 다가가지는 않고, 그들에 대해서도 경계를 늦추지 않았다. 스탠턴은 마태복음이 이방인들을 비하하는 언급(이에 대해서는 앞에서 언급하였다.[12])들을 고려한 것이다.

앤서니 살다리니(Anthony Saldarini)는 『마태의 그리스도적 유대공동체』(*Matthew's Christian-Jewish Community*)에서 좀 더 세련된 사회학적 방법을 사용하여 마태와 유대교의 관계를 더 면밀하게 규정하고자 한다.[13] 이 복음서에 드러나는 명백한 반유대적 정서에도 불구하고, 마태공동체는 '표준에서 벗어난', 그러나 여전히 바리새파 유대교라는 큰 그림 안에 있는 그룹으로 이해되어야 한다. 살다리니가 말하는 '표준에서 벗어난'이라는 표현은, 대다수의 규범들과 견해들을 따르지 않는 것을 의미한다. 그러나 표준에서 벗어난다고는 하지만, 근본적으로 유대적 정체성과 유대적 가치, 또 유대적 행동방식을 드러낸다는 의미에서 마태공동체가 여전히 1세기 팔레스타인 유대교에 속한다고 그는 주장한다. 마태복음 전체

---

11) Graham Stanton, *A Gospel for a New People: Studies in Matthew*(Edinburgh: T&T Clark, 1992); 또한 그의 논문 "The Communities of Matthew," *Interpretation* 46(1992), 379-391을 보라.

12) 62-64쪽을 보라.

13) Anthony J. Saldarini, *Matthew's Christian-Jewish Community*(Chicago: University of Chicago, 1994).

에 걸쳐서 볼 때, 분명히 마태의 견해는 유대교에 깊이 뿌리를 내리고 있다. 이러한 의미에서 살다리니는 마태공동체를 '유대적 그리스도교'라고 부르기보다 '그리스도적 유대교'라고 부른다. 복음서에서 바리새파의 견해를 공격함으로써, 또 자기가 속한 공동체의 정당성을 강하게 변증함으로써, 마태는 전체 유대사회가 자신들의 '표준에서 벗어난' 소수의견을 받아들이도록, 그리고 더 나아가 그것을 규범으로 삼도록 설득하고자 하였다.

3) 공통점

그렇다면, 우리는 마태공동체를 어떻게 보아야 하는가? 마태공동체는 유대교 안에 있었는가? 아니면 밖에 있었는가? 얼핏 보면, 오늘날 학자들은 이 문제에 대해서 완전히 둘로 갈라져 있는 것 같다. 마태복음서 자체가 이상할 정도로 모순인 것과 일맥상통한다. 이 주제와 관련하여, 다양한 의견이 있는 것이 사실이지만, 이러한 가운데 공통점도 있다.

우선, 실제로 대다수의 학자들은 마태복음이 예루살렘의 멸망 이후 중요한 전환기에 놓여 있던 공동체를 위해 기록되었다는 사실에 동의한다. 당시에 유대교 공동체와 초기 그리스도교 공동체는 둘 다 상당한, 때로는 격렬한 변화의 소용돌이를 경험하고 있었다. 이 복음서의 주요한 목적들 가운데 하나는 마태의 그리스도교 공동체 구성원들에게 과거와의 연속성과 미래에 대한 비전을 제공하려는 것이었다.

둘째, 이 복음서의 특성과 전망이 유대적이라는 사실을 부정하는 독자는 거의 없을 것이다. 그러나 이것을 인정한다고 해서, 문제가 해결되는 것은 아니다. 마태공동체 스스로 자신들을 유대공동체의 일부로 여겼는지, 또는 이미 결별하였다고 여겼는지, 이것만으로는 알 수 없다. 그러나 문화적, 사회적, 신학적 관점에서 볼 때, 마태공동체의 그리스도인들은 유대교에 깊이 뿌리를 내리고 있으며, 이스라엘의 역사와 가치에 비추어 스스로를 이해하였다.

셋째, (비록 표준에서 벗어난 그룹이었지만) 마태공동체가 유대공동체 안에 속한다고 주장하는 학자들이라도 마태공동체와 다른 유대 그룹들 사이에 상당한 갈등이 있었고, 그 과정 가운데 마태공동체가 소외당하였으리라는 것을 받아들인다. 예를 들면, 살다리니는 '표준에서 벗어난' 유대 그룹으로서의 마태공동체가 다수 또는 주류로부터 '분리'되었다는 느낌을 받았을 것을 인정한다. 또한 살다리니와 오버맨 둘 다, 아직 유대교와의 결정적인 결별이 일어나지는 않았지만, 임박하였다는 것을 인정한다.[14)]

넷째, 마태공동체가 아직 유대공동체에서 완전히 분리되지 않았다고 주장하는 학자들이라도 복음서의 강한 그리스도론이 마태공동체와 유대공동체 안의 다른 종파들 또는 주류와의 갈등의 근본적인 원인이었을 것이라는 데 동의할 것이다. 살다리니가 지적하듯이, 마태공동체가 예수에 부여한 권위는 다른 어떤 유대 종파에도 선례가 없으며, 당시에도 이에 필적하는 그 무엇이 없었다.[15)]

마지막으로 다섯째, 이방인들에 대한 마태의 태도에 대해서는 서로 다른 평가들이 혼재하지만, 적어도 교회의 미래사역으로서의 이방선교를 마태가 생각하고 있다는 사실을 부정할 사람은 거의 없을 것이다. 물론 몇 명이 있기는 하다. 예를 들면, 스탠턴은 마태의 유대 그리스도교 공동체가 이방선교에 대해서 여전히 조심스러워 한다고 생각한다.[16)] 그러나 마태가

---

14) Saldarini, *Matthew's Christian-Jewish Community*, 113; Overman, *Matthew's Gospel and Formative Judaism*, 149.

15) "비록 마태가 유대 전통을 토대로 예수를 해석하고 있지만, 예수에 대한 강조라든지 예수에게 주어진 높은 지위는 다른 어떤 유대문헌에서도 찾아볼 수 없다. 제2성전 시기의 문헌들에 성서 인물과 그들의 유언에 대한 보도가 나오기는 하지만, 마태가 예수에게 부여한 만큼 중요하고 유일한 역할을 주인공에게 부여하는 작품은 하나도 없다"(Saldarini, *Matthew's Christian-Jewish Community*, 193).

16) Stanton. *A Gospel for a New People*, 160-161; D. C. Sim 한 발 더 나아가, 마태

복음서에서 몇몇 이방인에 대해 긍정적으로 보도하는 점과 그들을 미래에 있을 일에 대한 예시로 들고 있다는 점, 이방인들에 대한 선교를 암시하는 21:43의 보도, 또 "모든 민족"에게로 가라는 분명한 선교 명령(28:16-20) 등은 마태의 교회가 이러한 이방선교를 염두에 두고 있다는 확고한 증거가 된다. 결국 이로써 마태공동체는 유대공동체에서 점점 멀어지게 된다. 이러한 중요한 합의점들이 자리를 잡게 되면서, 우리가 앞서 소개한 해석들의 명백한 차이점들이 상당히 줄어들게 되었다.

2. 마태와 마태공동체의 시공간적 위치

이제 우리는 마지막 몇 가지 질문들을 다룰 것이다. 이 복음서의 저자는 누구인가? 이 복음서는 언제, 어디서 기록되었는가? 복음서의 배경에 대한 이러한 질문들은 주석서의 서문이나 신약성서에 대한 개론서에서 주로 다루어졌다.[17] 여기서 우리의 목표는 어떤 논의가 진행되는지를 길게 반복하려는 것이 아니다. 다만, 이러한 쟁점들이 본문 해석에 영향을 끼칠 수 있기 때문에, 이것들을 적절히 평가하고자 한다.

1) 복음서 저자 마태

누가 이 복음서를 저술하였는가? 복음서에는 저자가 누구인지를 지목

공동체가 이방선교를 결코 시행하지 않았으며, 다만 다른 공동체들의 이방선교를 용인하였을 뿐이라고 주장한다. 이에 대해서는 D. C. Sim, "The Gospel of Matthew and the Gentiles," *JSNT* 57(1995), 19-48을 보라.

17) 마태복음의 경우 M. Eugene Boring, "The Gospel of Matthew," *New Interpreter's Bible*, vol. 8(Nashville: Abingdon, 1995). 또한 Davies/Allison, *Matthew*, vol. 1; Luz, *Matthew 1-7*과 같은 주석서들에 들어 있는 방대한 서문을 보라.

하는 내용이 없다. 다만, 가버나움의 세리를 부르는 마가의 이야기를 마태가 보도하면서, 이름을 레위에서 "마태"로 바꾼다.(막 2:14; 마 9:9 참고) 이러한 변화와 더불어, 이 복음서는 사도 명단에서 마태를 "세리"로 규정한다.(마 10:3; 막 3:18 참고)

이 복음서의 저자를 사도 마태로 분명하게 말하는 것은 복음서 외적인 증거들이다. 초기 교부 시대에는 이 복음서의 저자를 으레 마태로 생각하였다. 가장 먼저 이 복음서의 저자가 마태라고 말한 것으로 알려진 사람은 소아시아 서부에 있는 로마의 중요한 도시 히에라폴리스(Hierapolis)의 주교였던 파피아스(Papias)이다. 가이사랴 마리티마(Caesarea Maritima)의 주교였던 유세비우스(Eusebius, 기원후 260-340)가 파피아스의 글을 인용하는 부분에 네 복음서의 기원에 대한 파피아스의 견해가 나온다. 파피아스의 시대를 정확하게 알 수는 없지만, 아마도 2세기 초반에 살았을 것으로 추정된다.[18)]

그런데 소위 이 파피아스의 증언은 우리에게 정보보다 더 많은 문제점을 제기한다. 파피아스의 견해를 문자적으로 대략 번역하면 아래와 같다. "따라서 이제 마태는 히브리 방언으로(Ἑβραΐδι διαλέκτῳ) 말씀들(τὰ λόγια)을 정리하였다. 그리고 각자가 할 수 있으면, 이것을 번역하였다." 이 그리스어 문장은 정확하게 번역하기란 쉽지 않다. 얼핏 보면, 마태가 '히브리 방언'으로 복음서를 썼다고 파피아스가 말하는 것 같다. 즉, 마태복음이 원래 히브리어나 아람어로 기록되었다고 하는 것 같다. 그런데 문제는, 오늘날 대다수의 학자들이 동의하는 것처럼, 정경에 들어 있는 마태복음이 히브리어 또는 아람어에서 번역된 것이 아니라, 처음부터 그리스어로 작성된 것 같다는 데 있다. 또한 앞서 논의한 바와 같이, 마태는 복음서를 기록하면서 (그리스어로 된) 마가복음을 주요한 자료로 사용하였다.

18) 이에 대한 더 자세한 논의는 Davies/Allison, *Matthew*, vol. 1, 7-58; Luz, *Matthew 1-7*, 93-95를 보라.

이러한 이유로 많은 학자는 파피아스가 전해주는 정보의 정확성을 의심한다.(유세비우스도 파피아스가 그다지 지적이지 않다고 불평한다.)

그러나 다른 학자들은 파피아스를 그렇게 성급하게 판단하지 말아야 한다고 주장하며, 파피아스의 증언을 좀 더 세밀하게 들여다보았다. 예를 들면, 몇몇 학자는 파피아스가 아람어 또는 히브리어로 기록된 더 이른 시기의 복음서 버전을 말하고 있는지도 모른다고 하였다. 즉, 이 초기의 아람어 또는 히브리어 버전이 나중에 그리스어 버전으로 발전하였는데, 바로 이 과정 가운데 마가복음이 끼어들어 갔다는 것이다.[19] 또 다른 학자들은 파피아스의 진술의 의미를 재검토하였다. 예를 들면, 독일 학자 퀴르징거(J. Kürzinger)는, 앞서 파피아스가 마가복음에 대해 언급하면서 '로기아'(λόγια)를 예수의 말씀뿐 아니라 복음서 전체의 내용(즉, 예수의 말씀과 행동)을 가리키는 용어로 사용한다는 점을 지적한다.[20] 마태복음의 기원을 언급하면서, 파피아스는 마태를 마가와 분명하게 대조시키고 있다. 파피아스의 주장에 따르면, 마가는 베드로가 기억하는 예수의 말씀과 행동을 보도하는 것이다. 파피아스는 마가가 그것을 "정확하게" 그러나 어떤 수사학적 규칙 없이 기록하였다고 한다. 반면에 마태는 히브리 '방식' 또는 '문체'로 예수의 말씀과 행동을 기록하였다고 한다. 그리스어 '디알렉토스'(διάλεκτος)는 방언을 뜻하기도 하지만, 또한 문학적 양식(문체)을 가리키는 데 사용되는 전문용어이기도 하다. 따라서 파피아스의 진술은 마태가 히브리어로 마태복음을 기록하였다는 것이 아니라, 마가와는 대조

---

19) 마태복음이 원래 히브리어 또는 아람어로 기록되었다는 가설은 초기 가톨릭의 많은 학자의 견해이기도 하였다. 지금은 전해지지 않지만, 마태복음이 원래 아람어나 히브리어로 기록되었고, 나중에 그리스어로 발전하였다는 이 가설은 네 복음서 가운데 (아람어 또는 히브리어) 마태복음이 가장 먼저 기록되었다는 전통적인 견해를 뒷받침한다. 그러면서도 또한 (그리스어) 마태복음이 마가복음에 의존한다고 설명하기도 한다.

20) J. Kürzinger, "Das Papiaszeugnis und die Erstgestalt des Matthäusevangeliums," *BZ* 4(1960), 19-38.

적으로, 특정한 히브리 문학 양식 또는 히브리 문학 작품 구성 방식에 따라 마태복음을 기록하였다는 의미가 된다. 사실, 마태에 대한 이러한 설명은, 마태의 특별한 문체와 독특한 신학에 대해 살펴보면서 밝혀낸 유대적 특징들과도 잘 어울린다.

또 다른 학자들은 파피아스가 마태에 대한 이 진술을 더 이른 시기의 전승에서 가져왔을지도 모른다고 추측한다. Q자료가 마태복음에 유입된 데 대한 전승이다. 예수의 말씀을 모아놓은 Q자료가 사도 마태의 이름과 관련이 있었을 수도 있고, 원래 히브리어나 아람어로 기록되었을 수도 있다는 것이다.

마태복음의 저자가 누구인지에 대한 논의는 결론이 날 수 없다. 우리가 지금 알고 있는 형태의 마태복음이 분명히 그리스어로 기록되었다는 사실, 그리고 마태복음이 마가복음을 자료로 사용하였으며, 80-90년대에 저술되었다는 증거 등을 보면, 팔레스타인에 살고 있던 유대인 세리 마태가 이 복음서의 저자라는 전통적인 견해를 의심하지 않을 수 없다.[21] 따라서 마태복음을 사도가 저술하였다는 것만을 근거로 이 복음서의 가치에 대해 결론적인 판단을 내리는 것은 적절하지 않다. 그러나 동시에 또 주의해야 할 점이 있다. 파피아스가 증언하는 고대의 전통은 사도 마태와 이 복음서의 기원 사이에 모종의 관계가 있다는 역사적 근거가 되며, 따라서 이것을 너무 쉽게 일축해버려서도 안 된다.

마태복음의 내용은 복음서 저자에 대한 더 자세한 정보를 제공하지 않는다. 다만, 복음서에 구약성서가 많이 인용된다는 점, 구약성서 유형론

---

21) 복음주의 신학자인 로버트 건드리는 세리 마태가 이 복음서의 저자라는 전통적인 견해를 지지한다. 그는 마태가 마가복음과 Q자료를 자료로 사용하였다는 사실을 인정한다. 그러나 자신만이 가지고 있는 '기록'(notes)을 토대로 이 자료들을 편집하고 보충하였다는 것이다. 이에 대해서는 *Matthew: A Commentary on His Handbook for a Mixed Church Under Persecution*(Grand Rapids: Eerdmans, 2nd ed., 1994), 609-622를 보라.

이 사용되고 있다는 점, 율법해석과 같은 유대적 쟁점들이 주요 관심사라는 점, 전반적으로 예수의 역사를 이스라엘의 역사에 접목시키려고 한다는 점, 살벌한 분위기에서 유대 지도자들과 첨예하게 논쟁한다는 점 등, 마태복음의 이러한 모든 특징을 보면, 이 복음서의 저자는 유대 그리스도인인 것으로 추정된다. 또한 이 복음서가 그리스어로 저술되었다는 점, 더군다나 주요 자료로 사용한 마가복음과 비교할 때, 마태복음의 그리스어 문체가 훌륭하다는 점, 때로는 마가복음의 문체를 훌륭하게 고쳐주고 있다는 점 등을 보면, 마태복음의 저자는 헬라파 유대인, 즉 그리스-로마 세계에 익숙한 유대인으로 보인다. 앞서 지적한 바와 같이, 마태는 "하늘나라를 위하여 훈련을 받은 율법학자"(13:52)에 대해 호의적이다. 또한 마태복음의 이야기는 신중하게 정돈이 잘 되어 있다. 이런 것들을 고려하면, 복음서 저자는 유대인 율법학자인 것 같다. 그는 유대 전통에 깊이 젖어 있지만, 예수가 메시아 곧 하나님의 아들이라는 신앙의 틀 가운데서 이 전통을 해석하는 데 관심을 가진 인물로, 지성인이자 교육받은 유대 그리스도인이었을 것이다.[22]

22) 이러한 평가에 동의하지 않는 학자들이 몇 있는데, 그들은 마태가 유대 그리스도인이 아니라, 그리스도교 운동의 유대적 유산에 관심을 가진 이방인이라고 생각한다. 이에 대해서는 John Meier, *The Vision of Matthew: Christ, Church, and Morality in the First Gospel*, Theological Inquiries(New York: Paulist, 1979)와 더 최근의 논문인 "Matthew, Gospel of," *Anchor Bible Dictionary*, vol. 4(New York: Doubleday, 1992), 특히 625-627을 보라. 마태가 이방인이라고 생각하는 학자들은 유대관습과 관련하여 마태복음에 잘못된 또는 부정확한 경우가 있다고 생각한다. 예를 들면, 마이어는 예수가 예루살렘에 들어가는 장면에서 마태가 동물을 두 마리 언급한다는 점을 지적한다(마 21:2, 7). 그리고 분명히 복음서 저자는 자기가 염두에 두고 있는 슥 9:9의 구약 본문("나귀 곧 나귀 새끼인 어린 나귀")을 한 마리가 아니라 두 마리로 생각하였다고 주장한다. 이것이 바로 유대인이라면 저지를 수 없는 실수라는 것이다. 그러나 고대의 유대인 작가들은 때때로 구약 본문의 문자적 성취를 강조하기도 한다(슥 9:9는 문자적으로 '나귀 그리고 나귀 새끼'이다). 이에 대해서는 Joel Marcus, "The Role of the Scripture in the Gospel Passion Narratives," John T. Carroll/Joel B. Green, *The Death of Jesus in Early*

2) 언제, 어디서 기록되었는가?

복음서의 저작 연대와 장소에 대한 질문에 답하려면, 얼마 안 되는 외적 증거들을 샅샅이 찾아봐야 한다. 물론 내적 증거도 별로 많지 않으며, 그나마 있는 것들이 결코 결정적인 증거가 되지 못한다. 우리는 마태복음이 파피아스보다 이른 것을 잘 알고 있다. 그러니 마태복음이 작성된 시기는 아무리 늦어도 2세기 매우 초기이다. 기원후 107년에 죽은 안디옥의 이그나티우스(Ignatius)와 세기의 전환기에 기록된 디다케(Didache)가 마태복음을 알았을 것이라는 강력한 증거들도 있다.[23] 따라서 마태복음은 기원후 100년 이전에 저술된 것으로 보아야 한다. 마태복음이 마가복음에 의존한다는 가설이 옳다면, 즉 마가복음 이후에 기록되었다면, 우리는 또한 마가복음이 복음서 형태로 모양을 갖추는 시간, 그리고 그리스도교 공동체들 사이에 유포되는 데 걸리는 시간, 또 마태가 마가복음 전체를 자신의 복음서에 받아들일 수밖에 없을 만한 권위를 획득하는 데 필요한 시간을 생각해볼 수 있다. 따라서 마태복음이 아무리 일러도 1세기 중반 이후에 저술되었을 것이라고 보는 것이 합리적이다.

마태복음의 특징들은 기원후 50년에서 100년 사이의 저술 시기를 조금 더 좁히는 데 도움을 준다. 앞에서 살펴본 바와 같이, 마태와 유대 지도자들 사이에 벌어진 격렬한 논쟁의 내용을 보면, 마태가 기원후 70년의 성전 파괴 이후 유대교와 유대 그리스도교의 형성기에 살고 있었음을 알 수 있다. 마태공동체와 형성기 유대교의 관계에 대한 전반적인 논의가 둘 가운데 하나를 지시한다는 데 학계가 동의한다. 즉, 마태공동체가 이미 유대

Christianity(Peabody, Mass.: Hendrickson, 1995), 204-233을 보라.

23) 초기 그리스도교 교회에서 마태복음을 어떻게 사용하였는지에 대한 고전적인 책은 Edouard Massaux, *The Influence of the Gospel of Saint Matthew on Christian Literature Before Saint Irenaeus*, 3 vols., New Gospel Studies 5(Macon, Ga.: Mercer, 1990)이다.

교로부터 완전히 분리되었든지, 아니면 곧 분리될 정도로 심각하게 갈등하고 있었다든지, 둘 중 하나라는 것이다. 혼인잔치의 비유(마 22:1-14)에서 마태는 "임금은 노해서, 자기 군대를 보내서 그 살인자들을 죽이고, 그들의 도시를 불살라 버렸다"(마 22:7. 또한 눅 14:21 참고)는 구절을 덧붙이는데, 많은 학자는, 이것이 바로 마태가 예루살렘 파괴 이후에 복음서를 저술하였다는 중요한 열쇠가 된다고 생각한다. 이러한 이유들을 근거로 점점 더 많은 학자는 마태복음이 기원후 1세기의 마지막 4분기, 아마도 80년에서 90년 사이에 저술되었을 것이라는 결론을 내린다.

마태복음의 저술 장소가 어디인지를 가리는 것 역시 경험에서 나온 추측일 수밖에 없다. 그런데 저술 장소에 대해 우리가 얻을 수 있는 외적, 내적 정보는 저자에 대한 정보보다도 더 적다. 마태복음이 안디옥의 이그나티우스에게 끼친 영향을 고려하면, 안디옥은 마태공동체가 위치한 장소로 유력하다.[24] 다른 자료들을 보면, 이 유명한 시리아 도시의 상황이 마태복음에 반영되어 있는 정황과 잘 어울린다는 사실을 알 수 있다. 안디옥은 지중해 연안에 있는 대도시였으며, 유대인들과 이방인들이 섞여 살고 있었다. 사도행전과 바울이 갈라디아 교회에 보낸 편지를 보면, 이곳에 중요한 유대 그리스도교 공동체가 있었음을 알 수 있다. 사도행전 11:19-26에 따르면, 그리스어를 모국어로 하는 헬라파 유대 그리스도인들이 처음으로 안디옥에서 그리스도교 메시지를 전하였는데, 그들은 예루살렘에 살고 있다가, 스데반의 죽음과 계속되는 박해를 피해 주변으로 흩어진 첫 그리스도인들이었다. 나중에 바나바가 이곳으로 파송되어 이곳 선교사들의 사역을 확인하게 된다. 사도행전 1:26에 따르면, 예수의 추종자들이 처음

---

24) Raymond E. Brown/John Meier, *Antioch and Rome: New Testament Cradles of Catholic Christianity*(New York: Paulist, 1983)를 보라. 또한 Rodney Stark, "Antioch as the Social Situation for Matthew's Gospel," David Balch(ed.), *Social History of the Matthean Community*(Minneapolis: Fortress, 1991), 189-201을 보라.

으로 "그리스도인"이라고 불린 곳이 안디옥이다. 바울은 갈라디아 교인들에게 자신의 사도권을 방어하면서, 안디옥의 그리스도교 공동체를 엿볼 수 있는 정보를 제공한다. 바울이 베드로를 만나서, 공동체에 이방인들을 받아들이는 문제에 대해 논쟁한 장소는 안디옥이었다. 베드로는 엄격한 유대 그리스도인들의 눈치에 이방 그리스도인들과 함께 식사하는 자리를 피하였다. 그래서 바울은 베드로를 신랄하게 비판하였고, 자신의 선교동역자였던 바나바마저 비판하였다.(갈 2:11-14) 이 경우, 물론 바울이 베드로에 대해 호의적으로 보도하지는 않지만, 어쨌든 베드로가 안디옥에 머물러 있었음을 분명히 확인시켜 주는데, 이것은 마태복음에 베드로에 대한 전승이 분명히 드러나는 것과도 조화를 이룬다.[25)]

몇몇 학자는 더 나아가, 마태공동체가 상대적으로 부유하였으며, 도시적인 환경 가운데에 위치하였다는 힌트가 복음서에 나타난다고 주장하였다.[26)] 마태복음에는 '도시'(πόλις)라는 단어가 26번 사용된다.(마가복음

25) 안디옥이 마태복음의 가장 유력한 저술 장소라는 데 동의하지 않는 학자들도 있다. 알렉산드리아(Alexandria)나 가이사랴 마르티마(Caesarea Martima) 같은 유대 그리스도교의 또 다른 중심 도시들이 저술 장소로 제안되기도 한다. 특히 가이사랴 마르티마는 얌니아에서 가깝다는 점(그래서 바리새파 개혁운동과 접촉하기 쉬웠을 것), 또 나중에 그리스도교 학문의 중심지라는 점(여기에 유세비우스가 살았으며, 그는 또한 파피아스의 증언에 대한 기록을 가지고 있었다.)에서 조금 더 유력하다. 이에 대해서는 Benedict T. Viviano, "Where Was the Gospel According to Matthew Written?," *CBQ* 41(1979), 533-546을 보라. 사회학적 방법론을 사용하여 연구한 화이트(L. Michael White)는 마태복음 저술 장소로 팔레스타인 지역을 지목하는데, 갈릴리 남쪽(예수의 말씀을 받아들이지 않았다고 마태가 비판한 고라신과 벳새다와 가버나움이 이 지역에 있다. 마 11:20-24를 보라.)과 시리아의 경계 지역이다. 유대-로마 전쟁으로 촉발된 유대교와 유대 그리스도교의 정체성 위기는 이 지역에서 가장 뚜렷하게 나타났을 것이라고 그는 주장한다. 이에 대해서는 L. Michael White, "Crisis Management and Boundary Maintenance: The Social Location of the Matthean Community," Balch(ed.), *Social History of the Matthean Community*, 211-247을 보라.

26) Jack Dean Kingsbury, *Matthew As Story*(Philadelphia: Fortress, rev. ed., 1988), 152-153 등을 보라.

에서는 '도시'가 네 번 사용된다. 마가는 '마을'이라는 단어를 선호한다.) 마태의 이야기에서 나사렛과 가버나움은 '도시'로 불린다. 또 예수의 선교를 요약하여 보도하는 단락들(4:23, 9:35, 11:1)을 보면, 예수는 자신의 선교 지역을 갈릴리의 여러 "도시들"로 확장하였다고 한다. 복음서 자자는 또한 화폐의 단위를 부풀리는 경향이 있다. 마가복음의 "동전"(막 6:8)이 마태복음에서는 "금화, 은화, 동전"(마 10:9)이 되며, 누가복음의 "므나"의 비유(눅 19:11-17)가 마태복음에서는 어마어마한 화폐단위인 "달란트"의 비유(마 25:14-30)로 보도된다. 전체적으로 볼 때, 마태가 '금'이나 '은'을 대략 28번 언급하는 반면에, 누가는 네 번, 마가는 오직 한 번 언급할 뿐이다. 물론 이러한 것들이 마태공동체가 도시에 자리를 잡고 있었다는, 또 상대적으로 부유한 공동체였다는 결정적인 증거는 아니다. 그러나 그쪽 방향을 가리키는 것만은 분명하다.

3. 마태의 프로필

지금껏 살펴본 특징들을 감안할 때, 우리는 마태복음의 기원에 대한 정확한 상황을 결코 확실히 알 수 없다. 따라서 학자라면, 안디옥 등 1세기 도시들에 대해서 우리가 알고 있는 정보와 복음서에서 유추할 수 있는 마태공동체의 정황이 상당한 수준으로 일치한다고 말하는 것으로 만족해야 한다. 논의를 여기서 잠깐 멈추고 되돌아볼 때, 우리는 마태에 대해서 어떤 결론을 내릴 수 있는가? 요약하면 다음과 같다.

1) 복음서는 아마도 기원후 80년과 90년 사이에 그리스어로 저술되었다.

2) 복음서 저자는 유대 그리스도인이었으며, 자신이 물려받은 유대적 유산에 깊은 관심을 가지고 있었다. 그는 이야기를 풀어가고 해석하는 데 탁월한 능력을 가지고 있었다. 마태공동체가 이미 알고 있었던 마가복음

뿐 아니라, 지금 막 생겨난 그리스도교 종교운동의 또 다른 중요한 자원들, 예를 들면, 지금 Q자료라고 부르는 예수의 비유와 말씀들을 모은 어록 등을 존중하였다. 그러나 마태는 망설임 없이 예수의 삶에 대한 새로운 이야기를 작성하였다. 새로운 예수 이야기를 쓰면서 그는 이 자료들(마가복음과 Q자료 등)을 전적으로 받아들였으나, 또한 자기가 속한 공동체의 독특한 관심사를 표명하기 위해 주저 없이 이 자료들을 개작하기도 하였다.

3) 이 공동체(또는 공동체들의 연합체)는 시리아의 안디옥에 자리를 잡고 있었을 것이다. 안디옥은 유대인들과 이방인들이 섞여 살던 그리스-로마 세계의 중심 도시이다. 그리스도교라는 새로운 종교가 탄생하자마자, 일부 그리스도인들이 이 도시에 들어왔으며, 결국 첫 몇 세기에 걸쳐 그리스도교 교회의 영향력 있는 학문 중심지로 자리를 잡게 되었다.

4) 복음서가 작성되는 기간 동안, 마태공동체는 심각한 전환기를 맞이하였다. 한편으로는, 자신들의 뿌리인 유대교로부터 분리되는 고통스러운 경험을 하였으며, 다른 한편으로는, 이방인 그리스도인들의 수가 증가할 것이라는 전망에 직면해 있었다. 이로 인해 바리새파 유대 지도자들과 쓰라린 갈등을 겪게 되었으며, 또한 공동체 안에서도 이방인 선교를 두고 논쟁이 벌어지게 되었다. 마태공동체 구성원들에게 비그리스도인 유대인들과 이방인들은 모두 '외부인들'이었으며, 이 두 부류의 사람들과 어떻게 관계를 맺을 것인지는 쉽지 않은 과제였다.

5) 마태공동체가 직면하고 있었던 정체성의 문제와 의미의 문제를 해결하는 것이 마태복음의 중요한 목적이었다. 한편으로, 복음서 저자는 공동체 구성원들에게 확신을 준다. 메시아이자 하나님의 유일한 아들인 예수를 따름으로써, 그들은 자신들의 유대적 유산에 완전히 충실하게 되며, 또한 하나님이 이스라엘에게 약속하는 모든 것의 구체적인 모습을 예수의 가르침과 모범에서 발견하게 될 것이라고 확신시킨다. 다른 한편, 여러 가지 요인, 즉 예수의 가르침과 선교의 성격이라든지, 예수의 죽음과 부활

로 야기된 구원사의 결정적인 전환, 또 유대 종교지도자들에게 거절당한 공동체의 쓰라린 경험 등 때문에 공동체는 이제 이방인들에게로 눈길을 돌릴 수밖에 없게 되었다. 따라서 예수에 대한 믿음과 그의 가르침에 대한 깊은 이해와 충성심은 마태 관점의 핵심이다.

제2부

마태복음 읽기

어떤 연극에 대한 멋진 감상평을 읽었다고 해서 극장에 갈 일이 없어지는 것이 아니며, 또 훌륭한 식당에 대한 음식평론가의 글을 잘 읽었다고 해서 그 식당의 맛있는 음식을 먹어볼 필요가 없어지는 것도 아니다. 마태학계가 관심을 기울이고 있는 쟁점들에 대해 살펴보았으니, 이제 복음서의 맛을 볼 때가 되었다. 이어지는 부분에서 우리는 복음서를 읽어나갈 텐데, 마태의 전체 이야기의 틀 안에서 각 단락의 내용과 그 의미를 살펴볼 것이다. 특정 본문에 대한 주석을 달기 이전에 반드시 마태복음의 해당 본문을 먼저 읽어야 한다. 마태복음에 대한 학술적 논의를 검토하거나 본문을 어떻게 읽어야 하는지를 가르쳐주는 것은 연구자가 복음서의 본문을 신중하게 읽는 데 도움을 줄 때에만 유용한 것이지, 그것이 결코 연구자의 본문 읽기를 대체할 수는 없다.

마태의 본문을 다른 복음서들의 본문과 비교하기 위해 공관복음 대조표를 옆에 두는 일은 매우 유용하다. 마태복음 본문에 대한 자세한 주석을 제공하는 것이 우리의 목적은 아니다. 물론 일부 핵심 본문을 다루면서는 자세한 주석을 덧붙이겠지만, 마태 이야기의 각 단락이 지니고 있는 전체적인 의미를 밝히는 데 우리는 초점을 맞출 것이다. 제1부에서 우리는 마태복음의 특징들을 살펴보았다. 이제 제2부에서는 이러한 특징들이 복음서 이야기에서 어떻게 드러나는지를 살펴볼 것이다. 따라서 이 책은, 마태복음 이야기의 중요한 특징들을 가르쳐줌으로써, 또 복음서에 반복되는 특징적인 주제들을 강조함으로써, 그리고 본문 해석을 위한 몇 가지 단서를 제안함으로써 복음서의 이야기 세계 안으로 더 깊이 들어가기를 원하는 세심한 독자들을 위한 '여행 안내서'의 역할을 할 것이다. 이 책을 읽으면서 마태복음의 좋은 주석서를 참고하면, 복음서의 특정 절이나 단락에 대한 더 자세한 정보를 얻을 수 있을 것이다.

마태복음을 크게 여섯 부분으로 나누었는데, 마태복음의 구조에 대한 앞의 논의(39-41쪽)를 참작한 것이다.

1. 예수의 기원과 그의 사역(1:1-4:11)
2. 예수: 말씀하고 행동하는 메시아(4:12-10:42)
3. 예수에 대한 반응: 거부와 이해(11:1-16:12)
4. 예루살렘으로 가는 여정(16:13-20:34)
5. 거룩한 도성: 갈등, 죽음, 부활(21:1-28:15)
6. 끝맺음(28:16-20)

제8장

예수의 기원과 그의 사역

(1:1-4:11)

복음서의 첫 부분에서 마태는 독자들에게 예수가 누구인지, 그 정체를 밝히기 시작한다. 이스라엘의 역사를 거슬러 메시아의 뿌리를 추적하며, 이와 동시에 예수의 공생애에 대한 마태 이야기에서 드러나게 될 중요한 주제들에 대한 전주곡 또는 서곡을 제공한다. 마태는 예수의 '기원'을 소개하면서, 예수의 탄생과 관련된 사건들(1-2장)에 요단 강에서 세례자 요한을 만나는 이야기(3:1-17)와 광야에서 사탄에게 시험받는 이야기(4:1-11)를 덧붙인다. 복음서의 이 '서막' 또는 '서곡'에는 여러 개의 지리적 장소가 언급된다. 탄생 이야기에는 베들레헴, 이집트, 나사렛이 언급되고, 세례자 요한과의 만남에서는 요단 강이 언급되며, 마지막으로 성령에 충만한 메시아가 사탄의 시험을 받는 유대 '광야'가 언급된다.

복음서의 많은 장면, 특히 1-11장의 전형적인 특징인데, 마태는 이 시작 장면을 저술하면서 다양한 자료를 사용한다.[1)] 족보와 예수의 탄생 이야기는 마태의 특수자료이다. 마태공동체 안에 있던 자료들 가운데 복음서 저자가 알고 있었던 전통들이 혼합된 것으로 보인다. 복음서 본론에서 나오게 될 주제들에 대한 암시가 들어 있으며, 이에 더하여 사건들과 등장

1) 마태의 자료에 대해서는 제1부 20-27쪽을 보라.

인물들과 히브리 성서 인용문에 대한 자신의 성찰이 들어 있다.

1. 예수의 족보(1:1-17)

첫 줄에서 마태는 매우 정교한 방식으로 이 복음서의 근본적인 관점을 선언한다. 메시아 예수는 "다윗의 자손"이며, "아브라함의 자손"이라는 것이다.(1:1) 앞으로 다루게 되겠지만, 서막의 많은 특징이 다 그러한데, 마태의 이야기가 펼쳐지면서 이 선언의 함축된 의미가 명확해진다. 주저없이 마태는 예수를 이스라엘의 메시아로 선포한다. 따라서 예수는 "다윗의 자손"이라는 칭호를 받을 자격이 있다. 이 칭호는 마태 이야기에서 매우 중요한데, 특히 예수의 치유 이야기 문맥에서 더욱 그러하다.[2] 그러나 예수는 또한 "아브라함의 자손"으로 인정받는다. 아브라함은 "모든 민족의 아버지"라고 성서가 증언하는 족장이다.(창 17:5, 22:17-18) 가버나움에서 마태의 예수는 이방인 백부장의 신앙을 놀랍게 여기고, "많은 사람이 동과 서에서 와서" 아브라함과 함께 잔치 자리에 앉을 것이라고 예언한다.(8:11) 따라서 복음서의 첫 줄에서 마태는 복음서의 주요 주제를 암시하는 셈인데, 그 주제는 이스라엘로부터 여러 나라로의 이동이다.

마태의 이중 관점(이스라엘의 역사와 소망 안에 새겨진 예수와 다른 민족을 향한 움직임의 시작)은 서막과 복음서의 나머지 부분에 깊이 남아 있다. 한편으로 복음서는 이스라엘의 거룩한 과거와의 연속성을 긍정하며, 다른 한편으로는 거룩한 역사 속에서 일어난 사건들의 불연속성도 긍정하는데, 이 불연속성은 이스라엘의 경계를 뛰어넘는 예수의 선교로 촉발되었다. 복음서는 이 모든 것이 하나님의 섭리라고 선언한다.

주로 역대상 2-3장과 룻기 4:18-22의 자료로 구성된 마태의 예수 족

2) 78쪽을 보라.

보는 같은 목적을 위해 사용된다. 한편으로 이 족보는 아브라함에서 다윗으로 이어지는, 그다음으로는 고통스러운 포로기로부터 귀환을 거쳐, 메시아의 탄생으로 완성되는 예수의 메시아 조상을 추적한다.(1:17을 보면, 마태가 이 족보를 세 단위로 구분하는 것을 알 수 있다.) 이로써 연속성의 주제가 강화된다. 그러나 이와 동시에, 마태는 불연속성의 요소들도 소개하고 있다. 마태의 족보 구성을 보면, 바벨론 포로기가 눈에 띈다. 이스라엘 역사 속에 들어 있는 단절의 시기이다.(1:11, 17을 보라.) 또한 예수의 족보에는 네 명의 여자들이 언급되는데, 이것 역시 '불연속성'을 강조한다. 네 경우(다말, 라합, 룻, 밧세바. 마태는 밧세바를 헷사람 "우리아의 아내"로 소개한다.) 모두, 족보에 포함된 여자들이 '외부인들'이다. 그들은 평범하지 않은, 때로는 매우 당혹스러운 상황에서 메시아 혈통 안으로 끼어들어 왔다.[3] 이로써 마태는 놀랍게도 이스라엘의 역사 속에서도 불연속성이 있었음을 독자들에게 상기시킨다. 하나님은 외부인들을 통해서도 구원의 약속을 이루신다.

2. 예수의 탄생과 이름(1:18-25)

역설의 분위기는 이 중요한 단락에서도 계속되는데, 여기서는 족보에 언급되는 예수의 탄생(16절)이 확대되어 이야기된다. 예수의 탄생과 어린 시절에 얽힌 흥미로운 이야기가 시작되면서, 문학 양식이 (담화에서 서사

3) 이 여자들이 족보에 끼게 된 정확한 이유에 대해서는 여전히 논쟁 중이다. 어쨌든, 이 여자들이 예수의 족보에 이름을 올리게 된 이야기는 결코 평범하지 않으며, 이 여자들 모두 '외부인들'이다(라합과 룻은 확실히 이방인이며, 아마도 밧세바 역시 이방인일 것이다. 다말은 부족에 속하지 않는 사람이다). 더 자세한 논의에 대해서는 Raymond E. Brown, *The Birth of the Messiah*(New York: Doubleday, 1977), 71-74를 보라.

로) 바뀐다. 마태가 히브리 성서를 명시적으로 인용하고, 또 구약 유형론을 사용하는 경우가 앞으로 많이 나올 텐데, 여기서 우리는 그 첫 번째 사례를 보게 된다.

이 이야기에서 마태는 요셉이라는 인물에 초점을 맞추는데, 그는 "의로운"(δίκαιος) 사람으로 규정된다.(1:19) 의로움은 마태복음에서 매우 중요한 성품이다. 독자들은 요셉을 통해서 아기 예수의 놀라운 본성을 알게 된다. 마리아가 임신한 것을 처음 알았을 때, 요셉은 마리아가 부정한 일을 하였을 것이라고 짐작한다. 그런데 그는 "의롭고" 자비롭기 때문에, 마리아에게 부끄러움을 주지 않으려고 조용히 파혼하려고 한다. 이때 꿈에서 하나님의 계시를 받게 되는데, 앞으로도 꿈을 통한 계시가 몇 차례 더 등장한다. 어쨌든, 꿈에서 요셉은 마리아가 성령으로 잉태하였다는 계시를 받는다. 이로써 마태는 처음부터 예수의 신비한 신적 기원을 분명히 선언하는 셈이다. 이것은 또한 율법을 해석하는 방식이기도 한데, 즉 율법이 자비를 강조한다는 것이다.[4)]

요셉은 또한 이 놀라운 아이에게 붙일 이름에 대한 얘기도 듣는다. 아이의 이름은 "예수"인데, '예슈아'(Yeshua) 또는 '예슈'(Yeshu)라는 유대 이름의 그리스식 표기이다. 문자적으로는 '하나님께서 도우신다'라는 뜻이다. 따라서 마태복음에서 "예수"라는 이름은, 하나님의 백성을 죄에서 구원하는 메시아적 사명의 목적이 무엇인지를 암시한다.(1:21) 그것은 예수의 가르침과 치유, 그러나 무엇보다도 그의 죽음과 부활 가운데 수행될 사명이다.

하나님이 이 경이로운 사건을 의도하였다는 사실, 또한 이 사건으로 인해 이스라엘의 소망이 완성된다는 사실을 강조하기 위해서 마태는 이제 첫 번째 '성취' 인용문을 소개한다. 이사야 7:14의 인용이다.[5)] 이 인용

4) 마태의 율법 이해에 대해서는 52-60쪽을 보라.

5) 성취 인용문에 대해서는 42-51쪽을 보라.

문은 아기 메시아에게 또 다른 이름을 붙이는데, 그는 "임마누엘"이라 불릴 것이다. 임마누엘은 '하나님이 우리와 함께하신다'는 뜻이다.(1:23) 한 번 더 매우 심오한 마태의 그리스도론이 분명하게 드러난다. 예수의 인격에 신성이 들어 있으며, 또 그의 사명 가운데 신성이 함께하는데, 복음서의 나머지 부분을 보면, 이러한 사실이 예수의 말씀과 행동에서 드러날 것이다. 복음서 마지막에서 부활한 그리스도는 공동체에게 세상 끝 날까지 그들과 함께할 것이라고 분명히 말한다.(28:20) 18:20의 공동체 담화에서 예수는 제자들이 두세 사람이라도 모이는 곳에 자신도 함께할 것이라고 약속한다. 또 25:31-46의 심판의 비유에서 제자들은 예수가 공동체의 '가장 작은' 사람들과 함께함을 깨닫는다.(또한 10:40-42를 보라.)

이 장면은, 요셉이 잠에서 깨어나 주저 없이 꿈에서 알게 된 하나님의 뜻에 복종하는 것으로 끝을 맺는다. 마태는 요셉을 흥미롭게 묘사하는데, 요셉은 꿈에서 하나님의 지시를 받는 사람이다. 또 그는 의로운 사람이며, 그의 사명은 메시아의 가족을 보호하기 위해 그들을 이집트로 데리고 가는 것이다. 이러한 요셉의 모습은 영락없이 구약의 요셉과 비슷하다.(창 37-50장) 예수를 구약의 성취자로 묘사하기 위해 마태가 성서 유형론을 사용하는 또 다른 실례인 셈이다.

3. 헤롯대왕과 동방박사들(2:1-18)

서막의 기능이 나중에 펼쳐질 사건들을 독자들에게 미리 알리는 것인데, 이러한 기능이 이 흥미로운 에피소드에서도 분명하게 드러난다. "동방에서 온" 박사들의 반응은 헤롯과 유대 지도자들의 반응과 완전히 대조를 이룬다. 이들 외부인들(이방인들)은 별의 인도를 받으며(이로써 민 22-24장의 발람과 발락의 이야기가 떠오른다. 이 이야기를 보면, 모세와 이스라엘 사람들에 대한 사악한 왕의 위협이 하나님의 간섭 때문에 실패로 돌아간다.), 메시아의 탄생 장소를 찾고 있었다. "유대인의 왕"에게 경배를 드리려고 한 것이다. 그런데 성경을 가지고 있어서 메시아가 베들레헴에서 태어날 것을 알고 있었던 헤롯과 그 일당은 당황하며 적대적으로 반응한다. 이어지는 이야기를 보면, 헤롯이 이들에게 속은 것을 알 수 있다.(2:16-18) 동방박사들은 베들레헴으로 가서 아기 메시아에게 경배한다. 그런데 헤롯은 예수를 죽이기 위해 베들레헴의 모든 아이를 학살하도록 한다.

다시 한 번 꿈을 통한 하나님의 간섭이 예수를 보호한다. 동방박사들은 꿈에 헤롯에게 돌아가지 말라는 지시를 받는다.(2:12) 그리고 또 다른 꿈에서 천사가 요셉에게 가족을 데리고 이집트로 피신하라고 이른다.

복음서 저자는 이 장면을 구약성서로 잘 포장한다. 메시아를 죽이려고 하는 사악한 왕 이야기, 왕이 의도적으로 어린아이들을 살육하는 이야기, 또 하나님의 기적 같은 개입으로 아기를 살린 이야기 등은 예수에게 모세의 이미지를 덧입힌다. 모세 역시 자기 백성을 구하는 운명을 타고 난 사람이며, 하나님께서 그에게 그러한 운명을 지우셨다. 예수의 탄생 이야기는 창세기에 보도되는, 또한 요세푸스(Josephus)와 필로(Philo), 또한 그 밖의 유대 저술가들의 글에 자세히 보도되는 모세의 탄생 이야기와 여러모로 비슷하다.[6] 여러 가지 암시와 유형론에 그치지 않고, 마태는 분명한 성취 인용문을 덧붙인다. 마태복음 2:15에 호세아 11:1이 인용되어 있는데("내가 이집트에서 내 아들을 불러냈다."), 이 인용문으로 이스라엘의 타향살이와 출애굽 사건이 예수 이야기와 연결된다. 이와 동시에, 마태는 하나님의 아들로서의 예수의 정체를 다시 한 번 확인한다. 예레미야 31:15의 인용(마 2:18)은 유아학살의 비극을 아시리아가 이스라엘 사람들을 추방한 이스라엘 역사의 또 다른 참극과 연결시킨다. 따라서 아기 예수는 이스라엘 역사 전체를 되풀이하는 것처럼 보인다.

---

6) 이에 대해서는 Dale C. Allison, Jr., *The New Moses*(Minneapolis: Fortress, 1993), 140-164를 보라.

이와 동시에, 탄생 이야기에 드러나는 예수에 대한 위협은 또한 복음서의 절정이라고 할 수 있는 고난 이야기(26-27장)로 독자들의 관심을 돌린다. 다시 한 번 예루살렘의 지도자들은 예수의 암살을 꾀한다. 그러나 이때도, 예수의 죽음에도 불구하고, 하나님은 사랑하는 아들을 구하실 것이다.

4. 나사렛으로 가는 길(2:19-23)

이 장면은 예수의 탄생에 얽힌 사건들의 결론이며, 이제 막 시작되는 예수의 갈릴리 선교로 독자들을 안내한다. 이야기가 진행되면서, 하나님의 개입은 계속 이어진다. 헤롯이 죽었으며, 이제 아기 예수가 이스라엘로 돌아갈 시간이 되었다는 이야기를 요셉은 꿈에서 듣는다. 천사의 말은 예수를 지속적으로 모세와 연결시킨다. 모세 역시 그의 목숨을 노리던 사람들이 모두 죽었다는 이야기를 하나님으로부터 들었다.(마 2:20; 출 4:19 참고) 마태복음에서 예수와 그의 가족에 대한 위협은 계속된다. 헤롯의 아들인 아켈라오는 아버지와 마찬가지로 폭군이었다. 그래서 요셉은 또 다른 꿈에서, 다윗의 고향인 베들레헴으로 가지 말고, 갈릴리의 나사렛으로 피신하라는 지시를 받는다.

마태는 예수가 갈릴리로 들어가는 것을 중요하게 여겼다. 그는 2:23의 순간을 강조하기 위해 성취 인용문을 덧붙인다. 그리고 예수가 나사렛을 떠나 가버나움에서 선교를 시작하는 순간을 또한 강조하기 위해 4:15-16에서 또 한 번 성취 인용문을 덧붙인다. 그런데 2:23의 본문("그는 나사렛 사람이라고 불릴 것이다.")은 구약성서에 없는, 정체 모를 구절이다. 어쩌면 마태는 "어린 가지"(neser)라는 단어를 사용하는 것일 수도 있다. "어린 가지"는 시적인 구절 이사야 11:1에서 메시아로서의 이새의 아들에게 적용되는 이미지이며, 또한 삼손의 경우(삿 13:5, 7)처럼 평생을 하나님께 헌신하는 '나실인'에 적용되는 이미지이다. 어느 쪽 이미지를 사용하였든 간에, 예수가 나사렛 출신이라는 역사적 사실이 날조가 아님을 독자들로 하여금 확실히 알도록 하는 것이 이 인용문의 직접적인 목적이다. 하나님의 섭리의 손길이 베들레헴에서 이집트로, 또 갈릴리의 나사렛으로 가는 멀고 험한 길을 인도하셨다.

누가와는 달리, 마태가 전하는 예수 탄생 이야기의 특징은 소박하다는 점이다. 예수라는 인물은 폭군으로부터 목숨의 위협을 받고, 간신히 학살을 피하였다. 그의 가족은 피난을 가서, 집으로 돌아갈 수 없었다. 예수는 나사렛에 가서 실향민이 되었는데, 결국 이곳 나사렛이 예수의 활동무대가 되었다. 마태는 예수를 이스라엘 역사의 소망과 고난에 연결시킬 뿐만 아니라, 또한 독자들로 하여금 다가오는 미래를 대비하도록 한다. 같은 백성들과 종교지도자들이 메시아 예수를 거부할 것이며, 예수는 또다시 목숨의 위협에 직면할 것이다.

5. 요단 강에서(3:1–17)

요단 강과 유대 광야는 새로운 배경이다. 이때 새로운 등장인물이 나오는데, 세례자 요한이다. 세례자 요한은 다음 장면, 즉 예수가 세례를 받는 장면에서 중요한 역할을 한다. 마가복음은 마태복음의 주요 자료이며, 마태복음에 나오는 대부분의 이야기들이 마가복음에서 왔는데, 마태는 여기서 처음으로 마가복음을 사용한다. 그러나 마태는 그것을 그대로 가져오지 않고, 여기에 Q자료에서 가져온 심판의 말씀을 끼워넣는다.(마 3:7–10, 12; 눅 3:7–9, 17 참고)

이 장면에는 중요한 주제들이 많이 등장한다. 우선, 세례 이야기에서 예수의 정체에 대한 주제가 이어지는데, 이것은 이전부터 마태가 강조한 것이다. 위대한 예언자 요한이 예수의 오심을 선언하는데, 요한의 활동과 사역은 엘리야를 생각나게 한다.(왕하 1:8. 낙타털과 가죽 띠는 디셉 사람 예언자 엘리야의 특징이다.) 이제 마지막 구원의 시대가 다가왔으며, 자신보다 훨씬 더 위대한 예수가 이 결정적인 순간을 선도하리라는 것이 요한의 메시지이다. 요한은 회개의 표시로 물로 세례를 준다. 그런데 예수는 성령으로 세례를 줄 텐데, 마지막 때의 표징이다.

예언자 요한의 증언보다 더 강력한 것은 예수의 세례 때에 하늘로부터 들려온 음성이다. 예수가 세례를 받고, 물에서 올라오니, 하늘이 열리고, 하나님의 영이 예수에게 내려왔다. 그리고 하늘에서 이런 소리가 들렸다. "이는 내가 사랑하는 아들이다. 내가 그를 좋아한다."(3:17) 이것은 실제로 마가의 이야기에서 온 말씀인데(막 1:11), 왕의 즉위식이 떠오르는 말씀이다(시 2:7; 사 42:1 참고). 마태는 세례 받는 장면에서 예수를 하나님의 아들로 분명히 묘사하는데, 이미 탄생 이야기에서 선언된 내용이 반복되는 것이다. 즉, 예수는 하나님에게서 왔으며(기원이 하늘에 있음), 하나님과 깊은 유대관계를 맺고 있다는 선언이 반복되는 셈이다.[7)]

그리스도론을 강조하는 것 외에도, 세례 이야기에서 마태는 또 다른 흥미로운 특징들을 열거한다. 세례자 요한은 하나님의 통치가 가까이 왔다는 점에서 회개를 요청한다. 예수는 선교활동을 시작하면서 요한과 똑같은 메시지를 전한다.(4:17) 마태는 두 개의 대조적인 예를 통해서 이 메시지를 강조하는데, 이러한 추세는 복음서 끝까지 계속된다. 부정적인 예는 종교지도자들의 경우이다. 누가는 요한에게 세례를 받으러 나온 사람들을 "무리"라고 보도하는데(눅 3:7), 마태는 "바리새파 사람들과 사두개파 사람들"을 언급한다(마 3:7). 그들이 지금 받으려는 예식은 그들의 실제 삶을 전혀 반영하지 못한다. 그래서 요한은 유대 종교지도자들을 통렬하게 비난한다. "독사의 자식들아! … 회개에 알맞은 열매를 맺어라." 말

---

7) 마태의 그리스도론에서 예수를 하나님의 아들로 칭하는 것의 중요성에 대해서는 73-80쪽을 보라.

이나 예식이 아니라 착한 행동이야말로 참된 제자 됨의 표징이라는 주장은 마태신학의 특징이다. 예수는 복음서 전체에 걸쳐서 이러한 사실을 가르친다. 착한 행동 없이는, 아브라함의 자손이라는 주장은 아무런 의미가 없다. 이와 비슷한 메시지를 주는 장면들은 또 있다. 예수가 지금껏 이스라엘 사람들 가운데서 보지 못한 큰 믿음을 가진 로마 백부장(8:10)의 경우나, 아버지에게 "싫습니다" 하였다가 뉘우치고 포도원으로 일하러 간 아들(21:28-32)의 경우, 또 비천한 사람들 가운데 있는 예수를 알아보지 못하고도 사랑의 계명을 실천한 사람들(25:31-46)의 경우에서 볼 수 있듯이, 이러한 사람들은 마태복음에서 일관된 윤리적 시금석의 모범을 보인다. 산상설교의 마지막에서 예수가 선언하듯이, "주님, 주님" 하는 사람들이 아니라 "하늘에 계신 내 아버지의 뜻을 행하는 사람"들만이 하나님 나라에 들어간다.(7:21)

유대 지도자들이 거짓 회개의 전형적인 예를 보이는 반면에(특별히 23장의 저주를 보라.), 예수는 참된 의를 보이는 모델이다. 하나님이 사랑하시는 아들이지만, 그래도 예수는 요한의 회개 예식을 묵묵히 받아들였다. 이때 예수는 "우리가 모든 의를 이루는 것이 옳습니다"(3:15)라고 말하는데, 이것은 마태복음에 나오는 예수의 첫 번째 대사이며, 매우 중요한 의미를 지니고 있다. '의' 또는 '정의'(그리스어 '디카이오쉬네'[δικαιοσύνη]를 문자적으로 옮긴 것)라는 용어는 하나님께서 이스라엘에 끊임없이 부어주시는 구원으로서의 '의'를 의미할 수도 있고, 또 하나님에 대한 인간의 올바르고 충실한 반응으로서의 '의'를 의미할 수도 있다. 여기서는 후자인 것 같다. 마태복음의 다른 곳에서도 이런 뜻으로 사용되고 있다.(특별히 5:20을 보라.) 예수의 선교의 전반적인 목적은 아버지 하나님이 요구하시는 모든 것을 '성취하는'(그리스어 동사는 '플레로오'[πληρόω]인데, 성취 인용문에서도 같은 동사가 상용된다.), 즉 충실하게 실행하는 것이다. 마태의 관점에서 예수는 하나님의 아들이다. 그것은 하나님으로부터 온 예수의 신비한 기원 때문만이 아니다. 충실한 순종, 사랑에서 우러나오는 순종 때문이기도 하다. 하나님의 뜻을 행하려는 이러한 헌신은 마태복음이 특별히 강조하는 윤리 주제이며, 결국은 죽음에까지 이르는 예수의 순종에서 잘 드러난다.[8)]

충실하고 순종적인 행동이 참된 제자 됨의 특징이라고 마태는 강조하는데, 이것은 심판을 강조하는 결과로 이어진다. 복음서 전체를 통해서, 그러나 특별히 24–25장의 종말 담화에서, 마태는 불신앙의 결과를 묘사한다. 올바르게 살지 못하는 사람들은 하나님의 심판을 받을 것이다. 그래서 세례 장면에서 요한은 유대 지도자들에게, 나무 뿌리에 도끼가 이미 놓여 있으며, 메시아가 키를 들고 곡식을 까부른다고 경고한다.(3:7–12)

6. 광야에서의 시험(4:1–11)

서막의 마지막 장면은 멀리 있는 광야를 배경으로 한다. 이 장면에서 또 다른 등장인물이 나오는데, 사탄이라는 험악한 인물이다. 사탄의 세력과의 싸움은 마태의 이야기에서 계속 이어진다. 그러나 사탄이 직접적인 역할을 수행하는 것은 여기가 마지막이다. 대신에 사탄은, 예수가 치유와 축귀라는 메시아적 사명을 행하는 순간마다, 인간의 당하는 고통의 현장에 끼어든다. 사막에서의 시험에 대한 마가의 이야기는 매우 간결하다.(막 1:12–13) 그런데 마태와 누가(눅 4:1–13 참고)는 Q자료를 사용함으로써 마가의 이야기를 상당히 확장시켰다.

이 장면의 내용을 보면, 성서 인용문이 많이 들어 있는데, 특별히 신명기에서 인용한 것들이다.[9)] 이로써 마태는 또 한 번 예수의 삶을 성서의

---

8) 마태가 보도하는 예수의 십자가 처형 장면에서 예수의 죽음은 하나님에 대한 순종과 신뢰의 시험이다. 마태가 27:43에서 시 22:8의 인용을 덧붙이는 데서도 알 수 있다.

9) 이 장면에 대한 고전적인 연구는 Birger Gerhardsson, *The Testing of God's Son*

성취와 연관시킨다. 탄생 이야기에서 예수가 출애굽과 유배생활에 얽힌 이스라엘의 역사적 경험을 재현한 것처럼, 여기서는 이스라엘이 광야를 떠돌며 시험을 받은 역사를 재현한다. 그러나 40년 동안 이스라엘의 순종이 흔들렸던 반면에, 여기서 예수는 굳건하게 신실한 모습을 보인다. 예수는 하나님의 말씀으로 악마의 유혹을 무찌른다. 악마는 "네가 하나님의 아들이거든"이라는 말로 예수를 조롱하는데, 메시아는 십자가 위에서 죽어가면서 다시 한 번 똑같은 조롱을 당한다.(27:39-43 참고) 복음서 이야기의 처음부터 끝까지 마태의 예수는 하나님의 신실한 아들로서의 모습을 지킨다.

마태복음에서 유혹의 순서는 중요하다. 누가복음에 보면, 이야기의 절정에 이르렀을 때, 예수와 사탄은 예루살렘 성전 꼭대기에서 만난다.(눅 4:9) 이것은 예수 사역의 마지막 종착지로서의 예루살렘, 또한 교회의 시작 지점으로서의 예루살렘에 대한 누가의 관심과 일치한다. 마태복음은 갈릴리의 높은 산에서 이야기가 끝난다.(28:16-20) 마태의 이야기에서 산은 계시의 장소이다.[10] 5-7장에 걸친 긴 담화(산상설교)의 배경이 산이다.(5:1) 그리고 예수는 산 위에서 많은 사람을 고쳤다.(15:29-30) 또한 산 위에서 모습이 변하였다.(17:1-2) 이제 서막이 끝나가는 시점에서 마태는 독자들에게 신화적인 광경을 보여준다. 세상의 모든 나라와 그 영광이 보이는 산꼭대기에서 메시아 예수는 신명기 6:13을 떠올리게 하는 말씀으로 악마의 유혹을 거절한다. 이때 예수는 자신의 삶과 사명을 끝까지 헌신할 것을 선언한다. "주 너의 하나님께 경배하고, 그분만을 섬겨라."(마 4:10)

(Matt 4:1-11 and Par.): An Analysis of an Early Christian Midrash(Lund: Gleerup, 1966)이다.

10) 마태복음에서 계시의 장소로서의 산의 상징적 역할에 대한 연구는 T. L. Donaldson, *Jesus on the Mountain: A study in Matthean Theology*, JSNTSup 8(Sheffield: JSOT, 1985)을 보라.

마태 이야기의 맨 처음 몇 장은 복음서 전체의 서막 또는 서곡의 역할을 하는데, 이 부분에서 독자는 예수의 신비한 인격에 빠져든다. 또한 이 서막 부분은 복음서의 나머지 부분에 나올 중요한 주제들에 대한 암시를 준다.

제9장

예수: 말씀하고 행동하는 메시아

(4:12-10:42)

마태가 묘사하는 예수의 가장 핵심적인 모습과 공동체의 사명에 대한 그의 비전을 우리는 복음서의 이 부분(4:12-10:42)에서 발견할 수 있다. 우선, 복음서의 무대가 획기적으로 바뀐다. 요단 강에서 세례를 받고, 광야에서 시험을 받은 예수는 갈릴리로 다시 들어가며, 가르침과 치유의 활동을 시작하는데, 이것이 바로 메시아의 사명이다. 이와 똑같은 구속 사명이 제자들에게도 맡겨진다. 이 부분은 크게 네 단락으로 구성되어 있는데, 아래와 같다.

1) 4:12-25	서론 또는 전환단락으로, 여기서 예수는 갈릴리로 돌아와서, 제자들을 부른다. 또한 이 단락에서 예수의 사역이 요약되어 보도된다.
2) 5:1-7:28	복음서에 나오는 예수의 다섯 개의 긴 설교 가운데 첫 번째 설교, 산상설교
3) 8:1-9:35	예수의 치유사역에 대한 첫 번째 이야기
4) 9:36-10:42	선교에 대한 가르침(예수의 다섯 설교 가운데 두 번째 설교)

마태복음의 서사 부분은 거의 마가복음에서 온 것이다. 그러나 마태는 자신의 예수상을 만들어가는 과정에서 마가로부터 가져온 자료를 자유롭게 재배열한다. 복음서 저자는 예수 사역의 내용과 범위를 서사작품과 같은 방식으로 진술한다. 그는 온 갈릴리를 돌아다니며 가르치고 병든 사람들을 고쳤으며(마태는 특히 "**그들의** 회당에서"라고 분명하게 지적한다.), 하늘나라의 기쁜 소식을 선포하였다. 예수의 명성은 온 시리아에 퍼졌으며, 실질적으로 이스라엘 전 영토에서, 즉 갈릴리와 데가볼리와 예루살렘과 유대와 요단 강 건너편에서 병든 사람들과 고통당하는 사람들이 병 고침을 받기 위해 예수께 나아왔다. 아직 예수가 어떤 일을 행하였다는 보도도 없는데, 이미 마태는 독자들에게 예수의 메시아적 사명의 영향력에 대한 생생한 그림을 보여주는 것이다. 베들레헴에서 태어난 아기에게서 구체화된 약속, 또 요단 강에서 요한이 예고한 약속이 이제 실현되고 있다.

예수의 가르침과 치유를 강조하는 4:23의 요약은 9:35에서 반복된다. 이로써 이 두 구절 사이에 있는 장들(5-9장)이 하나로 묶이게 되는데, 5-7장은 예수를 교사로 묘사하면서, 예수의 메시지의 근본적인 특징이 무엇인지를 밝힌다. 또 8-9장은 예수를 **치유자**로 묘사하는데, 치유자로서의 예수는 메시아로서의 예수, 구원자로서의 예수만큼이나 마태에게 중요하다.

	교사로서의 예수	치유자로서의 예수		공동체의 사명
4:23			9:35	
	(5-7장)	(8-9장)		(10장)

산상설교의 거의 모든 자료는 Q자료나 마태특수자료에서 왔으며, 따라서 마가복음과 병행되는 구절이 실제로 없다. 선교에 대한 가르침을 담고 있는 담화(10장)는 이 첫 번째 부분(4:12-10:42)에서 빠질 수 없는 필

수적인 단락이다. 여기서 마태는 마가에서 가져온 자료(특히 제자들을 부르는 막 3:13-19와 제자들을 파송하는 막 6:7-13, 또 선교의 어려움을 예고하는 막 13:9-13)와 Q자료(예를 들면, 마 10:26-33; 눅 12:2-9 참고)를 섞는다.

병자들과 가난한 사람들로 이루어진 '군중'은 이 장들(5-10장)의 배경을 이루고 있다. 산상설교를 전하기 위해 예수는 군중을 떠나서 산 위로 올라간다. 그리고 제자들에게 설교한다. 다시 말하자면, 산상설교는 직접적으로는 제자들을 대상으로 한다.(5:1-2) 그러나 군중이 결코 시야에서 완전히 사라진 것은 아니다.[1] 그들은 산상설교의 끝부분에서 예수의 가르침에 놀라며(7:28-29), 예수가 치유사역을 시작할 때 그 자리에 함께 있다(8:1). 이 단락을 결론짓는 요약문(9:35)은 4:23의 반복이며, 독자들로 하여금 이 설교가 시작되는 장면(4:23-25)을 떠올리게 한다. 예수는 다시 한 번 군중을 보고, 그들을 불쌍히 여겼다.(9:36) 그리고 한 번 더 제자들을 불러서, 선교가 급박하다고 가르쳤다.(9:37 이하) 따라서 예수의 가르침과 치유(5-9장)의 동기가 되었던 상황이 선교에 대한 가르침(10장)의 동기가 되었다고 할 수 있다. 그 동기란, 하나님의 통치가 긴박하게 다가오고 있는 것이며, 또한 이에 따라 하나님의 백성에게 그러한 가르침이 절실하게 필요하였다는 것이다. 이제 그 사명이 공식적으로 제자들에게 주어진다.

1. 갈릴리에 비치는 여명(4:12-25)

이 단락은 서막의 사건들에서 마태 이야기의 본론으로 들어가는 전환 장면이다. 요한이 체포되는데, 이로써 메시아의 길을 예비하는 그의 사역

1) 산상설교의 대상에 대한 논의는 158-162쪽을 보라.

이 끝났음을 알 수 있다.[2] 그리고 마태는, 예수가 갈릴리로 "물러갔다"고 한다. 탄생 이야기의 마지막에서 예수와 예수의 가족이 피신하였던 지역으로 돌아간 것이다.(2:23, 3:13을 보라.) 이제 예수의 선교가 시작될 여건이 마련되었다. 그래서 예수는 나사렛을 떠나서 바닷가에 있는 가버나움으로 가서 살았다.(9:1에서 가버나움은 "자기 마을", 즉 예수의 마을로 보도된다.) 마태는 예수의 활동이 대부분 이 지역에서 일어난 것으로 보도한다.(이것은 마가를 따르는 것이다.) 실제로, 복음서 저자는 이 단락에서 예수의 선교를 위한 무대를 마련하는 셈이다.

마태는 예수가 자신의 선교의 장에 내딛은 첫 발자취의 중요성을 강조한다. 4:15-16에 나오는 성취 인용문은 이사야 9:1-3을 자유롭게 인용한 것인데, 이제 예수가 막 하려는 일의 범위와 의미에 대한 마태의 비전을 드러내려는 것이다. 가버나움은 "스불론과 납달리 땅"에 위치해 있는데, 이스라엘의 열두 지파 가운데 두 지파인 스불론과 납달리는 아시리아가 포로로 잡아간 지파이다. 이로써 다시 한 번 하나님의 백성이 경험한 고통과 상실이 떠오른다. 갈릴리는 이스라엘의 중심부였다. 따라서 예수의 선교의 이러한 배경은, 예수의 선교가 우선은 이스라엘을 대상으로 한다는 마태의 이해와 잘 어울린다.(10:5, 15:24를 보라.) 그러나 갈릴리는 또한 "이방인들의 갈릴리"이다. 그러니 갈릴리는 예수의 선교가 결국 모든 민족에게로 확장될 것(28:16-20)과 예수가 이방인들을 만나게 될 것(8:5-13, 15:21-28을 보라.)을 알려준다. 유대인들에게나 이방인들에게나 예수의 선교의 여명은 어둠에 빛을 비출 것이며, 죽음의 그늘을 물리칠 것이다.

예수의 선교의 '지리'에 대한 마태의 관심은 주목할 만하다. 예수는 "갈릴리를 두루 다니면서" 가르치고 치유할 것이다.(4:23) 예수의 명성은

2) 요한은 마태의 이야기에서 다시 등장한다. 11:2에서 그는 감옥에 갇혀 있으면서 예수에게 말을 전한다. 또 14:1-12에서 마태는 독자들에게 요한의 순교를 상기시킨다.

"온 시리아"에 퍼졌다.(4:24) 그리고 실질적으로 온 지역으로부터 사람들이 예수에게 몰려들었다. 갈릴리(마태는 나사렛에서 가버나움까지, 그리고 그 일대를 생각하였을 것), 데가볼리(갈릴리 바다의 남동 해안 지역에 모여 있는 이방 도시들), 예루살렘과 유대(남쪽 지역 전체), 요단 강 건너편(마태는 요단 강 동쪽 지역을 생각하였을 것)으로부터 사람들이 예수를 따랐다. 그런데 이 목록에 사마리아 지역이 빠져 있다. 유대인들의 관점에서 보면, 사마리아는 절대로 포함될 수 없는 지역이다. 또한 두로나 시돈과 같은 먼 서북 지역도 빠져 있다.(막 3:8에는 두로와 시돈이 포함되어 있다.) 그러나 15:21에서 예수는 두로와 시돈의 경계까지 갈 것이다. 마태의 관심이 이스라엘의 중심부(유대, 갈릴리, 요단 강 건너편)와 북쪽, 동쪽 지역(시리아와 데가볼리)에 치우치는 것을 보면, 우리는 어쩌면 복음서 저자의 지리적 위치를 알 수 있을지도 모르겠다. 복음서가 기록될 시기에 로마의 행정지방 시리아는 이 단락에서 마태가 언급하는 대부분의 지역으로

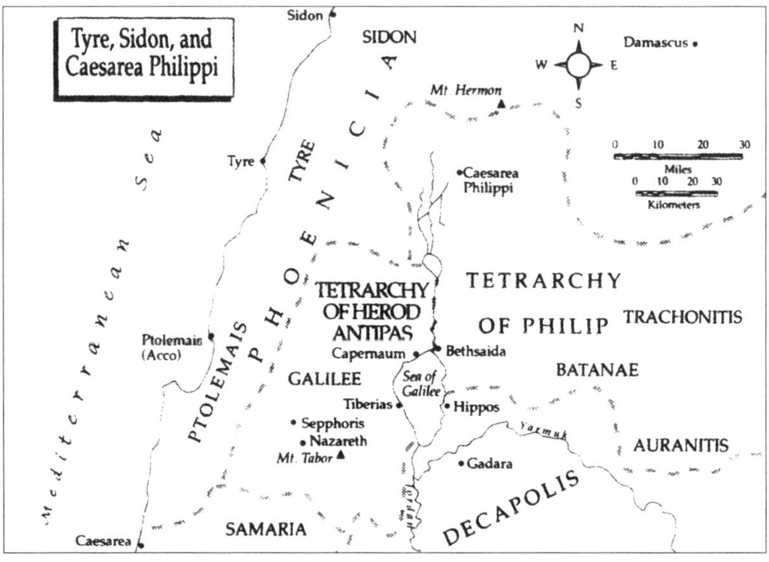

[그림 1] 두로, 시돈, 빌립보의 가이사랴

까지 확장되었다.[3] 그런데 마태에게는 더 중요한 것이 있다. 예수의 명성이 지리적으로 넓게 퍼졌는데, 이것은 예수의 말씀과 행동의 권위를 드러내며, 또한 이스라엘의 경계를 넘어 모든 민족으로 향하는 그리스도교 선교의 큰 그림을 독자들에게 보여준다는 것이다.

이 단락에는 또 다른 중요한 요소들이 있다. 4:17에서 마태는 예수의 선포의 요지를 소개한다. "회개하여라. 하늘나라가 가까이 왔다."(막 1:14-15 참고) 이것은 이미 세례자 요한이 앞서 외친 메시지이다.(3:1-2) 그러나 요한의 메시지와 회개 예식은 앞날을 예고하는 것이며, 예수의 가르침과 치유를 통해서 비로소 하나님의 통치가 실제로 경험될 것이다.(마 12:28을 보라.) 마태는 "이때부터"라는 결정적인 순간을 분명히 표현한다. 드디어 가르침 및 치유와 더불어 하나님의 통치에 대한 예수의 선포가 시작되며, 이 선포는 복음서 이야기 전체에서 계속 이어질 것이다.[4]

마태는, 여전히 마가의 순서를 따르면서, 예수의 첫 제자들을 소개한다.(4:18-22; 막 1:16-20 참고) 그들은 예수를 따르도록, 또 사람을 낚는 예수의 사명(이러한 이미지는 마태만 보도하는 그물의 비유[13:47-50]에서 반복된다.)을 함께하도록 부름을 받는다. 제자들을 부르는 장면을 여기서 소개함으로써, 즉 예수의 사역에 대한 마태의 서사적인 설명(5-9장)에 앞서서 소개함으로써, 복음서 저자는 이 복음서의 강력한 교회론적 관심을 드러낸다. 제자들은 예수가 산 위에서 설교할 때, 그 자리에 있을 것이다.(5:1-2) 그리고 예수가 사람들을 치유할 때에도, 그 자리에 있을 것이다. 그럼으로써 제자들은 선교에 대한 가르침(10장)을 받을 준비가 된 셈이다.(9:37-38을 보라.)

---

3) 마태공동체의 지리적 위치에 대한 논의는 118-121쪽을 보라.

4) 앞서 살펴본 바와 같이, 구조적으로 이 구절을 마태 이야기의 전환점으로 보는 학자들이 있다. 이제부터 하나님의 통치에 대한 예수의 설교가 시작된다는 것이다. 그러나 이 구절은 예수의 공생애를 소개하는 전체 장면(4:12-24)의 일부에 불과하다. 마태의 구조에 대해서는 34-39쪽을 보라.

이 전환 장면에는 또 다른 중요한 특징이 있는데, 마태가 예수의 치유 사역을 매우 강조한다는 것이다. 물론 예수의 사역에 대한 4:23의 요약에는 선포와 가르침이 포함되지만, 이스라엘 온 땅에서 사람들이 예수에게 몰려든 이유는 치유를 받기 위함이다.(4:24-25) 8장까지 마태는 기적 이야기를 보도하지 않는다. 그러나 독자들은 5-7장의 설교에 앞서 치유자로서의 예수를 이미 만나게 되는 셈이다. 열두 제자에게 선교에 대해 가르치는 장면에서 치유와 축귀는 매우 중요한 요소로 드러나는데, 이로써 치유자로서의 예수의 모습이 또다시 강조된다.(10:1, 8을 보라.) 이것은, 마태가 예수를 이스라엘의 '구원자'로 묘사하는 것(1:21)과도 잘 어울린다. 몇몇 학자는, 또한 이것이 예수를 통해 활동하시는 하나님의 주도성을 강조한다고 생각한다. 그럼으로써 하나님의 은혜가 강조된다. 또한 산상설교의 내용이 거의 선행을 강조하는 것인데, 선행에 대한 마태의 특유한 강조에 적절한 균형을 유지해 준다는 것이다.[5)]

2. 산상설교(5:1-7:28)

의심할 여지도 없이 산상설교는 마태복음에서 가장 유명한 단락이다. 이 복음서를 연구하는 학자라면, 감탄을 자아내는 이 복잡한 담화를 결코 무시할 수 없다. 산상설교에 있는 많은 자료가 Q자료에서 왔으며, 그래서 누가의 '평지설교'(눅 6:17-49)와 병행을 이룬다. 그러나 마태의 설교가 훨씬 더 방대한데, 누가가 사용하지 않은 것으로 보이는 Q자료도 들어 있으며, 때때로 마태는 이야기를 확장시키기도 하고, 또 편집하기도 하였다.[6)] 산상설교 담화는 예수가 가르침을 주는 첫 번째 순간이자 결정적인

5) Ulrich Luz, *The Theology of the Gospel of Matthew*, New Testament Theology (Cambridge: Cambridge University Press, 1993), 46-51을 보라.

6) 베츠는 산상설교의 기원을 초기 유대 그리스도교의 예수 어록에서 찾는다. *The*

순간으로 제시되며, 이 세상에서 하나님의 신실한 자녀가 된다는 것이 무엇을 의미하는지를 마음 깊이 음미한다.

1) 배경과 구조

마태는 담화를 위한 무대를 조심스럽게 마련한다. 산상설교 바로 앞 단락에서 예수의 구속사역이 얼마나 큰 영향력을 행사하는지가 묘사된다. 사방에서 사람들이 몰려들어, 병을 고쳐달라고 하며, 또 실제로 병 고침을 받는다.(4:23-25) 예수는 군중들을 보고, 산에 올라가서, 마치 유대 교사가 제자들을 가르치는 것처럼 자리를 잡고 앉는다. 아래에서 다시 언급하게 될 텐데, 예수가 직접적으로는 제자들에게 말씀을 주는 것으로 묘사되지만, 마태는 이 설교가 제자들을 통해서 군중들에게로 전달되는 것을 염두에 두고 있다.(7:28의 군중들의 반응을 보라.) 이러한 모든 요소, 즉 군중들, 제자들, 예수의 가르치는 방식, 산꼭대기라는 장소(산꼭대기는 전통적으로 계시의 장소) 등은 이제 무슨 일이 일어날지에 대한 기대감을 준다. 비록 마태가 미묘하게 표현하기는 하였지만, 하나님으로부터 토라를 계시받기 위해 모세가 시내산에 오르는 장면(창 19:16-25를 보라.)과 비교되지 않을 수 없다.

산상설교 담화는 통일성 있는 하나의 연설을 옮겨놓은 것이 아니며, 독립적인 여러 말씀을 느슨하게 모아놓은 것도 아니다. 산상설교는 네 단락으로 구성되며, 눈에 띄는 순서로 배열되어 있다. 우선 서문이 나오며,

---

Sermon on the Mount, Hermeneia(Minneapolis: Fortress, 1995), 7-9를 보라. 산상설교에 대한 다른 연구는 아래의 연구서들을 보라. Robert Guelich, *The Sermon on the Mount*(Dallas: Word, 1982); Jan Lambrecht, *The Sermon on the Mount*, GNS 14(Wilmington: Michael Glazier, 1985); Georg Strecker, *The Sermon on the Mount: An Exegetical Commentary*(Nashville: Abingdon, 1988); 산상설교에 대한 최근의 연구 목록은 Warren Carter, *What Are They Saying About the Sermon on the Mount?*(New York: Paulis, 1994)를 보라.

세 개의 주요 부분이 뒤따르는데, 하나의 주제로 이 모든 것을 포괄할 수는 없다.

1) **5:3-16.** 첫 단락은 팔복에 대한 말씀으로 시작하는데, 전체 산상설교의 서문 역할을 한다.

2) **5:17-48.** 토라에 대한 예수의 해석이 이 단락의 주요 내용이다. 우선, 강령이라고 할 수 있는 말씀이 나오고(5:17-20), 반명제 단락(5:21-48)이 이어진다.

3) **6:1-7:12.** 예수는 여기에서 진정한 경건에 대해 말하는데, 우선 이 주제 전체를 포괄하는 절(6:1)이 나오고, 뒤이어 주요 쟁점인 자비와 기도와 금식에 대한 말씀이 이어진다.(6:1-18을 보라.) 이어지는 6:19-7:12에 보도되는 말씀은 통일성 있는 하나의 주제로 묶이기 쉽지 않지만, 산상설교의 주제들과 전반적인 마태의 신학을 잘 드러낸다. 율법의 완성에 중점을 두는 황금률(7:12)은 이 단락을 일단락하며, 5:17-48 전체를 정리한다.

4) **7:13-27.** 산상설교는 하나님의 뜻을 행동으로 옮길 것을 권면하고, 또 심판에 대해 경고함으로써 끝을 맺는다. 7:27-28은 다음 단락으로 내용을 전환시키는 역할을 하며, 다음 단락에서는 예수의 치유사역이 소개된다.

2) 산상설교의 중요한 주제들

산상설교의 모든 단락은 중요한 주제들을 담고 있는데, 이 주제들은 산상설교 자체에서만 중요한 것이 아니라, 마태복음 전체에서도 중요하다.

1) **팔복(5:3-16).** 산상설교의 서론에 해당하는 이 부분은 독자들에게

마태의 신학적 비전을 알려준다. 팔복을 통해서 마태의 예수는 마지막 때에 대한 약속을 현재의 지위 또는 상태와 연결시킨다. 특정한 사람들이나 특정한 덕행에 대한 복을 우리는 성서(특히 지혜문학)와 다른 고대 문헌들에서도 발견할 수 있다.[7] 신명기에서 모세는 요단 강을 건너 약속의 땅으로 들어가려고 할 때, 이스라엘 사람들에게 축복과 저주를 동시에 빈다. (신 27-28장을 보라.) 누가는 평지설교의 사복사화(눅 6:20-26)에서 이러한 패턴을 따르는 것 같다. 그러나 마태는 여기서 복만을 나열하고 있다. 누가의 목록보다 확장된 목록을 제시하는데, '저주' 항목들은 아껴두었다가, 나중에 23장에서 종교지도자들을 비판할 때 사용한다.

팔복은 크게 두 부분으로 구성되어 있다. 첫 네 개의 항목(5:3-6)은 성서에서 하나님이 돌보시는 전형적인 부류의 사람들에 대한 복이다. 가난한 사람들과 슬퍼하는 사람들과 온유한 사람들과 의에 주리고 목마른 사람들이 여기에 속한다. 이들은 하나님 나라에서 해방되는 경험을 할 것이라는 약속을 받는다. 물론 하나님 나라의 도래를 예수가 이미 선포하였다. "하늘나라가 그들의 것"이라는 분명한 약속에 덧붙는 것이 있는데, 하나님이 통치하실 때 일반적으로 기대되는 것들로 위로, 땅을 차지하는 것, 그리고 목마름과 배고픔이 없는 만족감이다. 팔복의 두 번째 부분은 덕행을 강조하는데, 이러한 올바른 행동은 산상설교와 복음서 전체에 걸쳐 예수가 가르치는 내용이기도 하다. 여기에는 자비롭게 행동하는 것("의로운 사람" 요셉이 자비롭게 행동하였다. 1:19를 보라.), 마음이 깨끗한 것, 화해와 평화를 위해 일하는 것, 의를 위해 박해를 견디는 것이 속한다.

그러나 마태의 강한 윤리적 성향은 복을 두 종류로 구분하지 않는다. 예를 들면, 마태는 누가복음 6:20에서처럼 단지 "가난한 사람"이라고 해서 복을 받는다는 것에 만족하지 못하고, 여기에 "**마음이**"를 덧붙여, "마

7) 예를 들면, 잠 3:1, 28:14 등을 보라. 팔복과 사복사화에 대해서는 Dennis Hamm, *The Beatitudes in Context: What Luke and Matthew Meant*(Collegeville, Minn.: Litergical Press, 1990)를 보라.

음이 가난한 사람"이 복을 받는다고 한다. 또한 누가복음 6:21에서는 굶주리는 사람이 복을 받는다고 하는데, 마태에서는 "**의에** 주리고 목마른 사람"이 복을 받는 것으로 바뀐다. 마태가 좀 더 추상적이고 영적인 견해를 지지함으로써 가난한 사람들을 위하는 누가의 강한 예언자적 태도를 희석시킨다고 주장하는 학자들도 있다. 그러나 전혀 그렇지 않다. 오히려 산상설교 전체에 걸쳐서 마태는 진정한 덕행과 선행의 실천을 통해서 복음에 대한 인간의 응답을 강조하는 경향을 드러낸다. 마태복음에 보도되는 예수의 첫 번째 말씀(3:15)에서 알 수 있듯이, 이것이야말로 '공의롭다' 또는 '정의롭다'(δίκαιος)는 의미이다. "마음이 가난한 사람들"이나 "의에 주리고 목마른 사람들"을 축복하는 것이 마태의 윤리적 관점을 반영하는데, 이것은 내면의 태도와 자세를 강조하는 것이지, 결코 특정한 상황이나 상태만을 강조하는 것이 아니다.

팔복의 종말론적 관점 또한 마찬가지로 중요하다. 왜냐하면 팔복이야말로 산상설교 담화 전체를 보증하며, 더 나아가 복음서 전체의 윤리적 가르침의 토대이기 때문이다. (신약성서가 거의 다 그렇긴 하지만) 마태는 하나님의 통치를 완전히 체험하는 일이 미래에 있을 것이라고 생각한다. 그때가 되면, 하나님의 약속이 완전히 실현될 것이며, 사람들은 하나님의 뜻대로 살 것이다. 그러나 예수의 가르침과 모범을 통해서 우리는 **지금** 하나님 나라의 현실을 미리 볼 수 있으며, 하나님의 완전한 통치 때에 드러나게 될 그 궁극적 진리를 반영하는 삶을 살 수 있다. 자비로운 행위, 화해의 행위, 평화를 이루는 행위, 정의를 추구하는 행위는 하나님의 뜻과 일치하며, 또한 하나님이 창조하고 예수가 구원한 인간의 참된 본성과도 일치한다.

마지막 복은 제자들에 대한 권면으로 바뀐다. 그리고 인칭도 3인칭에서 2인칭으로 바뀌는데("너희는… 복이 있다."), 이것이 산상설교 전체의 의도와 목적을 잘 드러낸다. 제자들은 다른 사람들을 위한 "소금"과 "빛"이어야 한다.(5:13-16) 마태는 이 산상설교가 처음에는 제자공동체에게,

그러고 나서 제자공동체의 모범과 가르침을 통해서 세상 모든 사람에게 주어진 것으로 본다.[8)]

2) **율법의 완성(5:17-48).** 이 단락은 예수의 첫 번째 설교를 담고 있는 담화이며, 마태와 마태공동체에게 매우 중요한 문제를 다루고 있다. 이런 의미에서 이 단락이 마태신학의 근본적인 원리를 잘 드러낸다고 할 수 있다. 몇 마디의 기조연설(5:17-20)에 이어 여섯 개의 반명제(5:21-48)가 나오는데, 반명제 단락에서는 율법의 명령과 이에 대한 해석들이 예수의 가르침과 비교된다(눅 16:16-17에 비슷한 말씀이 나오기는 하지만). 5:17의 예수의 말씀은 마태복음에만 보도되는 것으로, 마태복음의 강령이라고 할 수 있는 말씀이다. "내가 율법이나 예언자들의 말을 폐하러 온 줄로 생각하지 말아라. 폐하러 온 것이 아니라, 완성하러 왔다." 이 말씀은, 이스라엘 역사에 각인되었을 뿐만 아니라 성서에도 분명히 드러나는 이스라엘의 소망을 온전히 꽃피운 인물이 예수라는 마태의 확신과 일치한다. 이러한 마태의 생각은 이미 복음서의 시작 부분에 언급되어 있고, 또한 성취 인용문들에서 분명하게 확인되고 있다. 예수의 가르침은 율법과 모순되지 않으며, 오히려 율법의 내용과 목적을 완성한다.

이러한 관점은 산상설교뿐 아니라, 복음서 전체를 관통한다. 율법이 지속적으로 유효하다는 말씀과 예수의 제자들이 바리새파 사람들보다 "더 나은 의"를 행해야 할 뿐만 아니라(5:20), "가장 작은 계명"도 실천해야 한다는 경고(5:18-19)는, 예수의 가르침이 하나님께서 율법을 통해 의도하신 것에 대한 완전한 계시이며, 또한 하나님의 통치가 이제 막 시작된다는 확신에서 유래한다.

5:21-48에 보도되는 여섯 개의 반명제들은 예수의 가르침의 정신이 무엇인지, 또 "더 나은 의"가 무엇을 요구하는지를 분명하게 드러낸다. 각

---

8) 이에 대해서는 Luz, *Theology of the Gospel of Matthew*, 42-45를 보라.

반명제 단락은 "옛 사람들에게 말하기를 … 한 것을 너희는 들었다. 그러나 나는 너희에게 말한다"라는 말로 시작한다. 이 표현은 예수의 가르침과 율법(예를 들면, 신 24:1의 이혼을 허용하는 규정 또는 출 21:24의 '동해보복법') 또는 율법에 대한 전통적인 해석을 대조시킨다. 여기 언급되는 율법의 요점들은 한결같이 인간관계와 관련이 있다. 즉, 분노와 화해, 간음, 이혼, 거짓 없는 말, 복수, 원수사랑에 대한 것이다. 매번 예수의 가르침은 좀 더 까다로운, 내면으로부터 나오는 윤리를 요구한다. '반명제'라는 용어가 암시하듯이, 예수의 가르침과 율법의 대조를 강조하는 학자들도 있다. 그러나 마태복음 5:17을 보면, 복음서 저자의 관점에서 볼 때, 예수의 가르침이 율법을 폐지하지 않는다는 것을 알 수 있다. 물론 경우에 따라서 예수의 가르침이 율법의 요구를 뛰어넘거나 때로는 모순되는 것처럼 보이기는 하지만, 마태는 분명히 예수의 가르침이 율법을 "완성한다"고 말한다.

불화에 놓인 형제나 자매와의 화해를 요구하는 첫 번째 반명제(5:21-26)나 원수를 사랑하라는 마지막 반명제(5:43-48) 둘 다, 증오하는 마음이 아니라 사랑하는 마음으로 행동하는 것이 중요하다고 강조한다. 그럼으로써 이 두 반명제는 마태에게 매우 중요한 주제로 전체 반명제 단락을 감싸고 있다. 특히 마지막 반명제가 가장 눈여겨볼 만하다. 여기서 마태는 원수의 도발적인 행동에 대한 정반대의 반응을 이야기하는데, 바로 미움과 사랑이다. 예수의 제자라면, 미움이 아니라 사랑으로 반응해야 한다. 그것이 "하늘 아버지"가 행동하는 방식이기 때문이다. 제자들의 "더 나은 의"는 하나님이 "완전"하신 것같이 '완전' 또는 '완벽'하려는 것을 의미한다.(5:48에서 그리스어 τέλειος는 '완전'이라는 뜻으로 사용되고 있다.) 이러한 맥락에서 마태는, 원수들에 대한 무차별적인 사랑, 값없이 주는 사랑이 하나님의 성품이라고 말한다.[9)]

여기서 화해와 사랑이 특별히 강조되고 있는데, 이것은 율법의 근본 정신에 대한 마태의 생각을 잘 드러낸다. 7:12의 황금률이라든지, 9:10-13과 12:1-8의 논쟁 이야기에 나오는 자비의 원칙(9:13과 12:7의 호 6:6 인용을 보라.), 특히 22:40에서 율법해석의 원리로 사랑이 강조되는 것(막 12:33과 비교하라.) 등은 똑같은 관점에서 유래한다. 율법은 존중되어야 한다. 폐지되어서는 안 된다. 그러나 사랑 계명이 율법해석의 최종적인 잣대가 되어야 한다. 이러한 확신이 23:23에서 설득력 있게 제시된다. 여기서 마태의 예수는 율법학자들과 바리새파 사람들의 거짓 가르침과 거짓된 삶을 공격한다. "너희는 박하와 회향과 근채의 십일조는 드리면서, 정의와 자비와 신의와 같은 율법의 더 중요한 요소들은 버렸다. 그것들도 소홀히 하지 않아야 했지만, 이것들도 마땅히 행해야 했다."

3) **진정한 경건(6:1-7:12)**. 제자들에게 요구되는 "더 나은 의"는 이 담화단락에서 새로운 방식으로 묘사된다. 6장의 첫 절이 열쇠를 제공한다. 문자적으로 번역하면 다음과 같다. "남들에게 보이려고 사람들 앞에서 의로운 일을 하지 않도록 조심하라."(6:1) 바로 이어지는 단락에서 마태는 유대교의 경건을 전통적으로 대표하는 세 가지 항목을 고르는데, 바로 자비와 기도와 금식이다.(6:1-18) 각각의 경우에 부정적인 예시들이 제시되는데, 이것들은 참된 경건을 더욱 돋보이게 하는 역할을 한다. 마태는 "위선자들"과 "이방인들"을 부정적인 예로 드는데, 위선자들은 단지 보이

---

9) 마태의 이 중요한 구절에 대해서는 John Piper, *Love Your Enemies: Jesus' Love Command in the Synoptic Gospels and the Early Christian Paraenesis*, SNTS 38(Cambridge: Cambridge University Press, 1979); Willian Klassen, *Love of Enemies*, OBT(Philadelphia: Fortress, 1984); Willard M. Swartley(ed.), *The Love of Enemy and Non-retaliation in the New Testament*(Louisville: Westminster/John Knox, 1992); Lisa Sowle Cahill, *Love Your Enemies: Discipleship, Pacifism, and Just War Theory*(Minneapolis: Fortress, 1994), 특히 15-38을 보라.

기 위해서 행동한다. 그들의 행동에는 내면의 정신이 반영되어 있지 않다. 또 이방인들은 참된 경건을 알지 못한다.(6:7, 32) 반면에, 제자들의 경건은 하나님과의 내적인 연합에서 비롯되어야 한다. 결코 실질적인 이득이나 인간적인 칭송으로 계산해서는 안 된다. 하나님은 사람의 마음을 세세히 아시며, 사람의 생각을 다 읽으실 수 있다. 그래서 마태는 "남모르게" 하는 자비와 기도와 금식을 강조한다.(6:4, 6, 18)

경건의 주제를 다루는 이 단락의 중심에는 주기도문이 놓여 있다.(6:9-13) "너희는 이렇게 기도하여라"(6:9)라는 표현에서 알 수 있듯이, 마태는 주기도문을 그리스도인의 모범적인 기도로 제시한다.[10] 마태의 주기도문은 누가의 주기도문(눅 11:2-4)보다 더 정교하게 가다듬어져 있으며, 고대 유대인들의 기도문에 나오는 언어와 주제를 담고 있기도 하다.[11] 어쨌든 마태의 주기도문은 산상설교뿐 아니라 마태복음 전체를 관통하여 흐르는 주요 주제들을 압축하여 표현한다고 할 수 있다. 주기도문에서 예수는 하나님을 "하늘에 계신 우리 아버지"라고 부르는데, 마태의 특징을 잘 드러내는 용어이다. 이어 3인칭 명령형으로 되어 있는 먼저 세 개의 간구가 나오는데, 하나님의 이름을 경외할 것과 하나님 나라가 올 것, 그리고 하나님의 뜻이 이루어질 것을 기원한다. 마지막 간구에 대한 강조는 산상설교의 강력한 윤리적 취지를 반영한다. 주기도문의 후반부는 인간적인 필요에 대한 솔직한 간구인데, 생존과 죄의 용서와 죄악의 세력으로부터

---

10) 주기도문과 마태의 신학의 관계에 대해서는 Mark Kiley, "The Lord's Prayer and Matthean Theology," James Charlesworth(ed.), *The Lord's Prayer and Other Prayer Texts from the Greco-Roman Era*(Valley Forge, PA.: Trinity Press International, 1994), 15-27을 보라. 또한 Oscar Cullmann, *Prayer in the New Testament*, OBT(Minneapolis: Fortress, 1995), 특히 37-68을 보라.

11) 더 자세한 논의는 Betz, *Sermon on the Mount*, 특히 370-372를 보라. 물론 주기도문이 카디시(Kaddish)라든지 셰모네 에스레(Shemoneh Esreh) 같은 고대 유대교의 기도문들과 비슷한 점들이 있기는 하지만, 자기만의 독자적인 신학을 가지고 있다.

의 보호를 기원한다. 악의 세력으로부터 공격을 받을 때 하나님을 의지하는 것이 무엇을 의미하는지, 광야의 시험(4:1-11)에서 예수가 그 모범을 보여주었다. 또한 겟세마네에서도 예수는 똑같이 하나님께 기도드렸다.(26:36-46) 하나님이야말로 힘의 근원이기 때문이다. 먹을 것이 필요한 사람들과 배고픈 사람들을 먹이기 원하시는 하나님의 모습이 수천 명을 먹인 기적 이야기(14:13-21, 15:32-39)에서 극적으로 묘사된다. 주기도문이 끝난 뒤에 이어지는 구절(6:14-15)은 용서의 주제를 확장하고 있는데, 사실 용서의 주제는 마태가 특별히 관심을 기울이는 것이다. 반명제단락에서도 분명하게 드러나고, 7:12의 황금률뿐 아니라 18장의 공동체 담론에서 재확인될 것이다.

경건 단락의 나머지 부분(6:19-7:12)에는 다소 느슨하게 묶여 있는 말씀들이 들어 있다. 그러나 이것들 역시 하나님과 제자들 사이에 사랑과 신뢰로 다져진 유대감에 초점을 맞추고 있는데, 이 유대감이 모든 참된 경건과 올바른 행동의 토대가 된다. 따라서 "좀이 먹고 녹이 슬어서 망가지는 일이 없고, 도둑들이 뚫고 들어와서 훔쳐 가지도 못하는" 곳에 우리의 마음이 있어야 한다.(6:20) 우리의 눈은 깨끗해야 하며(6:22-23), 우리의 마음은 둘로 갈라지지 않아야 한다(6:24). 제자들은 쓸데없는 걱정에 에너지를 낭비하지 말아야 한다. 하늘의 새들과 들의 백합화에게서 지혜를 배워서, 우리가 살아가는 데 필요한 것을 하나님이 다 채워주신다는 사실을 알아야 한다.(6:25-34) "너희는 먼저 하나님의 나라와 하나님의 의를 구하여라. 그리하면 이 모든 것을 너희에게 더하여 주실 것"(6:33)이라는 말씀은 산상설교 전체에 걸쳐 선포되는 가르침을 잘 대변한다. 제자들은 성급하게 남들을 심판해서는 안 되며, 도리어 자기 자신의 나약함을 깨달아야 한다.(7:1-5) 이 단락은 자녀들에 대한 하나님의 사랑 가득한 관심을 강조함과 동시에, 필요한 것을 자신 있게 구하라고 제자들을 촉구함으로써 끝을 맺고 있다.

4) **하늘 아버지의 뜻을 행하는 것(7:13-27).** 7:12는 주제가 다시 '율법과 예언자들'로 돌아오는 전환점이 되는데, 이로써 산상설교는 막바지에 접어든다. 여기서 제자들은 예수의 가르침을 실천에 옮기라는 요구를 받는다. 일련의 은유적 표현들이 등장하며, 이때 독자들은 선택의 기로에 서게 된다. 좁은 문과 넓은 문이 있고, 쉬운 길과 험한 길이 있다. 또 거짓 예언자들과 참된 예언자들이 있고, 좋은 나무와 나쁜 나무가 있으며, 슬기롭게 집을 짓는 사람과 어리석게 집을 짓는 사람이 있다. 각각의 본질적인 메시지는 똑같다. 예수의 말씀이 삶 속에서 실천에 옮겨져야 한다는 것이다. 올바른 말씀이 무엇인지 알고 그것을 반복해서 말하는 것으로는 충분하지 않다. "주님, 주님" 한다고 하늘나라에 들어가는 것이 아니다. 우리는 하늘 아버지의 뜻을 실천해야 한다.(7:21)

산상설교 담화의 결론에 행동하라는 권면과 심판에 대한 경고가 혼합된 형태로 나오는데, 이것은 마태의 전형적인 특징이다.[12] 어떤 의미에서 심판에 대한 경고는 실천에 대한 강조의 이면이라고 할 수 있다. 제자라면, 자신의 삶에 책임을 져야 하며, 또한 복음서가 요구하는 대로 살아야 한다. 그렇지 않으면, 근본적으로 하나님이 원하시는 삶을 살지 못하는 것이며, 따라서 반드시 비참한 결과를 맞게 된다. 이러한 의미에서 심판 본문은 악한 행동의 타고난 파괴적 본성에 대한 경고이다.

3) 산상설교 해석

산상설교만큼이나 학자들의 관심을 끈 성서본문은 거의 없다. 그리스도인 독자들은 이 특별한, 그리고 급진적으로 보이는 이 명령들을 어떻게 받아들여야 있는가? 그리스도교 역사에서는 이와 관련하여 두 가지 핵심

12) 권면과 심판은 24-25장에 나오는 종말 담화의 중요한 주제이다. 이에 대해서는 240-246쪽을 보라.

적인 질문이 제기되었다. (1) 이 설교는 누구를 대상으로 하는가? 모든 그리스도인인가? 아니면, 그리스도인들 가운데 일부 선택받은 사람들인가? (2) '율법'이나 실천하기 불가능한 이상적인 명령, 또는 다른 이유로 실천할 수 없는 명령 등, 이 설교에 들어 있는 특정한 명령들을 어떻게 이해해야 할 것인가?

그리스도교 역사에서는 한때, 설교 대상의 범위를 좁힘으로써 그 영향력을 감소시키려는 시도가 있기도 하였다. 즉, 산상설교의 급진적인 명령들은 모든 제자가 지켜야 하는 것이 아니라, 특별한 사람들만 지키면 된다는 것이다. 예를 들면, 수도사라든지 수녀처럼 성직에 종사하는 사람들, 또는 세속적인 일에 종사하지 않는 사람들, 그리고 세상과 타협해야 할 일이 많은 공직에 종사하지 않는 사람들만이 지키면 된다는 식이다. 그러나 이러한 견해를 지지하는 학자는 오늘날 거의 없다. 더군다나 마태복음에는 공동체 구성원들 가운데 선택된 일부만이 산상설교의 명령들을 지키면 된다는 어떠한 암시도 없다. 앞서 언급한 바와 같이, 마태의 서사적 배경이라는 맥락에서 보면, 직접적으로는 예수와 함께 산에 오른 제자들에게 산상설교가 주어졌다.(5:1) 이때 "무리" 또는 사람들은 무대 뒤쪽에 있다. 그러나 마태는 예수의 설교가 제자들에게만 주어진 것이 아니라는 사실을 분명히 한다. 산상설교의 결론에 보면, 사람들이 예수의 가르침과 그의 권위에 놀라는 것으로 보도된다.(7:28-29) 따라서 산상설교는 먼저 예수가 부른 제자들(4:18-22를 보라.)에게 주어지기는 했지만, 그들에게만 제한되는 것은 아니라고 할 수 있다. 마태의 견해에서 볼 때, 예수는 모든 사람에게 바라시는 하나님의 뜻을 계시한다. 예수의 가르침은 율법의 정신을 완성하는데, 유대교나 초기 그리스도교는 그 율법이 사람의 마음에 기록된 것으로 보았다.(롬 2:14-16에 나오는 바울의 표현을 보라.) 예수는 하나님의 길, 곧 궁극적 실재의 모습을 계시하는 것이다.

산상설교가 모든 사람(우선은 제자들, 그리고 나서는 인류 전체)을 대상으로 한다면, 우리는 특정한, 또 구체적인 명령들을 어떻게 받아들여야 하는가? 가령, 맹세를 하지 말라는 명령, 오 리를 가자면 십 리를 가라는 명령, 때려도 저항하지 말라는 명령을 어떻게 받아들일 것인가? 일부 학자들은 산상설교의 명령들을 '이상적인 것'으로 이해해야 한다고 주장한다. 그들에 따르면, 이 명령들은 초인처럼 덕이 있는 인간을 묘사한다는 것이다. 그들은 이러한 명령들이 일반 그리스도인들에게 자극과 영감을 주기는 하지만, 그들이 반드시 지켜야 하거나 규범으로 삼아야 하는 것은 아니라고 생각한다. 전통적인 개신교에 속하는 일부 학자들은 산상설교의 목적이 죄 많은 제자로 하여금, 사람을 변화시키는 하나님의 은혜 없이는 덕행을 행한다는 것이 불가능함을 깨닫게 하는 데 있었다고 주장하였다. 산상설교에 나오는 예수의 명령들을 보고, 죄인들은 겸손히 회개하는 마음으로 하나님의 자비에 의지하게 된다는 것이다. 여기서부터 나온 비슷한 견해가 있는데, 예수의 가르침이 일종의 '응급윤리'(emergency ethic)라는 것이다. 세상의 끝이 다가오고 있으며, 따라서 제자들의 긴급하고도 과감한 결단이 요구된다는 확신에 바탕을 둔 윤리이다. 그러나 마태복음을 아무리 읽어보아도 이러한 조건들이 전제되어 있는 것을 발견할 수 없다. 예수의 가르침은 아무런 조건 없이, 또 아무런 망설임 없이 독자 앞에 놓여 있다.

그렇다면, 독자들은 산상설교의 도덕적 권위를 어떻게 평가할 수 있는가?

1) 마태는 자신의 신학적 비전을 중심으로 산상설교를 구성한다. 이스라엘의 하나님은 그의 자녀들 곁에 계시며, 사람들에게 필요한 것을 세심히 살피신다. 용서의 은혜를 베푸시며, 창조세계에 생명을 불어넣어서 완전히 회복시키고자 하신다. 하나님에 대한 이러한 체험은 인간의 모든 행동의 모범이 되어야 한다.

2) 인간을 향한 하나님의 뜻이 예수에게서 결정적으로, 또 절박하게 계시되고 있다는 복음서 저자의 확신 역시 매우 강하다. 마태는 하나님의

통치를 말할 때 은유적으로 표현하는데, 역사적 예수 역시 자신의 사역을 설명하는 핵심용어들을 은유적으로 표현하였을 것이다. 마태는 명백한 종말론적 관점에서 복음서를 저술하였다. 다시 말하자면, 마지막 때에 나타나는 완전한 구속이 예수의 사역 가운데 이미 실제로 경험되기 시작하였으며, 예수의 사역에 대한 응답으로 사람들이 정의와 공의를 실천하기 시작하였는데, 이것 역시 마지막 때의 전형적인 특징이다.

3) 산상설교의 구체적인 가르침들은 이러한 신학적인 가정에 의존한다. 자비로운 행동, 정직한 말, 사라지지 않는 부부간의 사랑, 폭압적이지 않은 남녀 간의 사랑, 보복과 적대감보다는 화해와 사랑, 복음서의 관점에서 보면 이 모든 것이 하나님의 통치 아래 살고 있는 사람들의 특징적인 행동이다.

4) 따라서 예수의 구체적인 가르침들이 하나님 나라가 완전히 이루어진 곳에 사는 자녀들의 특징만을 드러내는 것은 맞지만, 그렇다고 결코 '불가능한 이상적인 것'은 아니다. 예수의 제자들이 나약해서 하나님의 완전한 통치를 향하여 나아가는 중에 잘못을 저지를 수 있다는 사실을 복음서가 잘 알고 있지만, 예수의 가르침들이 단지 인간들의 죄를 드러내려는 것만도 아니다. 예수의 가르침들이 법률적인 형태로 되어 있지 않고, 또 사려 깊은 해석이 필요하기는 하지만, 어쨌든 이 가르침들이 구체적으로 제시되는 것을 보면, 이것들은 분명히 윤리적인 요구이다.

5) 따라서 산상설교의 가르침들은, "사례의 윤리"(ethics by example) 또는 "초점 사례"(focal instances)라는 말로 가장 잘 표현할 수 있다.[13] 산

13) "모범의 윤리"라는 표현을 사용하는 학자는 루츠이다. *Theology of the Gospel of Matthew*, 54를 보라. "이 '사례의 윤리'라는 기법은 산상설교의 개별 계명들이 근본적으로 유효하다는 것을 의미한다. 각각의 계명들은 스스로(각각의 구체적인 사례)를 훨씬 초월하고, 모든 사람의 삶을 좌지우지하며, 삶 전체를 안내하는 역할을 한다." 케이힐(Lisa Sowle Cahill)은 산상설교에 대한 훌륭한 논문을 썼는데, 이 논문에서 산상설교의 계명들을 "초점 사례"라고 하였다. "The Ethical Implications of the Sermon on the Mount," *Interpretation* 41(1987), 144-156을 보라.

상설교의 가르침들은, 어떻게 예수의 가르침에 따라 살아야 하는지를 그리스도인들에게 알려준다. 리자 케이힐이 지적하였듯이, 산상설교에 나타나는 예수의 명령들에는 독특한 특징이 있는데, 이 명령들이 우리가 평소에 생활하는 방식이나 생각하는 방식과는 완전히 다르다는 것이다. 예수의 말씀은 독자들로 하여금 복음서의 관점을 다른 사례에까지 확장하도록 한다. "원수를 사랑하라"는 계명, "박해하는 사람을 위하여 기도하라"는 계명, "다른 쪽 뺨마저 돌려대라"는 계명은 제자들로 하여금 자신들이 할 수 있는 일 가운데 진정으로 의미 있고 관대한 것이 무엇인지를 질문하도록 한다. 달리 말하자면, 산상설교에 제시되는 '사례들'에는 도덕적인 힘이 있어서, 어떠한 상황에서도 복음서의 가치와 비전을 반영하는 대응 방식을 발견하도록 돕는다는 것이다.

따라서 마태복음은 예수의 이러한 가르침들을 단지 몇 가지 사례라든지 이상적인 것으로 보지 않고, 도덕적 명령, 즉 계시적인 사례 또는 "초점 사례"로 본다. 예수의 가르침이 이 세상을 어떻게 살아갈 것인지를 그리스도인들에게 가르쳐주는 계명이라는 것이다. 물론 복음에 응답하는 각 그리스도인의 개인적 역량은 시간을 두고 발전하며, 또 우리가 취할 수 있는 대안적인 도덕적 행위에는 언제나 한계가 있다는 사실은 분명하다.

3. 치유자로서의 예수(8:1–9:34)

마태는 전환문구를 사용함으로써 복음서 이야기가 새로운 국면으로 접어든다는 사실을 알린다.(7:28) 마태복음에는 예수의 긴 설교가 다섯 개 보도되는데, 각 설교가 끝날 때마다 이 전환문구가 반복적으로 사용된다.(7:28, 11:1, 13:53, 19:1, 26:1) 이 단락의 결론에서 사람들은 교사 예수의 설득력 있는 말씀과 위엄 있는 권위에 몹시 놀란다. 이제 마태는 예수의 또 다른 모습을 묘사할 것이다. 바로 병을 고치는 예수의 능력이다.

'군중'이 처음으로 치유를 받기 위해 예수에게 나아왔으며(4:24-25를 보라.), 예수는 그들을 실망시키지 않을 것이다.

위에서 살펴본 바와 같이, 많은 학자는 마태가 이 두 장(8-9장)에서 보도하는 10개의 기적 이야기들을 주제별로 정리한다.[14] 한스 요아킴 헬트와 같은 학자들은, 8:1-17에서는 그리스도론의 주제(예수의 치유 능력)가 지배적이며, 8:18-9:17에서는 제자도의 주제가, 그리고 9:18-34에서는 믿음의 주제가 지배적이라고 한다. 그러나 각 주제들이 각 단락에 깔끔하게 들어맞지는 않는다. 또한 다른 흐름들도 감지할 수 있는데, 가령 이스라엘 지도자들의 반응과 이방선교에 대한 마태의 관심 등이다.[15]

마태는 이 단락을 시작하면서, 지리적 장소를 가버나움이라고 소개하는데(4:13을 보라.), 가버나움은 갈릴리 지역의 도시로, 예수의 사역의 중심지이다. 나병환자를 고치는 첫 번째 기적 이야기가 시작될 때, 예수는 가버나움으로 가는 중이었다.(8:2) 예수는 가버나움을 떠나 바다 "건너편"으로 가기도 한다.(8:18) 가다라 사람들을 치유하려고 간 것이다. 그러나 나중에 다시 "자기 마을"로 돌아온다.(9:1)

마태가 보도하는 기적 이야기들은 하나만 빼고 다 마가복음에서 왔다. 마태복음 8:18-22(눅 9:57-62 참고)의 제자도에 대해 말하는 자료와 함께 백부장의 종을 고치는 기적 이야기는 Q자료에서 온 것이다(마 8:5-13과 눅 7:1-10을 비교하라). 마태는 마가복음에서 가져온 자료의 순서를

---

14) 제1부 83-87쪽을 보라.

15) 헬트 자신도 이 장들을 엄격하게 단락 지우려고 하지는 않는다. "이것들(즉, 그리스도론, 제자도, 믿음이라는 세 가지 주제들)을 상호 배타적인 의미로 구분할 수 없으며, 또 그렇게 하는 것이 적절하지도 않음은 분명하다. 실제로 그것들이 내용상으로 서로 중복될 뿐만 아니라, 또한 어떤 방식으로든지 한 이야기 안에도 여러 주제가 겹치기 때문이다. 따라서 앞에 언급한 주제들(그리스도론, 제자도, 믿음)은, 이것을 기록하면서 마태가 어디에 주로 관심을 두었는지를 나타낼 뿐이다." Hans Joachim Held, "Matthew as Interpreter of the Miracle Stories," *Tradition and Interpretation in Matthew*(Philadelphia: Westminster, 1963), 169.

다소 변경하지만, 여전히 마가복음 자료와 매우 밀접하게 연관된다. 마태는 마가복음의 여기저기에 흩어져 있는 이야기들을 한데 모아서 하나의 연속적인 이야기로 만든다. 또한 대다수의 마가 이야기들을 현저하게 축소시킨다. 마가의 이야기들이 보도하는 세부사항들이 많이 생략되어 있고, 대신에 예수의 극적인 행동과 결정적인 말씀에 초점이 맞추어져 있다. 예수의 위대한 업적은 간결하게 묘사되는데, 이로써 독자들은 마태의 독특한 관점을 접하게 된다.

1) **치유하는 종으로서의 예수**(8:1-17). 첫 번째 단락에는 분명한 특징이 있다. 세 개의 기적 이야기가 보도되는데, 각각의 이야기는 치유자 예수의 엄청난 능력과 놀라운 자비를 드러내며, 8:17의 성취 인용문으로 마무리된다. 예수가 산에서 내려오자, 많은 사람이 몰려드는데(8:1), 산상설교의 시작 장면과 비슷하다(4:23-25를 보라). 나병환자 이야기가 가장 먼저 보도된다.(8:1-4) 예수는 시리아 사람 나아만을 깨끗하게 고친 위대한 예언자 엘리야보다도 더 강력한 것으로 묘사된다. 예수는 이 나병환자의 병을 고쳤는데, 성서에서 이러한 병은 죽음의 세력을 의미하였다.(나병에 대한 자세한 이야기는 레 13-14장을 보라.) 마태는 이 이야기를 전하면서, 예수의 말씀에 초점을 맞춘다. "그렇게 해주마. 깨끗하게 되어라."(8:3) 시몬(베드로)의 장모를 고치는 장면도 이와 비슷하다. 등장인물들 사이에 어떠한 말도 교환되지 않는다. 오직 병을 고치는 예수의 능력과 헌신에 전적으로 초점이 맞추어져 있다. 예수는 베드로의 집에 들어가서, 장모가 앓아누운 것을 보고, 즉시 병을 고쳐준다.(8:14-15)

위의 두 이야기 사이에 끼어 있는 백부장과 그의 종 이야기는 조금 더 복잡하다.(8:5-13) 예수와 백부장 사이에 주고받은 대화는 예수의 독특한 권위를 효과적으로 강조한다. 예수는 단지 말씀만으로도 병을 고칠 수 있는 능력을 가졌다는 것이다. 그런데 이 사람이 로마군대의 백부장이라는 사실, 또한 예수가 이 사람의 믿음에 놀랐다는 사실은 이 이야기에서 이스라엘의 반응과 이방선교라는 마태의 또 다른 관심을 드러낸다.[16] 이 이방인의 믿음은 예수가 지금껏 자기 백성 사이에서 보아온 믿음을 무색하게 한다.(8:10) 이것으로 예수는 미래 비전에 대한 영감을 받는다. "많은 사람이 동과 서에서 와서, 하늘나라에서 아브라함과 이삭과 야곱과 함께 잔치 자리에 앉을 것이다. 그러나 이 나라의 시민들은 바깥 어두운 데로 쫓겨나서, 거기서 울며 이를 갈 것이다."(8:11-12. 또한 눅 13:28-29 참고) 열방의 민족들이 이스라엘로 몰려드는 것은 그리스도교 문학이나 유대 문학에서는 익숙한 주제이다.(예를 들면, 사 2:2-4, 25:6; 미 4:1-14 등을 보라.) 그러나 이 주제는 일반적으로 이방인들이 포로로 잡혀서 시온에 온다거나, 적어도 이스라엘의 승리를 축하하기 위해 시온으로 몰려드는 것을 의미한다. 그런데 예수의 말씀은 이 주제를 꼬아버린다. 즉, 이방인들이 고개를 숙이고 몰려오는 것이 아니라, 하나님 나라의 잔치에 당당히 참석하기 위해서 올 것이다. 아브라함의 자손인 예수(1:1)는 새로운 백성이 나와서 아브라함과 이삭과 야곱과 함께 잔치 자리에 앉을 것이라고 내다본다. 따라서 백부장의 이야기는, 동방박사 이야기나 앞으로 나오게 될 다른 이야기들과 더불어서, 마태가 독자들에게 예수에 대한 이스라엘의 거부와 이방선교라는 과제를 대비하도록 하는 또 하나의 사례이다.

치유 이야기들(8-9장)의 첫 번째 단락(8:1-17)은 예수의 사역에 대한 요약(8:16)과 결정적인 성취 인용문(8:17)으로 마무리된다. 치유자로서의 예수의 활동은 이사야 53:4의 예언을 성취한다. "그는 몸소 우리의 병약함을 떠맡으시고, 우리의 질병을 짊어지셨다."(8:17) 예수의 가르침이 율법을 성취(완성)한 것처럼(5:17), 그의 치유 또한 하나님의 구속 계획의 일부이다. 마태는 예수를 치유자로 묘사하는데, 이때 이사야의 고난받는 종의 이미지를 예수에게 덧입힌다는 점이 중요하다. 즉, 치유를 통해

16) 마태복음의 이 중요한 문제에 대해서는 제1부 61-71쪽을 보라.

서 마태의 예수는 하나님의 백성의 고통을 제거하는 것이 아니라, 그 고통을 자신이 스스로 떠안는다. 여기에는 예수가 자신의 사명을 다하는 가운데 배척을 당하고, 결국 죽게 될 것이라는 암시가 미묘하게 들어 있다.

2) **바다 건너(8:18–9:1).** 여기서 마태는 극적으로 장면을 전환시킨다. 그리고 이제부터는 제자도의 주제가 지배적으로 나타나는 것같이 보인다. 다시 한 번 많은 사람이 둘러서 있는 것을 보고, 예수는 호수 건너편으로 가기로 결정한다.(8:18) 마태는 예수 일행이 바다를 건너는 장면을 소개하면서, 제자가 되려는 두 사람과의 만남에 대한 이야기를 한다.(8:19–22. 또한 눅 9:57–62 참고) 바다를 건너가서 가다라 사람들을 대상으로 선교하는 것은 아직 시작되지 않은, 그러나 곧 시작될 마태공동체의 도전적인 사명을 암시한다. 예수 앞으로 나온 두 사람이 얼마나 헌신적인지, 각각 시험을 받는다. 스승을 따른다는 것은 모든 것을 버릴 것과 절대적으로 충성할 것을 의미하였다. 심지어는 아버지의 장례를 치르는 일보다도 더 우선으로 여겨야 한다. 여기서 또다시 마태는 제자도에 대한 가르침을 주는데, 이것은 복음서 이야기가 진행되면서 더욱 분명해질 것이다.[17]

바다를 잠잠하게 하는 이야기(8:23–27)는 잠시 중단되었던 예수의 능력에 다시 초점을 맞춘다. 여기서 예수는 "주님"으로 불리며(8:25. 반면에 막 4:38에서는 "선생님"), 바람과 바다를 잠잠하게 하는 능력을 가지고 있는 것으로 묘사되는데, 이것은 자연세계의 혼동을 지배하는 하나님의 권능이라는 구약성서의 주제를 떠올리게 한다.[18] 제자들의 질문은 사실

17) 마태복음의 여행 단락(16:13–20:34)에서 마태의 예수는 제자도를 고난의 주제, 또 소유의 포기라는 주제, 그리고 복음을 위하여 목숨마저 바치는 주제와 연관 지을 것이다.

18) 바다를 잠잠하게 하는 이야기에 대한 고전적인 연구는 Günther Bornkamm, "The Stilling of the Storm," *Tradition and Interpretation in Matthew*(Philadelphia: Westminster, 1963), 52–57인데, 편집비평이라는 방법론을 사용한 매우 초기의 연구이다.

독자들이 물어야 하는 질문이다. "이분이 누구이기에, 바람과 바다까지도 그에게 복종하는가?"(8:27) 이와 동시에, 이 이야기는 또한 이 단락의 주요 주제인 제자도에 대해서도 말한다. 절망의 한가운데에서 제자들은 예수에게 살려달라고 애원한다.(8:25) 그러나 그들의 믿음은 여전히 약하다. '적은 믿음'(8:26)은 제자들의 특징을 마태가 즐겨 묘사하는 방식이다.[19] 여기에서처럼, '약한 믿음'은 두려하거나 주저하는 증상으로 종종 나타난다. 베드로와 제자들이 등장하는 다른 바다에 얽힌 이야기도 비슷한 주제를 담고 있다.(앞으로 나올 14:22-33에 대한 논의를 보라.)

사나운 악마의 세력에 사로잡힌 두 명의 가다라 사람을 해방시키는 이야기(8:28-34)는 또다시 예수의 메시아적 권위를 드러내지만, 이번에는 이 세력이 이스라엘 너머까지 확장되어 있음이 드러난다. 그런데 이 주제는 새로운 것이 아니라, 백부장의 종을 고치는 이야기에서 이미 시작된 것이다. 마태의 이 이야기는 부활 이후에야 완전히 실현될 이방선교를 미리 살짝, 그러나 생생하게 보여준다. 귀신들은 예수가 "때가 되기도 전에"(8:29, πρὸ καιροῦ) 자신들을 괴롭힌다고 불평한다. 고침을 받은 두 명의 가다라 사람과 예수가 서로 대화를 나누고, 실제로 예수가 그 두 사람을 데가볼리 선교에 파송하는 마가의 보도와는 달리, 마태는 갑작스럽게 이야기를 끝맺는다. 마을 사람들은 그저 질서를 어지럽히는 이 치유자에게 자기네 지역을 떠나라고 간청한다.(마 8:34; 막 5:17-20 참고) 복음서의 가장 마지막 장면에서야 비로소 예수는 제자들에게 모든 민족에게 가라는 사명을 내린다.(28:16-20)

3) **가버나움으로 돌아와서(9:1-34)**. 다시 바다 건너 가버나움이 이야기의 배경이 된다.(9:1. 여기서 마태는 막 2장에 나오는 이야기를 다시 이어서 한다.) 이 단락(9:1-34)에 포함되는 사건들에서는 그 주제가 그리스

19) 제1부 90쪽을 보라.

도론과 제자도에 집중되며, 새로운 주제인 믿음도 강조된다.

중풍환자 이야기(9:2-8. 마태는 마가의 버전을 매우 간소화하였다.)는 죄를 용서하는 '사람의 아들'로서의 예수의 권위를 드러낸다. 그 권위는 해방하는 능력인데, 중풍환자를 고침으로써 확인된 능력이며, 또한 사람들이 인정한 능력이다.(9:8)[20] 그런데 이 이야기는 자신들의 병든 친구를 예수에게 데려온 사람들의 믿음을 칭찬하는 이야기이기도 하다.(9:2) 종교지도자들의 적대감은 예수의 권위를 더욱 두드러지게 한다. 예수가 하나님을 "모독한다"고 율법학자들이 속으로 예수를 비난하였는데(9:3), 이러한 비난은, 헤롯이 아기 예수를 죽이려고 하였던 사건(2:1-18)을 제외하면, 여기까지 이어진 마태의 이야기에서 예수에 대한 적대감이 직접적으로 드러나는 첫 사례이다.

그다음 이야기(9:9-13)는 독자들에게 치료 이야기들의 완전한 의미를 알려준다. 예수는 세관을 지나다가 "마태"를 보고, 불러서 자기를 따르라고 한다.[21] 이때 또다시 종교지도자들(이번에는 "바리새파 사람들")이 적대자들로 등장하여, 예수가 "세리들과 죄인들"과 어울리는 것에 대해 그의 제자들에게 항의한다.(9:11) 이로써 예수는 자신의 선교에 대한 강령과 같은 선언문을 발표한다. 예수는 건강한 사람들이 아니라, "병든 사람들"을 위한 "의사"로 부름을 받았다는 것이다.(9:12) 예수의 이러한 구속적 사명은 하나님이 주신 "예수"라는 이름(1:21)에 들어 있으며, 성서에도 이미 예언되어 있었다(8:17). 마태는 이 이야기의 끝에서 다시 한 번 권위 있는 성서본문을 인용한다. "내가 바라는 것은 자비요, 희생제물이 아니다"(9:13. 또한 12:7도 보라.)라는 호세아 6:6의 인용인데, 종교지도

---

20) 이 이야기의 마지막에 보면, 사람들은 이런 권한을 "사람들"에게 주신 하나님께 영광을 돌린다. 그런데 "사람들"이라는 복수 형태를 사용함으로써 마태가 공동체가 받은 능력을 언급하는 것인지는 확실하지 않다(18:18을 보라).

21) 마가복음에서 세리의 이름은 "레위"로 소개된다(막 2:15). 마태가 마태복음의 저자일 가능성에 대해서는 제1부 113-117쪽을 보라.

자들은 이 본문의 뜻을 배워야 한다. 이 이야기를 통해서 마태는 '치유'의 의미를 세리들과 죄인들까지 포괄하는 예수의 폭넓은 사역으로 확장시킨다. 치유 이야기들은 병들거나 귀신 들린 사람들을 단지 육체적으로 고치는 것만을 의미하지는 않는다. 치유 이야기들은 육체적인 치유를 넘어서 근본적인 영적 변화로까지 확장된다. 그리고 지금까지 소외되거나 배제된 사람들이 치유되어 공동체에 통합되며, 공동의 삶에 참여한다. 이와 동시에, 예수의 포괄적인 사역으로 인해 소위 '건강한 사람들'의 공동체(이 공동체는 예수에게 항의하는 종교지도자들로 대표된다.)가 도전을 받게 된다. 하나님이 보내신 메시아는 이방인뿐 아니라, 이제는 "이스라엘의 잃어버린 양들"마저 받아들인다.

세례자 요한의 제자들과 예수의 제자들의 만남은 예수의 선교의 메시아적 권위와 그 근본적인 영향력을 확인해준다.(9:14-17) 예수의 제자들은 금식할 필요가 없다. 지금은 메시아의 만찬이 열리는 때이며, 예수가 "신랑"이기 때문이다.(물론 복음서는 예수의 죽음이 다가오고 있으며, 신랑을 "빼앗길" 날이 올 것을 알고 있다. 9:15) 또 다른 은유적 표현이 나오는데, 새 포도주는 새 부대에 담아야 한다는 것이다. 그래야 포도주도 보존되고, 부대도 터지지 않는다.(9:16-17) 여기서 마태는 이미 자신이 분명하게 서술한 것을 다시 한 번 강조한다. 예수는 메시아이며, 하나님의 백성은 이에 걸맞게 응답해야 한다는 것이다.

이어서 몇 개의 기적 이야기가 더 나오고 나서 이 단락이 마무리된다. 마가복음과 마찬가지로, 마태는 혈루증 걸린 여자를 고치는 이야기와 야이로의 딸을 살리는 이야기를 한 쌍으로 묶어서 보도하는데, 여기서도 마태는 마가의 이야기를 짧게 줄이고, 자기 방식대로 편집한다.(마 9:18-26; 막 5:21-43 참고) 예수가 자기 딸을 살려줄 것(사람들은 이럴 가능성을 믿지 못하고, 비웃는다. 9:24)을 믿는 회당 지도자와 예수의 옷자락에 손이라도 대기로 결심한 여자는 모범적인 믿음을 보여주며, 그래서 고침을 받는다. "다윗의 자손"에게 자비를 베풀어달라고 큰소리로 외친 두 명의 맹인도 마찬가지이다.(9:27) 1:1에서 “다윗의 자손”라는 칭호가 사용된 이후로는, 이 칭호가 여기서 처음 사용된다. 다윗 왕과 같은 강력한 정치 지도자에 대한 기대와는 달리, “다윗의 자손”은 연민과 치유로 자신의 메시아적 권위를 행사한다.

고침을 받은 두 맹인은 자신들이 치유 받은 이야기를 열심히 퍼뜨렸고, 그래서 예수는 가버나움을 떠나 다른 곳으로 가게 되는 것 같다.(9:31-32, 35) 이제 마지막 기적 이야기가 나옴으로써, 이 단락이 마무리된다. 군중과 바리새파 사람들은 이 기적에 대해 상이한 반응을 나타낸다. 군중은 예수의 치유를 보고 믿음을 가지게 된다. “이런 것은 이스라엘에서 처음 보는 일이다.”(9:33) 반면에 바리새파 사람들은 여전히 적대감을 드러내며, 완전히 다르게 반응한다. “그는 귀신의 두목의 힘을 빌어서 귀신을 쫓아낸다.”(9:34) 이제 마태는 복음서의 다음 부분에서 독자들이 맹렬한 반대에 맞설 수 있도록 대비시킨다.

4. 선교에 대한 가르침(9:35-10:42)

10장의 선교 담론(선교에 대한 예수의 가르침. 9:35-10:42)이 복음서의 두 번째 부분(4:12-10:42)을 마무리 짓는데, 여기서 마태는 예수의 사명과 공동체의 사명 사이의 본질적인 관계를 자세히 설명한다. 이제는 익숙한 얘기인데, 마태는 자신의 주요 자료인 마가복음과 Q자료에서 가져온 자료로 이 부분의 이야기를 엮는다. 그러나 이 담론의 전체 구조라든지, 이 부분에 들어 있는 많은 내용, 또 전반적인 관점은 분명히 마태의 것이다.[22)]

22) 선교 담론(선교에 대한 예수의 가르침)에 대해서는 Donald Senior/Carroll Stuhlmueller, *The Biblical Foundations for Mission*(Maryknoll, N.Y.: Orbis, 1983), 233-254; Dorothy Jean Weaver, *Matthew's Missionary Discourse: A Literary*

마태는 이 새로운 담화(9:35-10:42)를 준비하는 전환 장면(9:35-38)을 보도하는데, 여기서 예수는 제자들에게, 고생에 지쳐 기운이 빠져 있는 군중을 구하기 위해 추수할 일꾼들을 보내달라고 "추수하는 주인"(9:38)인 주님께 기도하라고 한다. 예수의 사역을 요약한 9:35는 4:23과 내용이 같은데, 교사와 치유자로서의 예수의 모습을 드러낸다. 산상설교의 시작(4:25-5:1)과 마지막(7:28-29)에, 또 치유 이야기 시작(8:1)과 마지막(9:33)에 군중이 등장하는 것처럼, 여기서 또다시 군중이 등장한다. 마태는 이 군중을 구원해야 할 급박한 상황을 묘사하는 데 성서의 두 가지 전통적인 은유를 사용한다. 바로 "목자 없는 양"과 할 일이 많이 남은 "추수"이다.(9:36-37) 이 두 가지 이미지는 미묘하게 마태의 주제를 환기시킨다. 목자들이 버린 양떼라는 이미지는 이스라엘 지도자들을 고발하는 에스겔의 예언(겔 34장)을 연상시키며, 독자들로 하여금 이제 복음서에 나오게 될 날카로운 격돌에 대비하도록 한다. 또 추수의 이미지는 마태의 종말론적 관점과 관련이 있는데, 이것은 이미 팔복에서 언급되었으며, 앞으로 비유들(13:24-30, 36-43을 보라.)과 24-25장의 심판에 대한 담화에서 선포될 것이다. 제자들에게 "추수하는 주인"께 일꾼들을 보내달라고 기도할 것을 재촉함으로써 마태는 이어지는 담론과 관련된 또 다른 강력한 신학적 주석을 다는 셈이다. 즉, 예수 자신이 제자들의 기도에 대한 하나님의 응답이며, 또한 예수가 열두 제자에게 사명을 맡기는 것 역시 하나님의 응답이다.

선교에 대한 가르침을 담고 있는 이 담화의 구조는 쉽게 파악되지 않는다. 열두 제자를 부르는 장면으로 시작해서(10:1-4), 그들이 감당해야 할 사명에 대한 장문의 가르침으로 이어진다(10:5-42). 이 가르침의 말씀들은 아래와 같이 몇 가지 기본 주제를 중심으로 이루어져 있다. 선교여행에 대한 가르침(10:5-15)과 사명을 수행하다가 받게 될 박해와 분열에 대

Critical Analysis, JSNTSup 38(Sheffield: JSOT, 1990)을 보라.

한 경고(10:16-23), 또 두려워하지 말고 하나님을 신뢰하라는 권면(10:26-33), 그리고 예수와 그의 사명을 헌신적으로 따르라는 최후의 요청(10:34-39)이다. 여기에 빠져 있는 두 개의 단락이 있는데, 하나는 한가운데에 위치하여 있고(10:24-25), 다른 하나는 마지막에 놓여 있다(10:40-42). 이 두 단락에는 이 담화의 근본적인 전망, 즉 제자들의 선교가 예수의 선교의 연장이라는 견해가 들어 있다. 따라서 제자들은, 예수가 당한 것을 자신들이 당할 때, 결코 놀라지 않아야 한다. 또한 예수의 제자들 가운데 가장 작은 사람들도 존중과 존경을 받아야 할 자격이 있다. 그들은 예수의 이름으로 파송되었을 뿐만 아니라, 그들을 통해서 예수가 함께하기 때문이다.

학자들을 더욱 난감하게 하는 것은 이 가르침이 정확히 얼마나 효력이 있는지에 대한 문제이다. "이방 사람의 길로도 가지 말고, 또 사마리아 사람의 고을에도 들어가지 말아라. 오히려 길 잃은 양 떼인 이스라엘 백성에게로 가거라"(10:5-6)는 가르침은, 첫눈에 보면, 예수의 가르침이 첫 제자들에게 유효한 것이지, 결코 마태공동체에 유효한 것이 아니라는 인상을 준다.[23] 제자들이 이스라엘의 마을들을 다 돌기 전에 사람의 아들이 올 것이라는 10:23에 대해서도 우리는 똑같이 말할 수 있다. 반면에, 이와 다른 견해도 있다. 예수의 생애 이후를 반영하는 마가복음 13장의 자료를 마태가 자기 복음서에 끼어넣은 것을 보면(예를 들면, 마 10:16-22), 이 가르침이 실제로 마태복음을 받아들인 공동체를 위한 것이며, 결코 복음서 이야기에 등장하는 인물들에게만 제한되는 것이 아니라는 사실을 알 수 있다는 것이다.

이 단락에서 제기되는 해석상의 딜레마는 복음서의 다른 단락에서도 똑같이 발견된다. 마태의 작품은 끊임없이 두 개의 지평으로 전개된다. 하나의 지평은 마태의 이야기 세계를 채우고 있는 시간과 공간과 특정한 등

23) 이에 대해서는 제1부 61-71쪽을 보라.

장인물들에 제한되며, 다른 하나의 지평은 그 이야기의 직접적인 세계를 넘어, 이 본문을 읽는 독자들의 세계에까지 확장된다.[24] 따라서 마태의 이야기 세계의 경계 안에서 보자면, 산상설교는 제자들에게 주어졌으며, 제자들을 통해서 예수를 따르는 사람들에게로 전해졌다. 그러나 마태복음을 읽는 독자들은 예수의 이 가르침이 자신들에게도 주어진 것임을 잘 알고 있다. 마태의 이야기 세계 안에서 가버나움의 중풍병자가 고침을 받고, 또 용서를 받는다. 그러나 마태복음 독자들은 예수의 치유 능력과 용서의 권한이 자신들에게까지 확장된다고 이해한다.

따라서 선교의 범위를 이스라엘로 제한하는 것은 마태의 이야기 세계 안에서는 잘 어울린다. 죽고 부활한 이후에야 비로소 다시 살아난 그리스도가 공동체를 다른 민족들에게로 보내기 때문이다.(28:16-20) 그러나 실제로 선교 담화에 들어 있는 모든 내용이 부활 이후 공동체에까지 확장되며, 마태의 관점에서 볼 때, 이 가르침은 부활한 그리스도의 권능을 전제로 하고 있다. 또한 마태복음에는 두 갈래의 기쁜 소식이 하나로 수렴되는데, 여기서 둘이란 이스라엘과 다른 모든 민족이다. 마태는 '잃어버린 양'이 어떤 사람들인지를 이미 알려주었다. 특히 8-9장의 기적 이야기들에서 몇몇 예를 드는데, 나병환자와 세리 마태와 혈루증을 앓는 여자가 여기에 속한다. 또 마태의 예수는 아픈 사람들, 사회적으로 소외된 사람들과 함께 이스라엘의 주변부에서 사역한다. 그런데 백부장의 종을 치료하는 장면이라든지 가다라에서 귀신 들린 사람들을 고친 장면에서 마태가 독자들에게 보여주었듯이, 이 주변부에서 경계 너머에 있는 사람들까지의 거리는 그다지 길지 않다.[25]

---

24) 이에 대해서는 David B. Howell, *Matthew's Inclusive Story: A Study in the Narrative Rhetoric of the First Gospel*, JSNTSup 42(Sheffield: Sheffield Academic Press, 1990), 특별히 205-248; Weaver, *Matthew's Missionary Discourse*, 152-153을 보라.

25) 이것은 에이미 질 리바인의 주장이다. *The Social and Ethnic Dimensions of*

이제 마태는 전형적인 전환 장면으로 이 선교 담화단락을 마무리하는데(11:1), 산상설교를 마무리하면서 처음으로 사용된 것과 같은 것이다(7:28-29 참고). 제자들이 선교의 명령을 받기는 하지만, 마태는 그들이 실제로 선교를 나간다고 보도하지는 않는다.(막 6:12-13과는 다르다. 마가에서 제자들은 선교를 나간다.) 오히려 사역을 계속하는 사람은 예수이다.(11:1) 마태의 이야기의 틀 안에서 공동체의 선교는 복음서의 결론 부분(28:16-20)까지 기다려야 한다.

Matthean Salvation History: "Go Nowhere Among the Gentiles⋯"(Matt 10:5b) (Lewiston, N.Y.: Edwin Mellen, 1988). 또한 제1부 69-70쪽을 보라.

제10장

예수에 대한 반응: 거부와 이해

(11:1-16:12)

앞서 강렬하게 묘사된 가르침과 치유라는 예수의 사역은 이어지는 장들에서도 계속된다. 그런데 또 다른 주제가 표면적으로 드러낸다. 예수의 메시지에 대한 반응이라는 주제이다. 마태는 종교지도자들을 고집스러운 인물들로, 또 완전히 예수의 반대편에 서 있는 것으로 묘사한다. 군중은 계속 호의적으로 반응하는 한편, 제자들은 이제 무대의 중심으로 다가간다. 비록 제자들은 두려움을 느끼기도 하고, 주저하기도 하며, 때로는 좌절하기도 하지만, 그래도 결국 예수의 신비한 인격과 그의 사역의 의미를 이해할 수 있는 자들로 드러난다.

이것은 마태의 전형적인 특징인데, 이 단락 역시 마가복음의 자료와 Q자료에서 가져온 자료가 섞여 있으며, 여기에 마태의 편집 작업이 더하여진다. 우선 기다란 서사단락이 나오는데(11-12장), 마가의 이야기 순서와 무관하게 이야기가 진행된다. 그러다가 13장에 비유들이 나오면서, 일단 서사단락이 중단된다. 이제 14장부터 복음서 끝까지, 몇 가지 예외적인 경우를 제외하면, 마태는 마가복음의 순서를 매우 잘 따른다. 그리고 편집을 하더라도, 실질적으로 마가복음의 내용을 다 포함시킨다.

1. 세례자 요한과 예수(11:2-30)

마태는 예수가 선교를 시작하도록 한 세례자 요한의 사역(3:1-17)을 다시 보도함으로써 새로운 단락을 시작한다. 마태의 요점은 단지 요한과 예수를 비교하려는 것이 아니다. 하나님이 보내신 이 두 명의 메신저가 모두 배척을 당하였다는 사실을 묘사하려는 것이다. 이 단락의 내용은 거의 다 Q자료에서 왔다.(마 11:2-27; 눅 7:18-35, 10:12-15, 21-22 참고) 주목할 만한 예외는 마태에만 보도되는 11:28-30의 아름다운 구절이다. 여기서 예수는 이스라엘 지혜사상에서 끌어낸 지혜자의 모습으로 묘사된다.

이야기가 시작되는 부분에서 독자들은 요한이 감옥에 갇혀 있는 사실을 떠올리게 된다.(4:12를 보라.) 그리고 요한과 그의 제자들이 제기한 예수의 정체성에 대한 질문은, 복음서 저자가 메시아로서의 예수의 사역을 회고하도록 한다. "눈먼 사람이 보고, 다리 저는 사람이 걸으며, 나병 환자가 깨끗하게 되며, 듣지 못하는 사람이 들으며, 죽은 사람이 살아나며, 가난한 사람이 복음을 듣는다."(11:4-5) "나에게 걸려 넘어지지 않는 사람은 복이 있다"(11:6)는 복에 대한 예수의 말씀은 예수의 활동에 대한 사람들의 반응이라는 주제를 독자들에게 넌지시 알려주는데, 이제 진행될 이야기의 주요 주제가 될 것이다.

이 단락(11:2-30)은 또한 요한과 예수의 대조적인 모습을 다시 한 번 드러내는데, 이러한 대조는 요한과 예수가 처음 만난 요단 강 장면에서 이미 드러났다.(특히 3:11-12를 보라.) 요한은 예언자들 가운데 가장 위대한 예언자이다. 그는 종말에 오기로 되어 있는 엘리야이다. 그는 옛 예언자들처럼 배척을 당할 것인데, 예수도 그렇게 배척을 당할 것이다.(11:7-19) 그러나 요한은 예수의 길과 하나님 통치의 도래를 예비할 뿐이다. 따라서 하늘나라에서 가장 작은 사람도 요한보다 위대하다.(11:11) 예수만이 하나님이 보내신 메시아이며 유일한 아들이다. 예수의 가르침에서 우리는 안식을 얻을 수 있다.(11:25-30) 그러나 어쨌든 요한과 예수는 똑같이 "이 세대"로부터 배척을 당한다. 요한은 금욕주의자이기 때문에 사람들이 그를 미쳤다고 하고, 예수는 죄인들이나 세리들과 먹고 마시기 때문에 배척을 당한다.(11:16-19)

예수와 요한을 비교하는 것을 보면, 마태가 "지혜"라는 성서적 은유를 통해서 예수를 묘사하려 한다는 사실을 우리는 알 수 있다. 여기서 지혜는 이스라엘 가운데 계시는 하나님의 임재에 대한 구체적인 은유이다. "지혜는 그 한 일로 옳다는 것이 입증되었다."(11:19) 요한의 질문에 대한 대답으로 제시된 예수의 메시아적 '활동'을 보면, 교사이자 치유자로서의 자비심 많은 예수가 참으로 하나님의 메신저임을 알 수 있다. 그는 이스라엘 가운데 나타나신 사랑의 하나님의 가시적인 표현이다.[1)]

마태는 뚜렷하게 대조되는 점들을 몇 가지 제시하면서 이 단락을 마무리한다. "이 세대"(예를 들면, 마태복음의 이야기 세계 안에 등장하는 종교지도자들)가 예수를 조롱하며 배척하는데, 이것은 예수가 활동한 갈릴리 도시들에 대한 "저주"로 이어진다. 고라신과 벳새다, 심지어 예수의 거주지인 가버나움마저 저주를 받는다. 그곳 주민들을 위해서 예수는 많은 "권능"을 행하였는데(11:20, 21, 23), 그들은 결코 회개하지 않았다. 또 다시 이방 사람들의 대조적인 반응이 드러난다. 두로와 시돈, 심지어는 사악하기로 유명한 소돔과 같은 이방 도시들도 예수의 활동을 보았더라면, 회개하였을 것이다. 그러니 심판의 날에 이방 도시들이 갈릴리 도시들보다 가벼운 벌을 받을 것이다.

예수의 예언자적 탄식과 심판의 위협은 11:25-30에서 갑자기 튀어나오는 감사의 찬양과 날카롭게 대조된다. 매우 유명한 구절인데, 여기서 마태의 예수는 지혜 있고 똑똑한 사람들이 아니라, 어린아이들에게 하늘나

1) 마태복음의 "지혜" 주제와 관련된 문제는 제1부 82쪽을 보라.

라의 신비를 드러내 보여주시니 감사하다고 한다. 아버지 하나님과 아들의 유대감은 결코 뗄 수 없으며, 매우 깊다. 하나님의 유일한 아들인 예수는 자기가 선택한 사람들에게 하나님을 계시한다. 비록 시적인 언어는 마태복음에서 다소 예외적으로 보이지만, 이 밑에 깔려 있는 신학, 즉 예수를 "하나님의 아들"로 묘사하는 신학은 마태복음 이곳저곳에 자주 나타난다.[2] 메시아적 교사와 치유자로서의 예수의 권위를 인정하고, 또 궁극적으로 마태공동체의 존재 근거가 되는 것이 바로 이러한 그리스도론이다.

이 단락(11:2-30)은 지혜의 이미지가 뚜렷한 본문으로 끝을 맺는다. 걱정이 많은 사람과 짐이 무거운 사람들이 예수 안에서 쉼을 얻도록 부름을 받는다. 앞에서 병든 사람들과 괴로움에 시달리는 사람들이 치유를 받기 위해 예수에게로 몰려들었는데(4:23-24, 8:1, 16-17, 9:35-36), 이미 이러한 장면들에서 이들은 예수에게로 초대를 받은 것이다. 무거운 짐을 지우는 종교지도자들(23:4)과는 달리, 예수의 가르침은 영혼에 새로운 힘을 준다. 그러니 예수의 멍에는 편하고, 예수의 짐은 가볍다.(11:28-30)

2. 논쟁하는 예수(12:1-50)

이제 편이 갈렸고, 이번 단락에서는 예수와 적대자들의 날카로운 대립을 야기하는 치유 이야기 몇 개가 보도된다. 복음서 저자는 사건의 배경을 가버나움, 또는 가버나움 주변으로 설정하는 것 같다. 물론 추측에 의존할 수밖에 없다. 우리는 이 단락의 마지막 부분에서 예수가 "바닷가"(13:1) 어느 집(12:46)에 있었음을 알 수 있다. 아마도 가버나움일 것이다. 마태는 이미 "바닷가에 있는 가버나움"(4:13)이라는 표현을 사용한 적이 있다. 따라서 우리는 "회당"(9:18)과 "집"(8:14, 9:10)과 "바다"(9:1)에 대한 언급

2) 제1부 73-80쪽을 보라.

이 있는 가버나움이 공간적 배경이라고 추론할 수 있다.

이 단락에서 마태가 사용하는 자료는 거의 다 마가복음 2장과 3장에서 가져온 것이다. 마가복음 2-3장 역시 논쟁이 주요 내용이다.(막 2:1-3:6을 보라.) 마태복음의 이 단락(마 12:1-50)은 표징을 구하는 어떤 지도자의 요구(마 12:38-42)로 끝을 맺는데, 이 이야기는 마가복음 8장(막 8:11-12 참고)에서 왔다. 마가복음과 마찬가지로, 마태에서도 예수의 참된 가족 이야기("하늘에 계신 내 아버지의 뜻을 따라 사는 사람들")가 비유 담화로 이어진다.(마 12:46-50; 막 3:31-35 참고)

마태는 여기 보도되는 장면들을 충돌 분위기로 채색한다. 한편으로 예수는 치유와 자비의 사역을 계속한다. 그러면서 이러한 메시아적 활동을 안식일 준수보다 더 중요하게 여긴다. 예수는 안식일에 배가 고파서 밀 이삭을 잘라먹은 제자들을 변호한다.(12:1-8) 예수는 "안식일의 주인"이며, 다시 한 번 자비를 기준으로 율법을 해석한다.(12:8; 호 6:6 인용) 또 같은 안식일에 예수는 "안식일에 좋은 일을 하는 것은 괜찮다"라는 원칙을 지지하면서, 손이 오그라든 사람을 고친다.(12:9-14) 많은 환자가 예수를 따라오며 병 고침을 받는다.(12:15) 또한 사람들이, 귀신이 들려서 눈이 멀고 말을 못하는 사람 하나를 예수에게 데리고 오고, 예수는 그를 고쳐준다.(12:22) 예수의 이러한 사역은 하나님의 자비로운 종에 대한 이사야의 예언 말씀을 성취하는 것이며(마 12:17-21; 사 42:1-4 인용), 이에 군중은 놀라서 서로 이렇게 묻는다. "이 사람이 다윗의 자손이 아닌가?"(12:23)

그러나 예수의 똑같은 사역은 종교지도자들의 호된 반대를 불러일으킨다. 예수의 제자들이 안식일에 밀 이삭을 잘라 먹을 때, 종교지도자들은 이들을 공격한다.(12:1-2) 그리고 안식일에 사람을 고치는 것이 타당한지 문제를 제기한다.(12:10) 12:14에서 마태는, 바리새파 사람들이 예수를 없앨 모의를 하였다고 보도한다. 귀신이 들려서 눈이 멀고 말을 못하는 사람을 예수가 고쳤을 때, 군중은 예수에게 환호하는데, 같은 상황에서 바리새파 사람들은 예수가 귀신의 두목인 바알세불에 씌었다는 결론을 내린다.(12:24) 종교지도자들은 자신들의 고집스러움 때문에 예수에게 비난을 받는다.(12:33-37) 예수가 귀신을 쫓아내는 것뿐만 아니라, 그의 사역 전체가 하나님의 통치가 이르렀다는 표징이다.(12:28) 그러나 종교지도자들은 이 근본적인 현실을 이해할 수 없다 .

이제 종교지도자들은 자신들에게 주어진 역할, 즉 결코 화해할 수 없는 예수의 적대자라는 역할을 확실하게 맡는다. 그들은 예수와 반대되는 예, 또 제자들이나 군중의 긍정적인 반응과 반대되는 예를 보이는 역할을 한다.

3. 비유 이야기(13:1-53)

마태복음에 나오는 다섯 개의 긴 설교 가운데 세 번째 설교인 비유 담화(13:1-53)의 공간적 배경은 이 단락의 근본적인 의미에 단서를 제공한다. 시작 부분에서 마태는, 예수가 지금까지 가르침을 주던 그 집에서 나와서(12:46을 보라.), "바닷가"에 가서 앉는 것으로 보도한다(13:1). 그런데 너무나도 많은 사람이 몰려들어서, 예수는 어쩔 수 없이 배에 올라탔으며, 그렇게 물가에 모여 있는 사람들을 가르쳤다.(13:2) 그런데 중간에, 예수는 사람들의 곁을 떠나서, 제자들만 데리고 어느 집으로 들어간다.(13:36) 군중을 상대로 가르침을 주다가 갑자기 제자들로 대상을 제한하는데, 이러한 움직임은 이 비유 담화 전체의 초점이 어디 있는지를 보여준다. 갈등의 양상이 본격적으로 드러나면서 예수는 제자들을 가르치는 일에 집중한다.

비유 담화의 내용 역시 계시와 반응이라는 주제를 중심으로 전개된다. 늘 그렇듯이, 이 단락에서도 마태는 마가복음에서 많은 자료를 가져온다. 특히 씨 뿌리는 사람의 비유와 그 비유에 대해 설명을 하는 이 담화단락의 첫 부분(13:1-23. 또한 막 4:1-20 참고)은 이러한 현상을 뚜렷하게 볼 수 있다. 그러나 이 담화단락의 후반부, 특히 예수가 군중을 떠나 제자들만을 가르치는 부분을 보면, 마태복음에만 보도되는 비유들이 몇 개 포함되어 있으며, 이 비유들은 마태의 신학을 강하게 반영한다. 가라지의 비유와 이 비유에 대한 설명(13:24-30, 36-43), 숨겨 놓은 보물과 진주에 대한 비유(13:44-46), 그리고 그물의 비유(13:47-50)가 여기에 속하는 비유들이다.

'비유'라는 개념 자체가 예수의 사역에 대한 다양한 반응을 잘 설명해 준다. 비유는 아직 완전히 오지 않은 하나님의 통치에 대한 예수의 이야기가 은유적으로 표현되는 것이기 때문에, 비유를 이해하기 위해서는 특별한 이해력과 직관력이 필요하다. 첫 비유는 땅에 떨어진 다른 종류의 씨앗들에 대한 비유(이와 함께 13:18-23에 보도되는 이 비유에 대한 설명)인데, 이 비유는 말씀이 지니고 있는 불굴의 힘뿐만 아니라 말씀에 대해 사람들이 반응하는 완전히 다른 방식들도 강조한다. 예수가 비유로 가르친 목적에 대한 보도는 마태가 마가복음 4:10-12에서 가져온 이야기이고, 여기서 마태는 자신의 독특한 해설을 덧붙인다. 마태의 제자들이 예수에게 묻는다. "어찌하여 그들에게는 비유로 말씀하십니까?"(13:10. 또한 막 4:10 참고) 하늘나라의 비밀은 제자들에게만 계시되지, 예수에게 반대하는 사람들에게는 계시되지 않는다는 것이 그들의 질문에 대한 예수의 대답이다. "그들이 보아도 보지 못하고, 들어도 듣지도 못하고 깨닫지도 못하기 때문이다."(13:13) 마태는 더 나아가 이 표현의 배후에 있는 이사야 6:6-9를 인용한다.(13:14-15) 마태복음에서 지각의 이미지('보는 것', '듣는 것', 그리고 무엇보다도 '이해하는 것')는 능동적인 신앙에 대한 매우 중요한 은유적 표현이다.[3] 제자들의 나약함과 주저함에도 불구하고, ('앞을 보지 못하는 길 안내자'인 종교지도자들과는 달리) 그들은 궁극적으로 예

3) 제1부 90쪽을 보라.

수를 '이해'할 수 있으며, 예수에게 반응할 수 있다. 비유 담화가 끝날 때, 제자들에게 직접적으로 질문이 제기된다. "너희가 이것들을 모두 깨달았느냐?" 하고 예수가 물으니, 제자들은 "예" 하고 대답한다.(13:51)[4] 그렇기 때문에 그들의 눈은 복이 있고, 그들의 귀도 복이 있다.(13:16)

예수가 비유로 하나님의 통치를 선포하는 것은 또한 숨겨진 옛 비밀을 밝혀주겠다는 시편 78:2의 예언의 성취이다.(13:35. 어떤 사본에 보면, 이 예언이 이사야의 것이라고 하는 이문도 있다!) 앞에서 예수가 하나님 아버지를 찬양하며 말하였듯이, 예수의 사명은 이 세상이 시작될 때부터 감추어져 있던 것을 계시하는 것이다.(11:25-27 참고) 여기서 마태가 소개하는 이 비유들에는, 하나님의 말씀에 대한 반응이라는 핵심적인 주제 외에 아래와 같은 복음서의 또 다른 주제들도 반영되어 있다. 하나님의 통치의 궁극적인 승리(13:31-32의 겨자씨의 비유와 13:33의 누룩의 비유), 이 세상 끝 날에 올 최후의 심판(13:24-30, 37-45의 밀과 가라지의 비유와 13:47-50의 그물의 비유), 하늘나라를 위한 헌신적인 제자로의 부름(13:44의 밭에 숨겨 놓은 보물의 비유와 13:45의 진주의 비유)이다.

비유 담화의 경우도 선교 담화와 마찬가지이다. 즉, 비유들을 올바르게 해석하려면, 독자들은 이 비유 이야기들 안에 몇 가지 층이 있음을 알아야 한다. 하나는 마태의 이야기 세계라는 층인데, 이 층의 관점에서 보자면, 예수와 예수를 이해하는 제자들이 한편이 되고, 예수를 이해하지 못하는 '다른 사람들'(아마도 예수를 적대시하고 예수의 메시지를 이해하지 못하는 종교지도자들)이 한편이 되어, 이 둘 사이에서 상호작용이 일어난

---

4) 마가복음과는 사뭇 다르다. 마가복음에서는 제자들이 예수의 가르침을 이해하지 못하는 자들로 묘사된다. 마 16:12를 한 가지 예로 들 수 있다. 여기서 마태는 예수가 제자들에게 바리새파 사람들과 사두개파 사람들의 누룩을 조심하라고 가르치는 내용을 마가복음에서 가져오는데, 마태는 마가복음에 없는 내용, 즉 제자들이 결국 예수의 이 가르침을 이해하게 된다는 사실을 덧붙인다. 마가복음에서는 제자들이 여전히 이 가르침을 이해하지 못하는 것으로 보도된다(막 8:14-21을 보라).

다. 이에 따라 이 담화의 이야기 구조는 군중이라는 넓은 청중에서 예수와 제자들에게로 초점이 이동한다. 그러나 복음서 독자들의 층이라는 관점에서 보면, (복음서 자체도 그렇지만) 이 비유 담론이 아우르는 지평은 다른 층으로까지 확대된다. 즉, 이제는 더 이상 '예수와 제자들'과 예수를 반대한 종교권력자들 사이에서 일어난 과거의 역사적 상호작용만 있는 것이 아니다. 심지어는 마태공동체의 역사, 즉 그리스도교 공동체와 당시의 이스라엘 사이의 투쟁만도 아니다. 더 나아가 이 담화는 이 "세상"과 그 미래를 향해 열려 있다. 예수가 제자들에게 설명하듯이, "밭은 세상"(13:38)이며, 마태복음의 드라마는 "그 나라의 자녀들"(13:38)과 "악한 자녀들"(13:38)까지 포함하는 우주적 드라마이다. 이 모든 것이 결국 "세상 끝 날에"(13:49) 심판으로 이어진다. 마태의 관점에서 보면, 이제 모든 민족이 하나님의 통치의 신비 앞에서 스스로 책임을 져야 한다.

이 담화는 마태의 특징을 잘 드러내는 보도로 끝을 맺는다. 제자들이 자신의 가르침을 확실히 이해했는지 예수가 확인한다는 보도이다.(13:51)[5] 이로써 그들은 다음 절에서 "하늘나라를 위하여 훈련을 받은 율법학자"라는 칭호를 얻게 되는데, 이 절은 여러 가지 면에서 마태복음의 매우 중요한 구절이다.(13:52) 하늘나라를 위하여 훈련을 받은 율법학자는 마치 "자기 곳간에서 새 것과 낡은 것을 꺼내는 집주인"과 같다.(13:52) 제자란, 예수의 가르침을 받아들이고 그에 따라 행동하도록 하는 깊은 이해력을 지닌 자로서, 하나님의 통치에 헌신하는 사려 깊고, 현명하며, 숙련된 율법학자라는 것이다. 이러한 율법학자가 하나님의 '가족'으로서의 공동체를 이끌어야 한다. 이러한 율법학자가 자신의 "곳간"(또는 보물 창고)에서 물건(또는 보물)을 꺼내온다. 마태복음에서 정의된 바와 같이, "보물" 또는 '보물 창고'(그리스어 θησαυρός라는 단어는 후자의 뜻에 더 가깝다.)는 가장 깊은 신념의 장소, 즉 '사람의 마음이 있는 곳'이다.(6:21) 이 보물

5) 마태가 제자들을 어떻게 묘사하는지에 대해 다루는 부분을 보라. 92쪽.

은 좀도 먹지 않고, 녹도 슬지 않으며, 또 도둑이 들어와서 훔치지 못하는 곳에 조심스럽게 간직되어 있는 가장 소중한 소유물이다.(6:20) 이것은 밭에 숨겨 있는 보물과 같이 사람이라면 누구나 갖고 싶어 하는 것이며, 그것을 갖기 위해서라면 모든 것이라도 기꺼이 팔 수 있는 것이다.(13:44) 분별력 있는 율법학자는 가족공동체를 위해서 이러한 '보물 창고'에서 '새로운 것과 낡은 것' 모두를 꺼내온다.

여기서 우리는 마태의 관점에서 보는 이상적인 제자 또는 지도자의 모습을 찾아낼 수는 없는가? 혹시 복음서 저자는 무의식적으로 자기 자신의 모습을 묘사하는 것이 아닌가? 가령, 예수와 그의 가르침을 해석함으로써 결정적 전환기에 놓인 공동체 구성원들에게 목회하는 선하고 분별력 있는 율법학자의 모습, 유대교의 거룩한 유산에서 '옛것'을 찾아내고, 동시에 그들에게 '새로운' 지평을 열어주는 그러한 율법학자로서의 복음서 저자의 모습을 발견할 수는 없는가?

4. 예수의 이어지는 사역(13:54-16:12)

마태는 전형적인 문구로 비유 담화를 마무리 짓는다.(13:53. 또한 7:28, 11:1 참고) 그리고 이제 예수의 갈릴리 사역에 대한 이야기가 이어진다. 그러나 여전히 이야기의 초점은 복음에 대한 상이한 반응에 맞추어져 있다. 이제부터 마태는 마가의 이야기 순서를 매우 잘 따른다. 그러나 이 이야기에 마태 자신의 독특한 색채를 가미한다. 마가의 병행단락(4:35-8:21)은 강력하게 확장되는 선교의 분위기이다.[6] 즉, 마가복음에서 예수는 바다 건너 두로와 시돈의 경계를 왔다 갔다 하며, 갈릴리 이쪽저쪽, 즉

6) 이에 대해서는 Donald Senior/Carroll Stuhlmueller, *The Biblical Foundations for Mission*(Maryknoll, N.Y.: Orbis, 1983), 217-220을 보라.

유대인 지역과 이방인 지역 모두에서 활동한다. 이러한 분위기는 마태의 이야기에도 드러난다. 그러나 선교에 집중적으로 초점이 맞추어져 있지는 않다. 오히려 이스라엘의 지도자들과 제자들 사이의 대조적인 반응에 초점이 맞추어져 있다.

1) 나사렛에서의 배척(13:54-58)

예수가 나사렛으로 돌아와서 "그들의 회당"에 들어가 가르침으로써 활동이 재개된다.(13:54-58) 마태는 마가복음의 보도에 따라 이 마을을 예수의 "고향"(마태가 사용하는 그리스어 πατρίς의 문자적 의미는 고향이다.)이라고 한다. 나사렛은 예수가 공생애를 시작하면서 떠난 곳으로(4:13), 예수의 "자기 동네"(9:1)로 불리는 가버나움과는 구분된다. 나사렛에서 예수의 고향 사람들은 예수를 '공격'하면서 배척한다.(13:57) 고향 사람들의 반응은 세례자 요한의 제자들에게 예수가 경고한 내용이기도 하다.(11:6. 두 본문에서 똑같이 σκανδαλίζω 동사가 사용된다.) 비유 담화에 이어 나오는 고향에서의 사건은 비유 담화에 앞서 보도되는 '가족' 이야기(12:46-50)와 흥미로운 유사점을 드러낸다. 자기의 가족들이 자기를 보겠다고 밖에서 기다리고 있다는 이야기를 듣고, 예수는 제자들을 가리키며 이들이야말로 자신의 새로운 가족이라고 말하였다. "보아라, 나의 어머니와 나의 형제들이다. 하늘에 계신 내 아버지의 뜻을 따라 사는 사람이 곧 내 형제요 자매요 어머니이다."(12:49-50)

2) 요한의 죽음(14:1-12)

나사렛에서 예수가 배척을 받았다는 보도는 세례자 요한의 마지막 장면으로 이어지는데(14:1-12), 이 장면은 예수의 예언자적 사역의 궁극적인 가치를 독자들에게 알려준다. 이 이야기의 발단은 또 다른 헤롯의 위협이다. 이번에 등장하는 헤롯은 헤롯 안티파스인데, 헤롯대왕의 아들이자 아르켈라오스의 동생이다. 이미 앞서 아르켈라오스에 대한 보도가 나오는데, 역시 예수에게 위협이 되었던 인물이다.(2:22) 다른 사람들과 마찬가지로(16:14를 보라.) 안티파스 역시 예수를 죽었다가 다시 살아난 세례자 요한이라고 믿는다. 이때 이야기는 세례자 요한의 죽음으로 이어진다. 세례자 요한의 이야기에 빠진 부분이 이때 보충된다. 즉, 4:12에서 독자들은 요한이 체포되었다는 사실을 알게 되고, 11:2에서는 감옥에 갇혀 있는 요한이 메시아의 활동에 대해 전해 듣고, 제자들을 보냈다는 사실을 알게 된다. 이제 여기서 독자들은 요한의 마지막 운명에 대한 이야기를 듣게 된다.

용감한 예언자 요한의 죽음은 분명히 예수의 정체를 알려준다. 헤롯은 사람들이 "요한을 예언자로 여기고 있었기 때문"(14:5)에 군중을 두려워하여 요한을 처형하지 못하고 있었다. 그런데 이러한 헤롯의 주저함은 예수와 관련된 종교지도자들의 두려움을 예고한다.(21:46. 또한 21:26, 26:5를 보라.) 헤롯이 세례자 요한을 붙잡아다가 묶어서 감옥에 가둔 일이 있었는데, 이 보도는 예수가 고난을 당할 때, 어떤 일이 일어날지를 미리 알려준다.(14:3, 26:50, 57, 27:2) 요한을 처형하지 못하는 헤롯의 주저함과 요한을 처형하라는 헤로디아의 주장은 예수를 두고 빌라도와 종교지도자들 사이에 벌어졌던 비슷한 이야기를 연상시킨다. 요한의 제자들이 요한을 장사하였으며, 이와 마찬가지로 마태가 "제자"로 보도하는 아리마대 요셉이 예수를 장사할 것이다.(14:12, 27:57)

3) 두 가지 중요한 기적(14:13-36)

이제 이야기는 갈릴리 호수 주변과 호수 위에서 일어난 두 가지 중요한 기적 이야기로 옮아간다. 이 두 기적 이야기는 예수의 절대적인 권위뿐 아니라 예수와 제자들 사이의 유대감을 밝혀줄 것이다. 첫 번째는 물고기 두 마리와 빵 다섯 덩이로 오천 명이 넘는 사람들을 먹인 기적 이야기이다.(14:13–21) 이 위대한 업적에는 성서의 상징이 들어 있다. 이것은 마태의 전형적인 방식이라고 할 수 있는데, 바로 구약의 상징들과 유형론으로 예수를 묘사하는 것이다. 이 기적 이야기는 모세를 상기시키며, 또한 광야에서 하나님이 많은 사람을 만나로 배불리 먹인 출애굽 이야기를 상기시킨다.(출 16장) 많은 사람을 먹인 이 기적 이야기의 배경이 "빈 들"(그리스어로는 버려진 땅)이라는 점, 또 예수가 그들을 불쌍히 여겼다는 점, 그리고 사람들이 배가 고팠다는 점 등이 출애굽 이야기와 일치한다.(14:13, 14–15) 또한 이 기적 이야기는 보리빵 스무 덩이와 햇곡식 한 자루로 백여 명이나 되는 많은 사람을 기적적으로 먹인 예언자 엘리사의 놀라운 일을 상기시킨다.(왕하 4:42–44) 이 이야기는 또한 시온에서 열릴 메시아 연회에 모든 이스라엘 사람이 모이는 마지막 때에 대한 이사야의 비전을 상기시킨다.(사 25:6–10)

복음서를 계속 읽어 나가다 보면, 오천 명을 먹인 이 기적 이야기가 (15:32–39에 보도되는 사천 명을 먹인 비슷한 기적 이야기와 함께) 예수가 체포되어 죽기 전날 제자들과 함께한 마지막 만찬(26:26–29)과 연결되는 것을 알게 된다. 실제로 빵을 들어서, 축복하고, 떼어서, 제자들에게 주는 똑같은 행동이 세 이야기 모두에서 발견된다. 처음 두 이야기(14:13–20, 15:32–39)에서 메시아 예수는 배고픈 사람들에게 빵을 먹여준다.(이것은 주기도문의 기도 내용과 같다. 6:11) 마지막 급식 이야기인 최후의 만찬(26:26–29)에서 예수는 제자들에게 자기 자신의 몸을 내어주는데, 이것은 예수의 죽음과 부활을 통해서 실현된다. 초기 그리스도교 공동체는 이 마지막 만찬을 주의 만찬 예식으로 삼게 되었는데, 이는 마태복음 독자들이 이 세 가지 급식 이야기에서 자신들이 드리는 성찬식의 모습을 미리 보았다는 사실을 의미하며, 그들이 드린 성찬식은 부활한 그리스도가 자신들의 공동체 안에 함께하는 것을 느끼는 예식이다. 따라서 이 세 가지 급식 이야기는 구원사 전체에 걸쳐 있는 시간과 관련이 된다고 할 수 있다. 즉, 이스라엘의 거룩한 과거와 관련이 되고, 예수의 사역에 대해 현재 보도되고 있는 이야기와도 관련이 되며, 복음서를 산출한 공동체의 경험과도 관련이 된다. 또한 미래에 일어날 하나님 백성의 종말론적 모임과도 관련이 된다.

제자들이 비협조적일 뿐만 아니라, 빈정거리며 예수에게 대답하는 것으로 보도되는 마가의 이야기(막 6:37. "그러면 우리가 가서 빵 이백 데나리온 어치를 사다가 그들에게 먹이라는 말씀입니까?")와는 달리, 마태의 이야기에서 예수는 사람들을 먹이는 이 기적에 제자들을 참여시킨다. 예수는 빵을 떼어서 제자들에게 주었고, 제자들은 아무런 저항 없이 그것을 사람들에게 나누어주었다.(마 14:19) 산상설교의 서문에서 이미 언급한 바와 같이, 마태는 제자들을 공동체 내의 핵심으로 생각하며, 그들을 통해서 예수의 말씀이 "군중들"에게로 전달된다고 생각하는 것 같다. 여기 오천 명을 먹인 급식 기적에서도 제자들은 '중재자의 역할'을 한다.

마태복음에 보도되는 두 번째 바다 이야기(첫 번째는 풍랑을 잠잠하게 하는 8:23-27이다. 해당 단락에 대한 앞의 설명을 보라.)는 또 다른 기적 이야기인데, 이 이야기를 통해서 마태는 예수의 모습과 예수와 제자들 사이의 유대감을 표현한다.(14:22-26) 이 이야기를 마가복음의 병행단락과 자세히 비교해 보면, 이 이야기에서 마태가 어디에 특별한 관심을 두고 있는지를 알 수 있다.(막 6:45-52를 보라.) 마가의 이야기를 보면, 예수가 바다 위를 걷는 모습에 제자들은 공포에 사로잡힌다. 이 신비하고 강력한 예수의 현현 앞에서도 제자들은 여전히 깨닫지 못하는 자들로 묘사된다. 마가는 그들의 "마음이 무뎌져 있는 것"으로 보도하며, 이러한 단출한 보도로 이 이야기는 끝을 맺는다.(막 6:52) 마태는 마가 이야기의 핵심을 유지하면서도, 이 이야기를 완전히 변형시켰다. 바다 위를 걷는 예수의 놀라운 모습은 예수에 대한 고백, 즉 예수가 주님이며, 하나님의 아들이라는 고백으로 이어진다. 제자들이 예수를 그렇게 고백하며, 또한 베드로가 극적으로 그렇게 고백한다. 마태가 변경한 것들 가운데 중요한 것은, 첫째,

이 이야기 중간에 베드로의 고백이 끼어들어 간 것(14:28-32), 둘째, 이야기의 결론(14:33)이 마가복음과는 완전히 다르다는 것이다.

마태는 이 이야기에 암시되어 있는 신현(神現), 즉 신성이 드러나는 것을 그대로 유지한다. 예수는 신비한 방법으로 혼돈의 바다에 신적 권능을 행사한다. 예수는 바람에 출렁이는 물 위를 걸으며 제자들에게 나타난다. 구약성서에서는 바다 위를 걷는 것이 신의 특권으로 묘사된다.(욥 9:8, 38:16; 시 77:19; 사 43:16; 합 3:15; 시락서 24:5-6을 보라.) 마태와 마가의 이야기에서도 예수는 신의 이름을 가지고 있는 것으로 보인다. 즉, 예수는 "안심하여라. 나다. 두려워하지 말아라"(마 14:27; 막 6:50) 하고 말하는데, 여기서 "나다"(ἐγώ εἰμι)는 신의 자기표현 방식이다(출 3:14; 신 32:39; 사 41:4, 43:2, 10-11, 45:18, 51:12를 보라).

마태는 이러한 심오한 그리스도론에 자기의 관심사인 제자도를 덧붙인다. 그래서 이 이야기 전체에 제자도의 주제가 관통하게 된다. 베드로와 관련된 이 생생한 이야기는 마태의 전형적인 용어로 채색되어 있으며, 제자도에 대한 마태의 신학을 집중적으로 요약한다.[7] 예수가 바다 위를 걸은 것처럼 자기도 그렇게 걷게 해달라는 베드로의 요구는 제자들에게도 예수와 같은 메시아적 능력이 부여되었다는 복음서의 확신을 반영한다.(10:1, 7-8에서 열두 제자를 파송하는 장면을 보라.) 동시에 마태는 제자들의 고유한 약점을 묘사함으로써, 그들의 권한이 철저하게 예수의 권능에 의존한다고 규정함으로써, 제자들의 권한에 대한 이러한 확신을 지속적으로 견제한다. 베드로는 거센 바람이 불어오는 것을 보고 두려움에 사로잡힌다. 그래서 예수에게서 "믿음이 적은 사람아!"(14:31)라는 말을 듣게 되는데, 이것은 전형적인 마태의 표현이다. 그러나 베드로는 위기의 상황에서 어떻게 행동해야 하는지와 관련하여 복음서가 요구하는 모범을 보여준다. 베드로는 "주님, 살려 주십시오" 하고 외친다.(14:30) 이에 예

7) 마태가 베드로를 어떻게 묘사하는지에 대해서는 94-100쪽을 보라.

수는 거센 파도가 치는 깊은 바다에서 베드로를 구하려고, 또한 꼼짝달싹 할 수 없는 두려움으로부터 베드로를 구하려고 "손을 내미는데", 이것은 예수의 치유를 떠올리게 하는 몸짓이다.[8]

이 이야기는 예수에 대한 제자들 전체의 극적인 고백으로 결론이 난다. 예수와 베드로가 배 위에 올라타자, 바람이 그친다. 마태는 이때 배 안에 있던 사람들이 깊은 경외(敬畏)의 마음으로 예수에게 "절하였다"고 보도한다.(14:33에서 마태가 사용한 동사 '프로스큐네오'[προσκυνέω]는 여기서 절하다라는 의미이다.[9]) 그리고 그들은 이렇게 말한다. "선생님은 참으로 하나님의 아들이십니다." 예수에 대한 베드로의 고백은 복음서의 한가운데 위치해 있는데, 이 부분의 주요 관심사는 예수에 대한 반응이다. 또한 예수가 혼돈이라는 자연의 세력을 정복하고 베드로를 구하는 장면에서 베드로의 고백이 나온다. 유대 전통 안에서 "하나님의 아들"은 메시아를 의미하였는데, 베드로의 고백은 복음서 저자나 마태공동체가 "하나님의 아들"을 전통적인 메시아 이상으로 생각하였음을 드러낸다. 부활한 그리스도는 신적 능력으로 채워졌으며, 이로써 공동체의 기도와 예배의 대상이 되었다. 이처럼 이 두 가지 기적(오천 명을 먹인 기적과 물 위를 걸은 기적)은 마태공동체의 예배 경험과 밀접하게 연관되어 있다.

이 단락의 강력한 그리스도론과 강한 고백적 어조는 이제 전환구절로 이어지는데(14:34-36), 마태는 전환구절을 통해서 바닷가와 바다 위에서 있었던 기적 이야기를 마무리한다. 배가 갈릴리 서쪽의 게네사렛 땅에 이르렀을 때, 그곳 사람들이 예수를 알아본다. 또다시 그들은 "병자를 모두"

8) 예를 들면, 8:3, 12:13을 보라.

9) 영어 성서 New Revised Standard Version은 동사 προσκυνέω를 경배하다(worship)로 번역하였다. 마태는 종종 이 동사를 "주님"(κύριος)이라는 칭호와 함께 사용한다(예를 들면, 8:2, 15:25를 보라). 바다 위를 걷는 이 이야기에서도 "주님"과 "경배하다"가 함께 나온다(14:30, 33). 이 구절들은 모두 마태에서만 보도되는 것들이다.

예수에게로 데리고 와서는, 예수의 옷술만에라도 손을 대게 해달라고 "간청하였다." 이러한 마태의 보도는 예수의 치유 능력을 강조하는 전형적인 방식이다. 예수의 옷술에 손을 댄 사람 모두가 나았다. 이 복음서에서 마태의 심오한 그리스도론을 이보다 더 분명하게 보여주는 장면은 없다.

4) 이스라엘과의 논쟁: 이방 사람들에 대한 문호 개방(15:1-28)

정결예법에 대한 해석을 두고 바리새파 사람들과 율법학자들이 예수와 충돌하게 되는데(15:1-20), 이러한 충돌은 이전 이야기들에 나오는 예수에 대한 고백과 대조를 이룬다. 마태는 이 장면에 등장하는 인물들을 설정하면서, 초점을 점점 좁혀나가는데, 우선 예수는 종교지도자들과 논쟁을 하고(15:1-9), 군중들에게 가르침을 주다가(15:10-11), 제자들과 대화를 하며(15:12-14), 마지막으로 베드로의 질문에 대한 답변으로 가르침을 준다(15:15-20. 이 부분은 마가복음에 나오지 않는다). 물론 사람을 더럽게 하는 것이 무엇인지에 대한 논쟁이 마태의 본문에서 사라지지는 않았지만, 마태가 삽입한 12b-14절에서 알 수 있듯이, 이 단락에서 마태가 정말로 관심을 갖는 부분은 유대 지도자들을 "눈먼" 인도자들(15:14)로 고발하는 것이다(또한 23:16, 17, 19, 24, 26을 보라). 그들은 사람들을 엉뚱한 데로 잘못 인도한다. 그들의 율법해석을 하나님의 의도에서 벗어난다.(15:3, 6) 그리고 그들은 말과 행동이 일치하지 않는다.(15:7-9)

사람을 정말로 더럽게 하는 것은 사람의 마음에서 나오며, 씻지 않은 손으로 음식을 먹는 것은 더 근본적인 문제(15:14의 요점과 이에 대한 17-20절의 설명)에 비하면 사소하다는 것을 마태공동체는 예수의 가르침으로 분명히 이해하였지만, 마가의 본문에서 발견되는 급진적인 결론을 받아들이는 데는 주저하였던 것 같다. 마가의 예수는 "모든 음식은 깨끗하다"(막 7:19)라고 선언하는데, 마태는 이 급진적 진술을 자신의 복음서에 포함시키지 않는다. 아마도 마태공동체의 유대 그리스도인들은 유대

정결예법을 계속 지켰던 것 같다. 다만, 예수의 가르침에 따라 정결예법의 조항들을 해석하였다.

가나안 여자에 대한 이야기(15:21-28)는 중요한 본문이다. 이 이야기에는 마태의 신학이 담겨 있으며, 복음서 저자는 이 이야기에 깊은 관심을 기울인다. 같은 이야기에 대한 마가의 보도(막 7:24-30)와 비교해보면, 마태의 독특한 관점을 발견할 수 있다.

예수는 바리새파 사람들과 율법학자들을 만났던 장소를 떠나, 두로와 시돈 지방을 향해서 간다. 그럼으로써 방금 유대 지도자들에게서 취급당했던 것과는 대조를 이루는 무대가 마련된다. 마태는 이 사건이 발생한 장소를 두로와 시돈 지방의 경계 근처로 보도하는데, 이스라엘의 경계를 넘어간 것 같지는 않다. 마태의 보도에 따르면, 예수는 두로와 시돈 지방을 '향해서' 또는 '쪽으로'(그리스어 전치사 ϵἰς의 의미) 갔다. 그리고 가나안 여자가 그 지방에서 "나아왔다"(ἐξϵλθοῦσα). 반면에 마가의 본문은 분명하다. 마가복음에 보면, 예수는 두로 지방으로 가서, 사람들을 피해 어느 집으로 들어갔다.(막 7:24) 그때 "시로페니키아 출신의 여자"가 그 집 안으로 들어와서, 예수의 발 앞에 엎드렸다.(막 7:25-26) 앞에서 이미 밝힌 바와 같이, 마가는 예수가 이스라엘의 경계를 분명히 넘어서 선교하는 것으로 보도하는데, 같은 장면을 보도하면서 마태는 예수가 경계를 넘는다는 보도를 하지 않는다. 이 이야기가 분명하게 말하는 것처럼, 마태가 보기에 이스라엘의 경계를 넘는 선교는 아직 시기상조이기 때문이다.(마 15:24)

마태는 이 여자를 "가나안 사람"이라고 하는데, 이 여자를 "그리스 사람으로서, 시로페니키아 출신"이라고 하는 마가의 보도와는 다르다.(막 7:26) 아마도 마태는 더 오래된 지명을 사용함으로써 이스라엘의 구원사와 이스라엘과 타민족들의 투쟁을 상기시키려 하였던 것 같다. 이것이야말로 이 이야기의 핵심이다.

이보다 더 중요한 것은, 마태가 예수와 이 여자의 대화를 (마가의 두 단계와 달리) 세 단계로 설정함으로써, 또 제자들을 이 이야기와 대화에 등장시킴으로써 이 이야기의 긴장감을 고조시킨다는 점이다.

첫 만남에서(15:22-24. 마태에만 나오는 보도이다.), 이방인 여자는 예수에게 강력한 고백적 어조로 말한다. "다윗의 자손이신 주님, 나를 불쌍히 여겨 주십시오." 그러나 예수는 자신의 딸을 위해 호소하는 이 여자의 간청에 침묵한다. 이때 제자들이 나서서, 이 여자가 시끄럽게 소리를 지르니, 이 여자를 돌려보내라고 예수에게 청한다. 이에 예수는 여자의 요구가 아니라, 제자들의 요구에 이렇게 반응한다. "나는 오직 이스라엘 집의 길을 잃은 양들에게 보내심을 받았을 따름이다." 이 말은 마태의 예수가 이미 선교 담화에서 이미 언급한 것(10:5. "길 잃은 양 떼인 이스라엘 백성"을 향한 선교)을 재차 강조한다.

이제 여자는 두 번째로 예수에게 말을 거는데, 이번에는 무릎을 꿇고 경배하며(그리스어 προσκυνέω는 14:33에서 제자들이 예수를 "하나님의 아들"로 고백할 때 보였던 태도를 묘사하는 데 사용되었던 동사이다.), 간청한다. 베드로가 하였던 것과 마찬가지로, 이 이방인 여자는 예수를 주님으로 고백하며 자비를 요구한다. "주님, 나를 도와주십시오."(15:25) 그러나 또다시 예수는 이스라엘의 특권을 언급하면서, 이 여자의 간청을 거절한다. 그런데 이번에는 깜짝 놀랄만한 말을 한다. "자녀들의 빵을 집어서, 개들에게 던져 주는 것은 옳지 않다."(15:26) 빵에 대한 언급은 빵 다섯 덩어리로 많은 사람을 먹인 14:13-21의 기적 이야기와 씻지 않은 손으로 "빵"을 먹는 것에 대한 율법학자들과 바리새파 사람들의 논쟁을 상기시킨다.(15:2. 빵을 의미하는 '아르토스'[ἄρτος]라는 똑같은 단어가 두 이야기 모두에서 사용된다.) 많은 사람을 기적적으로 먹이는 또 다른 이야기가 15:32-39에 이어질 것이다.

그런데 자기 딸을 고쳐달라는 가나안 여자는 예수에게 세 번째 도움을 구한다. "주님, 그렇습니다. 그러나 개들도 주인의 상에서 떨어지는 부스러기는 얻어먹습니다."(15:27) 이 요구를 예수는 거절하지 않는다. 자신의 믿음을 드러내 보인 이 세 번째 외침에 이스라엘의 경계를 넘어서는 선교를 거절하였던 예수의 태도가 무너진다. 가버나움의 백부장에 대한 마태의 이야기(마 8:10을 보라.)에서처럼, 이 가나안 여자가 보인 대단한 믿음에 예수가 놀란다. "여자여, 참으로 네 믿음이 크다!"(이 표현은 막 7:29에 나오는 "네가 그렇게 말하니, 돌아가거라"라는 마가의 표현보다 훨씬 강력하다.)

이 흥미로운 이야기를 통해서 마태는 복음서 가운데 부분을 관통하는 주제를 발전시킨다. 이스라엘의 지도자들이 예수를 잡을 음모를 꾸미고, 예수와 사탄이 한패라고 주장하며, 또 율법에 대한 예수의 해석을 반대하는 반면에, 이 가나안 여자는 "주님" 또는 "다윗의 자손"이라는 예수에 대한 믿음을 끈질기고 담대하게 선언한다. 이 여자의 큰 믿음 때문에 이 여자의 딸이 치유를 받게 되었다는 사실은 분명히 미래에는 선교가 모든 민족을 대상으로 하게 될 것임을 드러내는 표징이다. 백부장을 만난 사건(8:5-13)이나 가다라에서 귀신 들린 사람들을 고친 사건(8:28-34)과 마찬가지이다.

그러나 다른 이야기들에는 발견되지 않고, 오로지 가나안 여자의 이야기에만 드러나는 요소도 있다. 이 이야기에서 예수는 자신의 선교가 이 이방 사람에게까지 확장되는 것을 강력하게 반대한다. 딸이 처한 애처로운 상황과 예수가 자기 딸을 고칠 능력이 있다는 확신에 이끌린 이 여자의 끈질긴 믿음 앞에서야 비로소 예수의 주저함(이스라엘의 특권과 자신의 선교의 대상을 이스라엘로 제한하는 것에 근거하는 주저함이다.)이 싹 녹아버린다. 이 이야기는 마태공동체가 이방 사람들을 선교의 대상으로 포함시키는 문제를 해결하면서 실제로 겪었던 어려움을 보여주는 창문이라고 할 수 있다.[10] 마태공동체는 이스라엘이 하나님 가족에 속하는 자녀라는 특권을 역사적으로 가지고 있음을 인식하고 있었다. 또한 예수의 선교가 이스라엘로 제한되었음을 받아들이고 있었다. 그러면서도 이방 사람들

10) 이에 대해서는 제1부 61-71쪽을 보라.

의 믿음과 그들의 요구에 반응해야 할 책임이 있었다. 예수가 처음에는 선교의 확장을 반대한 것으로 묘사함으로써 마태복음은 이 새로운 상황을 잘 받아들이지 못하는 공동체 내의 일부 구성원들을 배려하는 절묘한 목회적 감수성을 드러낸다.

5) 예수가 많은 사람을 고치고 먹임. 이에 종교지도자들이 기적을 요구 (15:29-16:12)

마태는 11장부터 이어지는 이 단락(11:1-16:12)을 마무리하면서 또 다른 예수의 선교활동을 감동적으로 드러내는데, 종교지도자들의 불신과 거부와는 대조를 이룬다.

15:29-31에서 예수는 갈릴리 바다 주변지역으로 돌아와서, 아픈 사람들을 고쳐주는데, 이 이야기는 산상설교의 서론 부분을 분명하게 상기시킨다(4:23-5:1을 보라. 또한 11:5에 보도되는 예수의 사역에 대한 요약을 보라). 또다시 예수는 산 위에 올라가서 앉는데(15:29), 이러한 행동은 예수의 권위를 드러낸다. 그리고 또다시 사람들이 예수에게로 몰려온다. 이들은 아픈 사람들을 예수에게로 데리고 와서는, 고쳐달라고 한다. 예수의 놀라운 자비심과 병을 고치는 능력에 사람들은 "이스라엘의 하나님께 영광을 돌렸다."(15:31. 또한 5:16, 9:8을 보라.)

갈릴리 선교에서 예수가 행한 마지막 위대한 업적은 다시 한 번 많은 사람을 먹인 기적인데(15:32-39), 마가복음에 병행단락이 있다(막 8:1-10). 앞에서와 마찬가지로, 이 기적을 유발시킨 것은 늘 곁에 있는 군중에 대한 예수의 연민이다.(15:32. 또한 마 14:14 참고) 그리고 또다시 예수는 배고픈 사람들을 만족스럽게 먹이는 일에 제자들이 적극적으로 참여하도록 한다.(15:36) 이로써 이 이야기는 교회론적 기능을 효과적으로 수행한다.

많은 사람을 먹이는 두 번째 기적 이야기의 합리적인 근거는 마태복음보다는 마가복음에서 더 분명하게 드러난다. 마가는 이 사건이 데가볼리, 즉 갈릴리 바다 건너편의 이방지역에서 일어난 것으로 보도한다.(막 7:31을 보라.) 그런데 마태복음의 이야기는 이방지역에서 일어난 것처럼 보도되지 않는다. 마태복음에서 이 이야기는 예수가 갈릴리 바다 서쪽(즉, 유대인들의 거주지)에서 많은 사람을 치유하는 이야기에 곧바로 이어져 보도된다.(15:29, 32) 이미 앞에서 여러 차례 살펴본 바와 같이, 마태는 예수를 이스라엘의 경계 밖으로 나가는 것으로 묘사하려고 하지 않는다. 마태복음 안에 궁극적인 이방인 선교에 대한 징후들이 엿보이며, 또 유대 지도자들이 끊임없이 예수를 거부하는 것으로 보도되지만, 그래도 마태복음의 이야기 세계 안에서 예수는 이스라엘 선교라는 자신의 임무에 충실하다. 부활한 이후에야 그리스도는 자신의 권한으로 이방선교의 길을 열고, 마태공동체를 이방국가들로 파송한다.(28:16-20)

복음서의 이 부분에서 계속 그러하였던 것처럼, 이야기의 주제는 놀라운 믿음에서 바리새파 사람들과 사두개파 사람들의 불신앙으로 옮아간다.(16:1-12) 마치 진자가 앞뒤로 운동하듯이 두 주제가 교차되며 이야기가 진행된다. 마태는 마가복음에 나오는 병행 이야기(막 8:11-13)에 Q자료를 덧붙인다(마 16:2-3. 또한 눅 12:54-56 참고). 예수의 놀라운 사역을 접한 유대 지도자들은 예수를 "시험"하느라고, 예수에게 표징, 즉 기적을 요구한다. 그러나 그들은 "요나의 표징"밖에는 아무 표징도 받지 못할 것이다. 예수와 유대 지도자들 사이에 벌어진 앞의 논쟁에서 마태의 예수는 이미 이 표징의 의미를 해석한 바 있다. "요나가 사흘 낮과 사흘 밤 동안을 큰 물고기 뱃속에 있었던 것같이, 인자도 사흘 낮과 사흘 밤 동안을 땅 속에 있을 것이다."(12:40)

예수가 유대 지도자들을 남겨두고 떠나, 제자들과 함께 바다를 건넘으로써 이 단락의 막이 내린다.(16:1-12) 마가복음에서 이 장면은 제자들에 대한 강한 비판으로 전개된다. 마가복음의 제자들은 우둔하여, 바리새파 사람들과 헤롯의 "누룩"에 대한 예수의 경고를 이해하지 못하고, 마음과 생각이 닫혀 있어서, 오천 명을 먹인 기적의 의미를 깨닫지 못한다.(막 8:14-21을 보라.) 그러나 마태복음에서는, 앞의 사건에서와 마찬가지로, 종교지도자들의 실패에 이야기의 초점이 맞추어져 있다. "바리새파 사람들과 사두개파 사람들의 누룩"이라는 예수의 은유적 표현을 제자들이 첫눈에 깨닫지 못하는데, 이것은 제자들의 '적은 믿음'을 드러낸다.(16:8) 그러나 예수가 그들을 가르치자, 예수가 "바리새파 사람들과 사두개파 사람들의 가르침"을 두고 한 말임을 그들은 곧 "깨닫게" 된다.(16:12) 제자들과 유대 지도자들에 대한 마태의 묘사는 일관된다.

제11장

예루살렘으로 가는 여정

(16:13-20:34)

예수와 제자들이 갈릴리 바다 주변 지역을 떠나 "빌립보의 가이사랴 지방"(16:13)으로 들어가고, 거기서 극적인 장면을 연출하는데, 이것은 복음서 이야기의 또 다른 전환점이 된다. 예수는 갈릴리 사역을 마무리하고, 제자들과 함께 예루살렘으로 향하는 운명적인 여정을 시작한다. 메시아로서 예수가 수행하는 치유와 가르침의 사역은 계속된다. 그러나 이제 예수는 제자들을 가르치는 일에 훨씬 더 집중한다. 물론 이러한 모티프는 이미 앞 단락에서 나타나기 시작하였다. 그러나 실제로 이제부터 모든 장면에 예수와 제자들만 등장하거나, 가끔씩 다른 사람들이 등장하더라도, 각각의 이야기는 제자들만을 대상으로 하는 비공개적인 예수의 가르침으로 끝을 맺는다.(예를 들면, 17:19-21, 19:10-12, 23-30, 20:24-28) 군중(17:14, 19:2, 20:29)과 적대자들(17:24, 19:3)은 지속적으로 등장하기는 하지만, 분명히 이들은 미미한 역할을 수행할 뿐이다. 또 다른 새로운 요소라면, 예수의 고난과 그 고난이 예수를 따르는 사람들에게 어떠한 의미가 있는지에 초점이 맞추어진다는 사실이다. 예수가 공개적으로 자신의 죽음과 부활을 처음 예고하는 장면에서 잘 드러나듯이 말이다. 따라서 마태는 그리스도론에 대한 초점을 계속 유지하는 셈이다. 다만, 독자들이 예수의 정체성의 또 다른 차원을 숙고하도록 하는 것이다.

이 단락 전체에 걸쳐서 마태는 마가복음의 줄거리를 잘 따르고 있다.(막 8:27-10:52 참고) 마태복음이나 마가복음 모두에서 두 가지 요소가 이 단락을 하나의 단위로 묶어 주는데, 한 가지 요소는 갈릴리에서 시작하여 예루살렘으로 향하는 여정이며, 또 다른 하나는 세 번에 걸친 고난예고이다. 세 차례의 고난예고는 예루살렘으로의 여정을 강조하며, 이 여정의 의미가 무엇인지를 밝혀준다.

1) **예루살렘으로의 여정**: 편집 작업을 통해서 마태는 (전반적으로 마가의 순서를 따르지만) 예수와 제자들이 의도적으로 갈릴리에서 예루살렘으로 길을 가는 것처럼 보이도록 자료를 배열한다. 북쪽의 빌립보의 가이사랴 지방에서 예수는 제자들에게 자신이 "반드시 예루살렘에 올라가야" 한다고 선언한다.(16:21) 마태는, 예수와 제자들이 갈릴리에 "모여 있을 때", 예수가 다시 한 번 자신의 임박한 고난을 예고하는 것으로 보도함으로써 이 여행의 엄숙함과 신중함을 부각시킨다.(17:22) 이러한 보도는 마가복음과는 차이가 난다. 마가복음에서는 그들이 "거기서 나와서, 갈릴리를 가로질러 가고 있었다"(막 9:30)라고 보도된다. 그러나 마태의 예수는 갈릴리에 머무르며, 공동체와 관련된 가르침을 준다. 공동체 담화가 끝나는 부분에서야 비로소 마태는 예수가 "갈릴리를 떠나서, 요단강 건너편 유대 지방으로" 갔다고 보도한다.(19:1) 20:17에서 독자들은 계속되는 여정에 대한 이야기를 또다시 듣게 된다.("예수께서 예루살렘으로 올라가시면서…") 이제 드디어 여리고를 떠나(20:29) 벳바게와 예루살렘으로 가면서(21:1) 이 여정의 최종 목적지에 이르게 된다.(그림 2를 보라.)

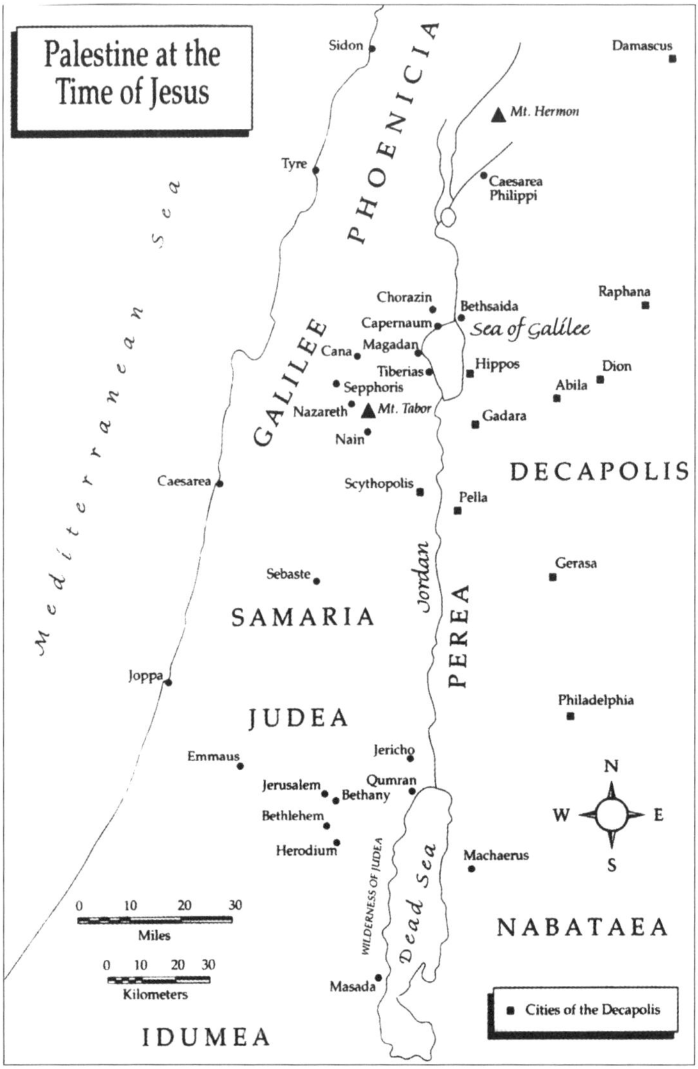

[그림 2] 예수 시대의 팔레스타인

2) **고난예고**: 마태는 또다시 마가의 줄거리를 따르면서, 예수가 세 차례에 걸쳐 자신이 고난을 당할 것과 높임 받을 것을 엄숙하게 예고하는 것으로 보도한다. 예수는 빌리보의 가이사랴에서 처음으로 고난을 예고하는

데, 베드로의 고백에 바로 이어 보도된다.(16:21) 두 번째 예고는 가이사랴 지방에서 가버나움 지역으로 돌아왔을 때 행하여진다.(17:22) 그리고 세 번째이자 가장 자세한 고난예고는 예루살렘으로의 여정이 절정에 다다랐을 때 행하여진다.(20:17-19)

고난예고는 제자도에 대한 가르침과 결합되어 있는데, 이것이 이 단락의 특징이라고 할 수 있다. 자신이 감당해야 할 고난을 예수가 처음으로 예고한 다음에는 "제 십자가를 지고" "자기 목숨을 잃으라"는 권면(16:24-26)이 나오고, 두 번째 고난예고 다음에는 공동체의 삶과 관련한 엄격한 요구(18:1-20)가 나오며, 세 번째 고난예고 다음에는 권력의 남용에 대한 경고(20:20-28)가 나온다. 이와 마찬가지로 결혼과 이혼에 대한 가르침(19:3-12)이나 재물을 포기하라는 가르침(19:16-30) 또한 제자들이 지켜야 할 명령이다. 선교에 대한 가르침을 주는 담화에서 예수가 제자들에게 이미 일렀듯이, 제자들은 그들의 스승과 똑같은 운명을 맞을 것이다.(10:24-25)

마태는 예루살렘으로의 여정을 보도하면서 전반적으로 마가의 이야기 틀을 따르고 있는데, 이 여행 이야기 중간에 공동체의 삶에 대한 가르침을 주는 담화(18:1-35)를 삽입한다. 이것이야말로 이 여행 이야기를 보도하면서 마태가 마가의 본문에 가한 가장 중요한 변경이라고 할 수 있다. 공동체 담화(18:1-35)는 마태에만 보도되는 성전세 사건(17:24-27)에 뒤이어 나오며, "하늘나라에서는 누가 가장 큰 사람입니까?"라는 제자들의 질문으로 시작한다.(18:1) 의심할 여지도 없이 마태는 여행 도중에 "누가 가장 큰 사람인가" 하는 문제로 제자들끼리 다투는 마가복음 9:33-34의 보도에서 영감을 받았을 것이다. 그런데 예수가 무지한 제자들과 대화를 이어가는 마가복음과는 달리(이것은 마가의 전형적인 특징이다.), 마태는 이 질문을 예수의 네 번째 설교의 출발점으로 삼는다.(마태복음에는 예수의 긴 설교가 다섯 개 보도된다. 이 가운데 네 번째가 공동체의 삶에 대한 가르침을 담고 있는 18장이다.)

이 설교의 내용은 여러 자료에서 왔는데, 마가복음에서 온 것도 있고(18:1-5, 6-9. 이와 관련하여 막 9:33-37, 42-50 참고), Q자료에서 온 것도 있으며(18:10-14, 15, 22. 이와 관련하여 눅 15:3-7, 17:3, 4 참고), 마태특수자료에서 온 것도 있다(18:16-18, 19-20, 21-22, 23-35).

이 단락에 드러나는 마태의 또 다른 한 가지 특징은 포도원 품꾼들의 비유(20:1-16)이다. 물론 이 비유의 결론으로 제시되는 본문은 마가복음과 누가복음에도 보도되지만(마 20:16; 막 10:31; 눅 13:30), 비유 자체는 마태복음에만 보도된다.

1. 빌립보의 가이사랴에서 베드로가 한 고백(16:13-28)

우리는 마태의 전체 이야기 안에서 이 장면이 차지하는 의미를 신중하게 살펴볼 필요가 있다. 빌리보의 가이사랴에서 베드로가 예수를 메시아로 고백한 것이 복음서 이야기의 중요한 전환점임은 분명하다.[1] 의심할 여지도 없이, 예수가 제자들에게 던지는 질문, "너희는 나를 누구라고 하느냐?"는 질문은 또한 독자들에게 던지는 질문이기도 하다. 베드로의 완전한 대답("주님은 메시아[그리스도], 살아계신 하나님의 아들이십니다.")은 마태 이야기 전체를 통해 분명하게 드러나는 그리스도론을 이 시점에서 한마디로 요약한 것이다. 마가복음에서는 베드로의 응답(막 8:29. "주님은 메시아[그리스도]이십니다.")과 이에 대한 예수의 반응이 다소 모호하다. 그러나 마태복음의 경우는 그렇지 않다.[2] 그들의 '적은 믿음'에도 불구하

1) 마태복음의 구조를 다루는 부분에서 밝혔듯이, 킹스베리 등 일부 학자들은 때를 나타내는 표현("이때부터")에 주목하여, 16:21을 구조적으로 복음서의 중요한 전환점이라고 여긴다. 그러나 16:21 한 절이 아니라 빌립보의 가이사랴에서 있었던 사건 전체(16:13-28)를 전환단락으로 보는 것이 마태의 의도를 더 잘 반영할 것이다. 이에 대해서는 제1부 34-39쪽을 보라.

고(16:8 참고), 마태가 보도하는 제자들은 예수가 누구인지 그 정체를 알고 있으며, 예수가 바다 위를 걸은 기적을 본 직후에 예수를 "하나님의 아들"이라고 부르며 자신들의 신앙을 고백한 바 있다(14:33). 반대로 마가의 이야기에서는 제자들이 아직 예수의 정체를 알지 못하며, 예수를 메시아 또는 하나님의 아들로 고백하지 않는다. 사실 이 장면 전체가 매우 극적인데, 베드로의 결정적인 고백과 함께 보도되기 때문에, 마태의 이야기에서는 이 장면의 극적인 효과가 조금은 줄어드는 것처럼 보인다. 어떤 의미에서 제자들은 이미 복음서의 앞부분에서 예수의 질문에 분명하게 대답하였다고 할 수 있다.(14:33)

이로써 우리는 마태가 이 장면의 초점을 전체 제자들에게서 예수의 말씀과 **베드로**에게로 옮겼음을 알 수 있다. "메시아(그리스도), 그리고 살아 계신 하나님의 아들"이라는 예수에 대한 시몬의 완전한 고백에는 보상이 뒤따르는데, 진정한 복이라는 보상과 권위라는 보상이다.(16:17-19) 베드로는 하나님이 예수의 참된 정체를 계시하여 준 몇 사람 가운데 한 명인데, 이 보도는 11:25-27에 나오는 예수의 기도를 떠오르게 한다. 이 일을 위해 예수는 베드로를 "교회"(ἐκκλησία)의 주춧돌로 삼는데, 이 교회가 악마의 위협을 견디어낼 것이다.[3] 더 나아가 베드로는 "하늘나라의 열

2) 마가복음에서는, 백부장이 십자가 앞에서 예수를 "하나님의 아들"로 고백하기 전까지(15:31), 사람 가운데는 아무도 예수를 "하나님의 아들"로 고백하지 않는다. 따라서 막 8:29에서 예수를 "그리스도"라고 한 베드로의 고백은 불충분한 것처럼 보인다. 이것은 마가복음에서 제자들의 몰이해가 드러나는 한 가지 예이다. 또한 마가의 이야기에서 예수는 베드로를 칭찬하지 않고, 오히려 곧바로 사람의 아들(인자)이 받아야 할 고난에 대해 말하기 시작한다. 예수가 메시아라는 베드로의 찬사로부터 다른 데로 관심을 돌리려는 듯하다. 이에 대해서는 Donald Senior, *The Passion of Jesus in the Gospel of Mark*, Passion Series 2(Collegeville, Minn.: Liturgical Press, 1984), 31-35를 보라.

3) '회합' 또는 '교회'를 의미하는 '에클레시아'(ἐκκλησία)가 마태복음에서 세 차례 사용되는데, 이 구절이 처음으로 사용되는 경우이다(또한 18:17을 보라). 이 단어의 범위를 규정하기는 쉽지 않다. 그러나 여기서는 예수를 따르는 사람들의 공동

쇠"를 받는 사람으로 지명되며, 이로써 베드로의 권위가 드러난다. 그런데 이 보도는 궁중의 일을 책임진 총책임자 셉나가 파면되고 엘리야김이 새로운 총리로 지명을 받으며, "다윗 집의 열쇠"가 그의 어깨에 놓이게 된다는 이사야의 예언을 떠오르게 한다.(사 22:22) 또 베드로는 "매고 푸는" 권한을 받는데, 이러한 표현은 후기 랍비문헌에서 교리적 문제나 자격 문제 등을 포함하여 여러 가지 일에 대한 권한을 묘사하는 데 사용되었다.[4)]

그러나 마태는 베드로를 이상적인 모습으로 묘사하지는 않는다. 예수는 제자들을 축복하고 나서, 자신이 당할 고난에 대해 묘사하기 시작한다.(16:21) 마가복음과 비교해보면, 마태는 예수의 예고에 대한 베드로 반응을 확장시킨다. 즉, 베드로의 반응에 대사를 넣으며, 또한 이에 대한 예수의 대답을 더 길게 보도한다.(마 16:22-23; 막 8:32-33 참고) 역설적으로 베드로는 예수를 "주님"(κύριε)이라고 부르지만, 고백이나 간구의 마음으로 그렇게 부른 것이 아니라, 예수를 설득하여, 앞에 놓인 고난을 회피하도록 하려는 마음으로 그렇게 소리를 지른 것이다. 베드로를 꾸짖는 예수의 대사 또한 마태복음에 더욱 강하게 나타난다. 예수는 베드로를 "사탄"이라고 부를 뿐만 아니라, "걸림돌"(σκάνδαλον)이라고도 한다. 베드로가 하나님의 잣대로 생각하지 않고, 사람의 잣대로 생각하기 때문이다.(16:23) 이로써 베드로는 예수가 "나에게 걸려 넘어지지 않는 사람은 복이 있다"(마 11:6)라고 세례자 요한의 제자들에게 한 경고를 그대로 받는 셈이다.(마 11:6에서 어근이 같은 동사 σκανδαλίζω가 사용된다.) 이 중요한 상면에서 마태는 언어유희를 사용하는데, 베드로에게 "반석"

체 전체를 가리키는 것으로 보인다. 이에 대해서는 201-214쪽에 나오는 마태복음 18장에 대한 논의를 보라.

4) 이에 대한 더 자세한 논의는 W. D. Davies/Dale C. Allison, Jr., *The Gospel Accoding to Saint Matthew*, 3 vols.(Edinburgh: T&T Clark, 1988), vol. 2, 635-641을 보라.

(πέτρα)과 "걸림돌"이라는 두 가지 돌의 이미지를 덧입힌 것이다. 어쨌든, 마태는 다소 상반된 이미지로 베드로를 묘사하는데, 이는 제자들 전체에게 적용되는 것이기도 하다. 그들은 예수를 이해하며, 예수를 하나님의 아들로 고백한다. 그러나 또한 두려워하고, 의심한다. 그들은 "믿음이 적다."

앞에서 살펴본 바와 같이, 수세기에 걸쳐 학자들은 마태가 베드로를 어떻게 묘사하는지에 대해 논쟁하였다.[5] 아래와 같이 크게 세 가지 견해로 나눌 수 있다. 첫 번째는 여기 이 장면에 나오는 베드로가 전체 제자들을 단지 대표하는 인물이라는 견해이다. 즉, 복음서의 이야기가 특별히 한 제자(여기서는 베드로)에 초점을 맞추면서 그의 능력(과 약점)을 묘사하고는 있지만, 사실은 그 내용이 제자들 전체에 해당하며, 그 한 제자는 전체 제자들을 단지 대표할 뿐이다. 두 번째는 킹스베리 등과 같은 학자들이 주장하듯이, 마태가 베드로를 단지 제자들의 대표 정도로 묘사하는 것이 아니라, 구속사에서 독보적인 역할을 차지하는 특별한 제자로 묘사한다는 견해이다. 고린도전서 15:3-5와 같은 매우 초기 전통에 반영되어 있는 예수의 부활에 대한 베드로의 증언뿐 아니라 유대 그리스도교와 이방 그리스도교를 연결하는 교량으로서의 그의 실질적인 지도적 역할로 인해 베드로는 그리스도교 공동체의 "주춧돌"이 되었으며, 또한 누가 그리스도인이고 누가 아닌지를 결정하는 문제에서도 독보적인 역할을 수행하였다는 것이 이러한 견해의 근거이다.(행 11-12장과 15장. 또한 갈 2:11-14가 보도하는 사건, 즉 이방 사람들과 함께 식사하다가 도망친 것에 대해 바울이 비난하는 것에 이러한 사실이 반영되어 있다.) 세 번째는 많은 로마가톨릭 학자들이 주장하듯이, 복음서가 베드로를 단지 과거의 존경받던 역사적 인물이 아니라, 마태공동체에서 시작되어 오늘날까지 이어지는 지도력의 상징으로 묘사한다는 견해이다. 예수가 특별히 강조하여 베드로를

5) 제1부 94-100쪽을 보라.

축복하였다는 사실, 또 그에게만 하늘나라의 열쇠 등 특별한 권한을 맡겼다는 사실이 이 견해의 근거이다. 그런데 앞에서 살펴보았듯이, 예수는 베드로를 축복만 한 것이 아니라, 꾸짖기도 하였다. 베드로에 대한 예수의 축복과 꾸짖음은 공동체 안에서 지도자의 위치에 있는 사람들을 긍정하는 기능과 동시에 경고하는 기능을 한다.[6)]

이 장면은 예수가 제자들 전체에 가르침을 주는 것으로 끝을 맺는다.(16:24-26) 예수를 따르고자 하는 제자라면 십자가의 길을 걸을 준비가 되어 있어야 한다. 제자들에게 요구되는 것이 무엇인지에 대해서는 마태복음에 이미 강조된 바 있다. 예수의 제자가 되려는 사람이라면, "인자는 머리 둘 곳이 없다"는 예수의 말을 잊지 말아야 하며, 또한 아버지의 장례를 치르는 일 등 그 어떤 일도 예수의 요구에 헌신하는 일보다 우선시될 수 없음을 잊지 말아야 한다.(8:18-22) 선교에 대한 가르침을 담고 있는 선교 담화를 보면, 제자들은 선교로 인해 박해와 고난을 받을 각오를 해야 한다.(10:16-25) 누구든지 "자기 십자가를 지고 … (예수를) 따르지 않는 사람"은 예수에게 적합하지 않으며, 예수를 "위하여 자기 목숨을 잃는 사람은 목숨을 얻을 것이다"(10:38-39). 이와 똑같은 가르침이 이 단락에서 반복되는데, 첫 번째 고난예고에 바로 이어 나옴으로써, 예수와 제자들이 예루살렘으로의 여정을 시작할 즈음 새로운 긴박감이 조성된다.

이 단락 전체에 걸쳐서 사람의 아들, 즉 "인자"라는 불가사의한 칭호가 예수에게 적용되는데, 점점 그 빈도가 높아진다.[7)] 이 칭호는 예수의 고

6) 물론 로마가톨릭 학자들만이 이러한 주장을 하는 것은 아니다. 데이비스/엘리슨(Davies/Allison)의 결론을 보라. *Gospel According to Saint Matthew*, vol. 2. "마태복음에서 베드로는 단지 제자들의 대표만이 아니다. 또한 처음으로 부름을 받은 제자일 뿐만도 아니다. 마태복음에서 베드로는 탁월한 제자이다. 이것은 다른 제자들이 갖지 못한 중요성과 권위를 베드로만이 갖고 있음을 의미한다. 구원사에서 그가 차지하는 역할은 결정적이다. 아마도 베드로의 권위는 마태공동체의 전통 속에서 계속 유효하였을 것이다."(651-652쪽)

난과 굴욕을 묘사하는 데 사용될 뿐 아니라(17:12, 22), 예수의 높이 들림과 영광스러운 재림을 묘사하는 데도 사용된다(16:27-28, 17:9, 19:28). 따라서 이 칭호는 독자들의 관심이 예수의 죽음과 부활에 쏠리게 되는 이 단락에 잘 어울린다.

2. 변모(17:1-21)

시간을 알리는 부사구 "엿새 뒤"는 독자들을 새로운 장면으로 안내하는데, 이 장면에서는 하나님의 아들이라는 예수의 정체가 제자들에게 분명하게 계시된다. 첫 번째 고난예고에 이어서 변모사건이 보도되는데, 이 변모사건은 예수가 영광 받을 것을 예고하며, 메시아로서의 예수의 권위를 다시 한 번 확인시킨다. 또한 "너희는 그의 말을 들어라"(17:5)라는 단호한 소리는 엄격한 제자도에 대한 가르침을 강조하는데, 이것이야말로 이 단락의 핵심이다. 모세와 엘리야가 함께 등장하는데, 이는 예수가 율법이나 예언서와 단절되어 있지 않고, 오히려 그 연속성 가운데 있다고 강조하는 마태의 특성에 잘 들어맞는다.

전반적으로 이 이야기에 대한 마태의 보도는 마가의 보도와 크게 다르지 않다. 베드로와 제자들을 다루는 방식만이 눈에 띄게 다를 뿐이다. 마가의 이야기에서 제자들은 늘 예수를 이해하지 못하는 것으로 보도되며, 변모사건에서도 제자들의 몰이해가 드러난다.(막 9:6, 10) 그러나 마태가 베드로와 나머지 두 제자를 묘사하는 방식은 바다 위를 걸은 사건(14:22-33)을 떠오르게 한다. 그들은 진정으로 예수에게 경의를 표하고 있는데, 다만 두려움이 깃들어 있을 뿐이다. 그리고 예수는 그들을 불쌍히

7) 마태복음에 이 칭호가 총 30번 사용되는데, 이 단락에서만 10번 사용된다. 마태복음의 이 칭호에 대해서는 제1부 76-80쪽을 보라.

여겨서 공포로부터 그들을 해방시킨다.

마가복음에 보면, 이 장면에서 베드로는 예수를 "랍비"라고 부르는데, 마태복음에서는 고백적 성격이 강한 "주님"이라는 칭호가 사용된다.(마 17:4. 또한 막 9:5 참고) 사실, 마태는 예수에 대하여 "랍비"라는 칭호를 잘 사용하지 않는다.[8)] 마태는 여기에 "(주님께서) 원하시면"이라는 경의의 표현을 덧붙인다. 베드로의 어이없는 반응에 대한 마가의 보도(베드로는 무슨 말을 해야 좋을지 몰라서 이런 말을 했던 것이다. 막 9:6)가 마태복음에서는 생략되며, 따라서 독자들은 여기에 초막 셋을 짓겠다는 베드로의 제안이 온당치 않다는 인상을 받지 않는다.

따라서 마태복음에서 베드로는 다시 한 번 제자들 사이에서 지도자의 역할을 한다. 예수와 모세와 엘리야를 존경하는 마음으로 초막 셋을 짓겠다고 베드로가 제안을 하였는데, 그때 특별히 선택받은 세 제자(베드로와 야고보와 요한)는 하늘로부터 들려오는 소리에 압도되어, 두려움에 사로잡히고 만다(17:6). 치유 이야기와 물 위를 걸은 기적 이야기에서처럼, 예수는 두려움에 사로잡힌 제자들에게 다가가서, 그들에게 손을 대며 안심시킨다. 그리고 이렇게 말한다. "일어나거라. 두려워하지 말아라."(마 17:7)

예수와 세 제자가 산에서 내려온다는 보도로 이 신비한 환상 이야기는 끝을 맺는다. 그런데 내려오는 길에 예수는 또다시 자신의 다가올 죽음과 부활을 암시한다.(마 17:9) 그리고 엘리야를 두고 제자들이 던진 질문에 대답한다.(17:10-13) 마태는, 마가보다 훨씬 더 강한 어조로, 세례자 요한이 다시 온 엘리야임을 강조한다.(17:13. 제자들이 이를 "깨달았다"고 하는 마태의 보도에 주목하라.) 세례자 요한에 대한 이러한 묘사는 11:7-19에 보도되는 예수의 가르침과 잘 어울린다. 즉, 세례자 요한은 예언자들 가운데 최후의 예언자이며, 가장 위대한 예언자이다. 그가 출현하

8) 마태의 예수는 제자들에게 "랍비"라는 칭호를 듣지 말라고 경고한다(마 23:8). 유다만이 "랍비"라는 칭호로 예수를 부른다(마 26:25, 49).

였다는 사실은 메시아의 시대가 왔음을 알리는데, 그것은 예수 안에서 성취되었다.

예수와 제자들이 산에서 내려오자, 그들은 예수를 기다리고 있던 사람들을 또 만나게 된다.(8:1, 18, 9:36, 14:14, 15:30을 보라.) 그리고 어떤 사람이 예수에게 다가와서 간질병에 걸린 자기 아들을 살려달라고 간청한다.(17:14-21) 마가복음에서와 마찬가지로, 이 이야기의 관심은 기적 자체보다는 믿음의 문제에 집중되어 있다.(막 9:14-29 참고) 그러나 마태는 마가의 이야기에 상당히 많이 손을 댔다. 자신의 관점에 맞도록 변경한 것이다. 마가의 이야기에서는 간질병에 걸린 아이의 아버지와 예수의 대화에 초점이 맞추어져 있다. 마가복음에 보면, 제자들은 이 아이를 고치지 못하는데(막 9:18), 그럼으로써 제자들의 믿음이 부족하다는 사실이 폭로되며, 그들의 부족한 믿음은 예수와 능력이라든지 아이의 아버지가 보이는 간절한 믿음과 대조를 이룬다. 아이의 아버지는 이렇게 말하는 것으로 보도된다. "내가 믿습니다. 믿음이 없는 나를 도와주십시오."(막 9:24) 그런데 마태복음에서 아이의 아버지는 예수에게 아이를 고쳐달라고 간청한 뒤로 이야기에서 모습을 감춘다. 마태 이야기의 초점은 예수와 제자들에게 맞추어지는데, 이 전체 단락의 특징(제자들에 대한 예수의 비공개적인 가르침)을 그대로 반영하는 셈이다. 마태복음에서도 제자들은 이 아이를 고치지 못하는데(마 17:16), 이에 예수는 이들을 "믿음이 없고 비뚤어진 세대"라고 신랄하게 꾸짖는다. 이러한 꾸짖음은 이스라엘을 두고 모세가 탄식한 일을 떠오르게 한다.(신 32:5) 아이를 고친 뒤에 예수는 제자들만 따로 모아놓고 비공개적으로 가르침을 주는데(마 17:19-20), 이때 마태는 제자들의 '이중적인' 이미지를 잘 드러내는 방식으로 보도한다. 즉, 제자들이 이 아이의 삶을 파괴하는 악마의 세력으로부터 이 아이를 해방시키지 못한 것은, 그들의 믿음이 적었기 때문(마 17:20)이라는 것이다.

3. 하늘나라 공동체의 삶(17:22-18:35)

예루살렘으로 가는 여정의 또 다른 이정표는 17:22에 나온다. 여기서 예수와 제자들은 갈릴리에 “모인다.” 그리고 예수는 자신이 당할 고난과 부활을 두 번째로 예고한다. 예수의 고난예고에 마가의 제자들은 그냥 당혹스러워 하는 반면에, 마태의 제자들은 몹시 슬퍼한다.(마 17:23; 막 9:32)

세금에 얽힌 기이한 사건에 대한 보도(17:24-27)와 공동체와 관련된 가르침을 주는 공동체 담화(18:1-35)가 예수의 고난예고에 뒤따라 나온다. 세금에 얽힌 이야기는 마태복음에만 나오는데, 얼핏 보기에는 이 문맥에 어울리는 것 같지 않다. 기원후 70년에 성전이 무너지기 전까지 성전을 유지하기 위해 유대인이라면 누구나 반 세겔의 성전세를 납부하였다. 심지어는 팔레스타인 지역 밖에 사는 디아스포라 유대인들도 성전세를 냈다. 이는 연대감을 표현하는 중요한 방식이었다. 성전이 파괴된 이후에도 로마는 이 세금을 계속 거두었다. 그러나 그 세입은 로마에 있는 제우스 신전의 수입으로 돌렸다. 따라서 마태공동체에 속한 유대 그리스도인들에게 세금을 내는 일은 기원후 70년 이전이나 이후나 딜레마였다.

이 이야기는 유대 그리스도인들의 직면한 두 가지 문제에 대한 정당한 근거를 제공한다. 우선, 성전세를 냄으로써 동료 유대인들과 극단적으로 분리되지 않을 수 있는 근거를 제공하며(기원후 70년 이전), 또한 세금을 납부함으로써 로마당국과 갈등을 일으키지 않을 수 있는 근거를 제공한다(기원후 70년 이후). 마태의 이야기에서 또다시 베드로는 전체 제자들을 대신하여 중요한 역할을 수행하는데, 실제로 그는 제자들 공동체의 정책을 설명하는 대변인이 되는 것이다.

한편으로 이 이야기에 들어 있는 신학은 이어지는 공동체 담화(18:1-35)의 실마리를 제공한다.[9] 물론 예수는 세금을 거두어들이는 사람들이 “걸려 넘어지지 않도록” 세금을 내야 한다는 결론을 내리지만, “왕의 자녀들은 세금을 면제"받기 때문에(17:26), 사실 예수와 베드로 둘 다 세금을 낼 필요가 없다. 비록 하나님 나라의 씨앗이 이 "세상"에 심겨지고(13:38), 예수의 가르침과 치유가 제자들 공동체의 범위를 넘어서게 될 것이지만, 마태는 여전히 제자들을 핵심 그룹으로 여긴다. 이 제자들이야말로 예수의 가르침을 온전히 받고, 그것을 이해할 수 있는 특권을 지니고 있으며, 또한 예수의 위대한 사역을 목격할 수 있는 특권뿐 아니라, 메시아로서의 예수의 능력에 참여할 수 있는 특권을 지니고 있다. 그러나 같은 이유로 제자들에게는 더 충만한 믿음과 더 큰 의로 응답해야 할 책임이 주어진다. 이 이야기에서 바로 이어지는 공동체의 삶에 대한 예수의 가르침(18:1-35)은 "하늘나라에서는 누가 가장 큰 사람입니까?"라는 제자들의 질문으로 시작되는데, 예수의 제자라고 불리는 특권을 지닌 사람들의 자질에 초점을 맞추고 있다.

이 공동체 담화(18:1-35) 자체는 예수의 말씀과 비유들을 수집한 형태이다. 그런데 예수의 말씀과 비유들이 결합되어 마태공동체의 정황과 그들의 염원에 대한 놀라운 통찰력을 제공한다. 이 담화의 정확한 구조에 대해서는 논란의 여지가 있지만, 분명한 특징들이 몇 가지 있다. "하늘 아버지"에 대한 두 개의 핵심적인 말씀은 이 담화의 두 가지 중요한 주제를 요약한다. 첫 번째는 18:14이고, 두 번째는 18:35이다. (1) 18:14("이 작은 사람들 가운데서 하나라도 망하는 것은, 하늘에 계신 너희 아버지의 뜻이 아니다.")는 18:2-13에 나타나는 권면에 대한 결론이다. 그리고 (2) 18:35에 나타나는 결론적인 진술("너희가 각각 진심으로 자기 형제자매를 용서해 주지 않으면, 나의 하늘 아버지께서도 너희에게 그와 같이 하실 것이다.")은 8:21-35의 주요 주제인 무한한 용서에 대한 권고를 핵심적으

9) 공동체 담화(마 18:1-35)에 대한 연구에서 윌리엄 톰슨(William G. Thompson)이 주장한 내용이다. 이에 대해서는 그의 연구서 *Matthew's Advice to a Divided Community: Mt. 17:22-18:35*, AnBib 44(Rome: Biblical Institute Press, 1970)를 보라.

로 요약한다. 중간 부분에 나오는 내용, 즉 말을 듣지 않는 구성원들을 어떻게 치리할지에 대한 지침(18:15-17)과 공동체에 주어진 권한을 어떻게 사용할지에 대한 지침(18:18-20)은 이 부분(18:15-20)을 둘러싸고 있는 연민과 용서에 대한 가르침(18:2-14, 21-35)과 다소 모순이 되는 것처럼 보이는데, 사실은 연민과 용서에 대한 가르침 때문에 이 부분(18:15-20)의 엄격함이 누그러지는 셈이다.

연구자들은 이 담화의 관점을 명심해야 한다. 이 담화의 내용, 특히 전반부의 내용을 자세히 읽어보면, 이 가르침이 공동체의 핵심 멤버들, 아마도 공동체의 지도자들을 대상으로 하고 있음을 알 수 있다. 이 가르침의 대상이 되는 사람들은 "작은 사람들"이 가는 길 위에 "걸려 넘어지게 하는 것(장애물)"을 놓을 수 있는 구성원들이고(18:6-9), 자칫 "작은 사람들"을 "업신여길 수 있는" 구성원들이며(18:10), 또한 "잃어버린" 사람을 찾아 나서야 하는 위치에 있는 구성원들이다(18:12-13). 후반부 역시 공동체 구성원들 가운데 말을 듣지 않는 사람들이나 죄를 짓는 사람들을 대상으로 하지 않는다. 죄짓는 사람들로 인해 피해를 입은 사람들을 대상으로 하고 있다.(18:15, 21)

이 담화가 강조하는 내용은 마태복음이 칭찬하는 덕목들이다.

1) 예수는 제자들에게 "돌이켜서" 어린아이와 같이 겸손하라고 가르친다.(18:2-5) 마태의 예수는 온유한 사람들에게 복이 있다고 이미 말한 바 있으며(5:5), 하나님 나라의 신비를 "어린아이들"에게 드러내 보이신 하나님을 찬양한 바 있다(11:25. 또한 19:13-15를 보라). 이후에 예수는 또다시 제자들에게 하나님의 통치가 어떠한 정신을 요구하는지에 대해 알려주는데, 그래서 "첫째가 된 사람들이 꼴찌가 되고, 꼴찌가 된 사람들이 첫째가 되는"(19:30, 20:16) 것이다.

2) 공동체 내의 약한 사람들과 하찮아 보이는 사람들을 돌보는 일(18:6-14)은 아픈 사람들과 이스라엘의 "잃어버린 양"에 대한 예수의 깊

은 동정심을 반영한다. 이 동정심이야말로 마태의 이야기의 특징이며, 복음서 전체에 걸쳐 치유 이야기들을 통해서 잘 드러난다.(특히 8-9장) 마태는 이 담화에서 "어린아이"(παιδίον)의 이미지에서 "작은 자"(μικρός)의 이미지로 미묘하게 용어를 변경시킨다. "작은 자들"은 마태공동체에서의 지위를 가리킨다.(예를 들면, 10:42를 보라. 여기에 보면 선교 중에 박해를 받는 제자들이 "작은 자들"로 불리며, 25:31-46의 최후의 심판 비유에서는 "가장 작은 자들"로 불린다.)

3) 이 담화의 마지막 부분(18:21-35)에서 용서가 강조되는데, 용서는 마태의 특징적인 주제로, 이미 산상설교에서 예수는 용서를 가르친 바 있다.(즉, 5:21-26, 38-42, 43-48, 6:12, 14-15) 산상설교의 자료, 특히 5:43-48(원수를 사랑하라는 가르침)과 마태에만 나오는 용서할 줄 모르는 종의 비유(18:23-35) 사이에는 일치하는 점이 있는데, 하나님의 무차별적인 은혜를 기억한다는 것이다. 산상설교의 가르침과 용서할 줄 모르는 종의 비유에서의 가르침의 내용은 같다. 제자들은 죄를 지은 사람들을 기꺼이 용서해야 한다. 제자들 역시 하나님의 놀라운 은혜를 경험하였기 때문이다.

4) 공동체 구성원들 가운데 죄를 지은 사람이나 말을 듣지 않는 사람을 어떻게 다루어야 하는지, 그 과정이 여기 묘사되어 있는데(18:15-17), 쿰란 소종파 공동체 안에도 이와 비슷한 과정이 있다.[10] 비록 궁극적으로 그 결과는 가혹하지만, 이 과정에 대한 묘사를 통해서 우리는 이 담화의 나머지 부분이 공동체 구성원들에게 어떠한 태도를 요구하는지를 알 수 있다. 죄를 저지른 구성원이라도 존중을 받아야 하며, 신중하게 대우를 받아야 한다. 그리고 그 구성원을 추방하기 이전에 모든 해결책이 강구되어야 한다. 죄지은 사람을 "이방 사람이나 세리"와 같이 여기라는 명령은 홍

10) 다음의 책에서 "공동체의 규율 5:24-6:1" 부분을 보라. James H. Charlesworth (ed.), *The Dead Sea Scrolls*, vol. 1: *Rules of the Community and Related Documents* (Louisville: Westminster John Knox Press, 1994), 25-27.

미롭다. 공동체 밖에 있는 사람들이나 공동체의 가치관을 공유하지 않는 사람들을 가리킬 때, 마태는 종종 이방 사람들과 세리들이라는 표현을 사용한다.(예를 들면, 5:46-47) 그러나 네 복음서에서 예수는 세리들뿐 아니라 이방 사람들과도 사귀었던 것으로 보도되며, 궁극적으로 그들은 마태공동체의 선교 대상에 포함된다.(8:5-13, 9:9-10, 11:19) 그렇다면, "그를 이방 사람이나 세리와 같이 여겨라"(18:17)라는 말은, 추방된 구성원들이 지금은 공동체 밖에 있지만, 결국 공동체가 진지하게 찾아 나서야 하는 대상에 포함된다는 것인가?

누군가를 공동체에서 추방하는 문제는 마태복음이 '의회' 또는 '교회'에 부여한 권한을 분명하게 드러낸다. 16:19에서 "매고 푸는" 권한이 베드로에게 주어졌는데, 이와 똑같은 권한(이번 경우에는 분명히 구성원의 자격을 결정하는 권한을 가리킨다.)이 이번에는 공동체 의회에 주어진다.(18:18-19) 공동체가 이러한 권한을 가질 수 있는 이유는, 부활한 예수가 지금 공동체 안에 함께 있기 때문이다.(18:20) 그런데 예수가 공동체와 함께한다는 진술은 예수의 시대뿐 아니라, 복음서 독자들의 시대와도 깊이 관련된다. 복음서 독자들의 시대에도 예수는 여전히 공동체와 함께하는 것으로 이해되기 때문이다. 공동체와 끝까지 함께하겠다는 약속은 복음서 마지막 부분(28:20)에서 임마누엘 예수가 떠나기 전에 열한 사도들에게 준 마지막 약속이다.

결국, 이 감동적인 담화로 인해 제자도라든지 인간관계에 대한 복음서의 매우 날카로운 가르침은 공동체에 대한 권고가 되었다. 소외된 계층에 대해 관심과 분쟁을 조정하는 일과 용서를 강조하는 것이 공동체 내에 있었던 실질적인 문제들을 반영하는지 여부는 추측할 수밖에 없다.

4. 예루살렘으로 가는 길에서의 가르침(19:1-20:16)

예수의 긴 설교가 끝날 때마다 독특한 전환문구가 사용되는데, 여기서도 비슷한 전환문구가 사용된다.(19:1. "예수께서 이 말씀을 마치시고") 이러한 전환문구를 통해서 마태는 전부터 진행되어 온 예루살렘으로의 여정 이야기로 되돌아간다. 많은 사람이 예수를 따라왔고, 예수가 그들을 고쳐주었다는 보도가 간략하게 이어지는데(19:2), 이처럼 예수가 가는 곳에는 언제나 병자들이 있다. 그러나 예루살렘으로의 여정 전체 이야기와 마찬가지로 이 단락에서도 초점은 제자들에 대한 가르침에 맞추어져 있다. 물론 몇몇 바리새파 사람들(19:3)이라든지, 어린이들(19:13), 또 부자 젊은이(19:16) 같은 인물들이 때때로 무대에 등장하기는 하지만, 그럴 경우에도 예수의 말씀은 결국 제자들에게로 향한다. 즉, 다른 등장인물들이 예수의 가르침을 야기하는 경우에도 그 가르침은 궁극적으로 제자들에게 주어진다. 마태복음에만 보도되는 포도원 품꾼들의 비유(20:1-16)를 제외하면, 이 부분에 포함된 자료들은 모두 마가복음에서 왔다.

1) 결혼과 이혼(19:3-12)

마태는 산상설교에 보도되는 예수의 가르침(5:31-32)에 맞추어 이혼과 결혼에 대한 논의(19:3-9)를 조심스럽게 편집하였으며, 이때 이것이 유대사회의 맥락에서 벗어나지 않도록 하였다. 바리새파 사람들이 예수를 시험하려고, **무엇이든지 이유만 있으면**, 남편이 아내를 버려도 되는지 묻는다. 이것은 랍비들 사이에 첨예하게 논쟁되었던 문제이다.[11] 로마사회의 사정을 반영하며, 아내가 먼저 남편과 헤어지려고 하는 경우까지도 언

---

11) 이 본문에 대해서는 Raymond F. Collins, *Divorce in the New Testament*(Collegeville, Minn.: Liturgical Press, 1992), 104-145를 보라.

급(막 10:12)하는 마가와는 달리, 마태는 여전히 남자의 역할에 이 율법규정의 초점을 맞춘다. 마태는 대화의 흐름을 조정하여 근본적인 요점이 더욱 분명하게 드러나도록 한다. 즉, 결혼에 대한 하나님의 원래 의도, 하나님의 변하지 않는 의도는 결혼을 통해서 떼어낼 수 없는 "한 몸"으로 연합하는 남자와 여자의 이상적인 상태로 표현된다.(창 1:27, 2:24) 이혼이 허용되는 이유(신 24:1)는 단지 "너희의 마음이 완악하기 때문"이라고 예수는 바리새파 사람들에게 말한다.(19:8)

5:32와 마찬가지로, 마태복음 19장에서 예수는 이혼 금지 조항의 예외로 '포르네이아'(πορνεία)의 경우를 포함시키는 것 같다. 기본적으로 '불결함' 또는 '불법'이라는 뜻을 가진 것으로 알려진 이 그리스어 단어가 정확히 무엇을 의미하는지에 대해서는 논란의 여지가 있다. 이에 따라, 번역 성서들은 이 단어를 다양하게 번역하였다. "부정"(unchastity, NRSV)이라고 번역하기도 하고, "불법"(illicit, New Jerusalem Bible)이나 "비합법적인"(unlawful) 결혼(New American Bible)으로 번역하기도 한다. NRSV는 "부정"이라는 단어를 선택하였는데, 이 경우 이혼이 허용되는 '예외'의 폭은 넓고 불확정적이다. 배우자에게 충실하지 않은 것, 이 밖의 다른 모든 심각한 사유를 포함하는 것으로 해석할 수 있다. 마가복음에는 이혼이 허용되는 '예외'가 언급되지 않는데(막 10:11-12), 아마도 이것이 예수의 급진적인 가르침이었을 것이다. 마가복음과 달리 마태는 이혼 금지 명령에 한 가지 '예외' 사항을 두었는데, 이것은 아마도 그리스도교 공동체가 예수의 이러한 급진적인 가르침을 완화한 것으로 보인다.[12] 그런

12) 이와 병행하는, 그러나 차이를 드러내는 또 다른 경우는 고전 7:15에 보도되는 바울의 명령이다. 소위 바울의 특전(Pauline privilege)이라고 불리는 것인데, 그리스도인이 비그리스도인과 결혼한 경우, '평화를 위해' 결혼생활을 끝내고 헤어지는 것이 허용되는 것을 가리킨다. 그러나 이렇게 이혼한 그리스도인이 이제 또 결혼을 할 수 있는지에 대해서 바울이 어떻게 생각하였는지는 불분명하다. 이에 대해서는 Collins, *Divorce in the New Testament*, 63-64를 보라.

데 NAB나 NJB의 번역을 보면, 마태의 이 구절은 실제로 이혼 금지에 대한 '예외'가 전혀 아니다. NAB나 NJB는 포르네이아를 합법적이지 않은 결혼, 또는 유효하지 않는 결혼을 가리키는 것으로 해석하기 때문이다. 마태공동체에 들어가기를 원하는 이방인 개종자들이 합법적이지 않은 결혼 상태에 있는 경우를 떠올려 볼 수 있다.(아마도 결혼이 금지된 혈족 간의 결혼) 이들은 마태공동체에 들어가기 전에 적절하지 않은 이러한 결혼생활을 끝낼 것을 요구받았을 것이다. 이러한 맥락에서 볼 때, 마태복음에서 '예외'인 것처럼 보이는 이 조항이 결혼에 대한 예수의 가르침이 원래부터 지니고 있던 그 급진성을 결코 감소시키지 않는다고 할 수 있다.[13)]

이 두 가지 가능성(즉, 포르네이아가 부정을 가리키는지, 합법적이지 않은 결혼을 가리키는지) 가운데 무엇이 본문의 의도인지를 결정하는 일은 매우 어려우며, 어쩌면 불가능할지도 모르겠다. 아마도 독자들이 이혼을 허용하는 것으로 본문을 해석하든지, 또는 허용하지 않는 것으로 해석하든지, 어떠한 선택을 하더라도, 그것은 자신이 속한 교회(교단이나 교파)의 관행으로부터 영향을 받은 결과일 것이다. 어쨌든 마태가 말하려는 점은, '한 몸'이라는 창세기의 이상적인 표현에 드러난 하나님의 뜻을 예수가 강력하게 선포함으로써, 결혼과 이혼에 대한 가르침에서 율법의 의미를 '완성'(성취)하였다는 것이다. 산상설교의 반명제들과 18장의 공동체 담화에 나오는 예수의 가르침(길 잃은 사람들에 대한 목회적 차원의 돌봄과 서로에 대한 용서라는 가르침)처럼 마태복음이 보도하는 예수의 가르침의 일관된 요점은 일치와 화해에 대한 강조에 있다.

결혼과 이혼에 대한 논쟁은 예수와 제자들의 비공개적인 대화로 끝을 맺는데(19:10-12), 이 부분은 마태복음에만 보도되는 내용이다. 예수의 급진적인 요구는 차라리 "결혼하지 않는 것"이 낫겠다는 제자들의 하소연

13) 그러나 그렇다고 해서, 이 본문을 분석하면서 연구자가 목회적 차원에서 결혼과 이혼에 대한 문제를 다룰 수 없다는 것은 아니다. 이에 대해서는 앞에서 산상설교에 대해 다룬 부분을 보라. 특히 158-162쪽.

으로 이어진다.(10절) 이에 대해 예수는, 제자마다 각자의 능력에 따라 하나님 나라의 부름에 응답하는 방식이 다양할 수 있다고 대답한다. 마태의 예수는 "하늘나라 때문에 스스로 고자가 된 사람들"도 있다고 한다. 아마도 이혼과 재혼에 대한 예수의 가르침에 따라 재혼하지 않으려는 사람들, 또는 그리스도교 선교에 철저하게 헌신하려는 의도에서 독신으로 남으려는 사람들을 가리키는 것으로 보인다. 10장에 보도되는 선교 담화(선교에 대한 예수의 가르침)에서 드러나듯이, 선교를 위해 가정생활을 포기하고, 재산마저 버리고 떠도는 이상적인 모습은 마태공동체에서 여전히 존경의 대상이었다.[14] 일반적으로 당시 유대교는 결혼을 강력하게 권장하였으며, 결혼이야말로 하나님이 의도하신 삶의 방식이라고 생각하였지만, 예수 시대나 초기 그리스도교 시기에 있었던 팔레스타인 유대교 안의 몇몇 그룹들은 급진적이고 독신주의적인 삶의 방식을 택하였다.[15]

2) 어린이들(19:13-15)

또 한 번 어린이가 하나님 나라의 표징으로 소개된다.(11:25, 18:1-5를 보라.) 마가복음의 병행단락을 보면, 사람들이 아이들을 예수에게로 데리고 나온다. 예수가 아이들을 "쓰다듬어 주시기"를 바란 것이다. 그런데 제자들이 그들을 막아선다. 이에 예수는 제자들을 호되게 꾸짖는다.(막 10:14) 마태복음의 보도는 조금 더 차분한 분위기이다. 사람들이 아이들

---

14) 이에 대해서는 울리히 루츠의 견해를 보라. *The Theology of the Gospel of Matthew*, New Testament Theology(Cambridge: Cambridge University Press, 1993), 110-112.

15) 이에 대해서는 Daniel J. Harrington, *The Gospel of Matthew*, Sacra Pagina (Collegeville, Minn.: Liturgical Press, 1991), 276을 보라. 그는 유대교 소종파 그룹들을 소개하는데, 쿰란공동체라든지 알렉산드리아를 중심으로 활동하던 테라페우테(Therapeutae) 등을 예로 든다. 세례자 요한과 예수와 바울 또한 신약성서에 나오는 예라고 할 수 있다.

을 예수에게 데리고 와서, 예수가 "손을 얹어서 기도하여 주시기"를 바랐다.(마 19:13. 또한 막 10:13 참고) 이러한 행위는 축복을 비는 자비로운 몸짓이다. 마태의 예수는 제자들을 꾸짖지 않고, "하늘나라는 이런 어린이들의 것"이라고 가르친다.(19:14)

3) 재산의 포기에 대하여(19:16-30)

제자도에 대한 흥미로운 보도가 이어지는데, 제자도는 이 부분의 특징이며, 이 단락에서는 특별히 재산에 대하여 다루고 있다. 부자 젊은이에 대한 마태의 보도에서 예수는 율법을 존중하는 것으로 묘사된다.(19:16-22) "영원한 생명을 얻으려면, 무슨 선한 일을 해야 합니까?"라는 젊은이의 질문에, 예수는 유대율법의 핵심을 상기시킨다. "네가 생명에 들어가기를 원하면, 계명들을 지켜라."(19:17. 또한 막 10:18-19 참고) 율법을 요약하는 마가의 보도를 받아들이면서, 마태는 그것에다 자신의 특징적인 강조점을 덧붙인다. "네 이웃을 네 몸과 같이 사랑하여라."(19:19. 또한 22:34-40을 보라.)

산상설교의 반명제 단락들과 또 다른 가르침에서 그랬던 것처럼, 마태의 예수는 율법을 문자적으로 지키는 것 이상의 가능성을 제시한다. 부자 젊은이가 "완전"하여지기를 바란다면, 그는 소유를 팔아서, 가난한 사람들에게 나누어 주어야 하며, 떠돌아다니며 선교하는 예수를 따라야 한다. "완전"으로 번역된 그리스어 단어는 '텔레이오스'(τέλειος)인데, 이것은 완벽하다는 의미의 '완전'(complete)을 뜻하기도 하고, 전체, 전부라는 의미에서의 '완전'(whole)을 뜻하기도 한다. 이미 5:48에서 "완전"은 제자들의 궁극적인 목표로 제시된 바 있다. 5:48에서 "완전하다"는 것은 하나님의 무차별적인 은혜를 본받아서 원수마저 사랑하려고 애쓰는 것을 의미하였다. 이제 19:21에서 "완전"은 자신의 재산을 포기하고 예수를 따르는 것을 의미한다.

몇몇 학자가 주장하듯이, 재산 포기와 예수 추종이라는 급진적인 요구는 제자들 가운데 특정 엘리트 그룹에 국한된 것인가? 아니면 마태는 예수를 급진적으로 따르라는 요구를 모든 제자에게 해당하는 것으로 여기는가? 즉, 지금 이 순간 그들이 선택할 수 있는 것이 무엇이든 상관없이, 이 급진적인 요구를 그들의 삶에 강력한 방향을 제시하는 또 다른 "초점 사례"로 여기는가?[16]

소유에 대한 유혹이 얼마나 끈질긴지, 또 예수의 요구가 얼마나 어려운 것인지는 부자 젊은이와 제자들의 반응으로 분명히 알 수 있다. 젊은이는 슬퍼하며 돌아간다. "그에게는 재산이 많았기 때문이다."(19:22) 또 제자들은 깜짝 놀라서, "그러면, 누가 구원을 얻을 수 있습니까?"(19:25) 하고 경악한다. 사람의 결단이 아니라 하나님의 능력만이 제자도라는 은혜를 줄 수 있다.(19:26)

또다시 베드로는 제자들을 대표하여 앞에 나서서, 예수를 위하여 모든 것을 버리고 따른 사람들의 운명이 어떻게 될 것인지를 묻는다.(19:27-30) 마가복음의 병행단락에서는 "백 배"의 보상이 약속되는데, 마태는 여기에 또 다른 새로운 약속을 덧붙인다. "새 세상에서 인자가 자기의 영광스러운 보좌에 앉을 때에" 신실한 제자들은 "열두 보좌에 앉아서, 이스라엘 열두 지파를 심판할 것이다."(마 19:29. 또한 막 10:29-30 참고) 마태의 강한 종말론적 관점이 여기 드러나는 셈이다. 예수를 따르고 그의 가르

16) "초점 사례"에 대해서는 162쪽을 보라. 이 단락에 대한 해링턴(Harrington)의 비평은 적절하다. "결혼과 이혼의 문제, 독신의 문제, 또 아이들의 위상에 대한 문제는 오늘날 여전히 논쟁거리이다. 때로는 논쟁의 여지가 있는 요소들 때문에 이러한 문제들에 대한 예수의 기본적인 가르침을 제대로 보지 못하는 경우도 있다. 두 사람이 결합하여 하나가 되어 평생 서로 헌신하는 결혼의 이상적인 모습은 (비록 때로는 표현하기 힘들지만) 여전히 중요한 이상향이다. 하늘나라를 위해 자신의 삶을 바치고 독신으로서의 삶을 살겠다는 것은 오늘날 서구사회의 가치관에 대한 놀라운 도전이다. 아이들을 존중하는 것, 또한 하나님 나라에 들어가는 길을 상징적으로 보여주는 아이들의 능력을 존중하는 것은, 오늘날 아동학대와 관련하여 시사하는 바가 매우 크다"(*Gospel of Matthew*, 276).

침에 순종하는 공동체야말로 새 이스라엘에 대한 하나님의 약속을 완성시킬 것이다.

4) 포도원 품꾼들의 비유(20:1-16)

이 부분에 나오는 예수의 마지막 가르침은 비유의 형태로 되어 있는데, 마태복음에만 보도되는 내용이다. "꼴찌들이 첫째가 되고, 첫째들이 꼴찌가 될 것"(19:30, 20:16)이라는 예수의 말씀이 이 비유를 앞뒤로 둘러싸고 있는데, 수수께끼 같은 이 말씀의 의미를 이 비유가 설명해준다. 이 도발적인 이야기는 처음 고용된 사람들의 기대를 완전히 뒤집는다. "찌는 더위 속에서 온종일 수고한"(20:12) 그들은 마지막에 고용되어 한 시간밖에 일하지 않은 사람들보다 더 많은 품삯을 받겠거니 기대하였지만, 그들의 기대는 물거품이 된다. 그러나 그들은 포도원 주인이 후하다고 해서(20:15) 마지막에 온 일꾼들을 시기해서는 안 된다.

마태의 이 비유는 누구를 대상으로 하고 있으며, 무엇을 말하려는 것인가? 이 비유는 예수의 말씀으로 둘러싸여 있는데, 이 형태대로 보면, 예수의 말씀과 그 말씀이 둘러싸고 있는 비유가 직접적으로 가리키는 사람들은 예수를 따르는 사람들인 것 같다. 비록 그들이 모든 것을 버리고 예수를 따랐으며, 또 열두 보좌에 앉아서 이스라엘 열두 지파를 심판할 위치에 오를 것이라는 약속을 받았지만, 그래도 그들은 자기들의 지위를 자랑해서는 안 된다. 물론 마태는 예수의 부름에 응답하는 것과 선한 행동을 하는 것이 중요하다고 강조한다. 그러나 마태복음은 인간의 업적이 아니라 하나님의 관용이 중요하다는 사실을 결코 잊지 않는다. 제자도와 관련하여 베드로가 깜짝 놀랐을 때(19:25), 이에 대한 대답으로 예수는 제자들에게 "하나님은 무슨 일이나 다 하실 수 있다"고 말하였다(19:26). 결국, 이것이야말로 이 비유의 메시지이기도 하다.

이 비유는 '포도원'에 대한 이야기인데, 포도원은 전통적으로 이스라엘을 가리키는 상징이다.(사 5장을 보라. 또한 마 21:33-44에 보도되는 악한 소작인들의 비유를 보라.) 이것에 착안하여, 몇몇 학자는 이 비유를 다르게 해석하기도 한다. 이들 몇몇 학자의 견해대로 마태는 이 이야기를 이스라엘 종교지도자들의 상황에 적용하는가? 어떤 의미에서 이스라엘 종교지도자들은 '가장 먼저 고용된' 품꾼들이며, 가장 늦게 고용된 품꾼들은 세리들과 죄인들과 이방인들일 수 있다. 가장 마지막에 고용되었지만, 결국 그들은 이스라엘의 의로운 사람들과 동일한 수준에서 하나님 나라를 공유하게 된다. 마태는 이러한 메시지를 주려는 의도였을까? 이렇게 해석하더라도, 결론은 바뀌지 않는다. 하나님의 무차별적이고 한량없는 자비가 중요하지, 각 사람의 지위라든지 그가 쌓은 경력이 중요한 것이 아니다. 구원사에 대한 이러한 관점을 마태가 이 비유에서 의도하였든 그렇지 않았든 간에, 두 아들의 비유(21:28-32)라든지 악한 소작인들의 비유의 결론(21:43) 등 나중에 보도되는 비유들에서 이러한 관점은 분명하게 드러나게 된다.

5. 예루살렘으로 가는 여정의 끝(20:17-34)

마지막 고난예고(세 번의 고난예고 가운데 가장 자세히 보도된다.)가 예수의 여정이 계속된다는 사실을 독자들에게 알려주는데, 예수의 여정이 목적지에 거의 도달할 즈음이다. 권능을 어떻게 사용할 것인지에 대한 가르침(20:20-28)과 마태복음이 보도하는 마지막 치유 이야기(20:29-34)로 16:13부터 시작된 예루살렘으로의 여정이라는 부분이 마무리된다.

세베대의 두 아들이 권능을 요구하는 이야기(20:20-28)는 복음서가 강조하는 내용, 즉 겸허함과 다른 사람들에 대한 돌봄이라는 주제를 계속 이어가는데, 이것이야말로 제자들이 갖추어야 할 특징적인 덕목이다.[17] 이 이야기에서 흥미로운 점은, 마태가 마가의 본문을 변경시킨 방식이다.

세베대의 두 아들인 야고보와 요한이 예수에게 직접 권능을 요구하는 마가복음의 보도와는 달리, 마태복음에서는 (비록 이 요구에 대해서 예수는 그 두 제자에게 대답하기는 하지만) 이 두 제자의 어머니가 예수에게 요구하는 것으로 보도된다. 이것은 마가에 비해 제자들을 더 긍정적으로 처리하려는 마태의 의도를 반영한다. 복음서의 이 부분(16:23–20:34)에서 반복적으로 강조되듯이, 예수를 따르고자 결단한 사람들 앞에 놓인 운명은 대단한 영광이 아니라, 고난과 박해("잔"이 상징하는 의미)이다.

권능에 대한 제자들의 요구로 인해 예수는 또 다른 가르침을 준다. 그리스도교 공동체는 억압적인 권력을 행사하는 이방 민족들의 통치자들을 흉내 내서는 안 된다. 그리스도교 공동체 안에서 권능은 다른 사람들에 대한 겸허한 섬김의 형태로 행사되어야 한다. 십자가에 못 박힌 메시아가 이러한 권능의 실례이다. 하나님에게서 엄청난 권능을 받았지만, 사람의 아들 예수는 다른 사람들을 위해 자신의 목숨을 내놓음으로써 그 권능을 행사하였다.(20:24–28)

마가복음의 줄거리에 따라서, 마태는 예수가 눈먼 사람 둘을 고치는 이야기(20:29–34)를 보도하는데, 이 보도로 예루살렘으로의 여정 부분(16:23–20:34)을 마무리 짓는다.[18] 예수 일행이 여리고를 떠날 때, "눈먼

17) 특별히 공동체에서의 삶에 대한 가르침을 주는 공동체 담화(18장)를 보라. 여기서 예수는 공동체 지도자들에게 이러한 덕목들을 자세히 가르친다. 211–214쪽을 보라.

18) 마 20:29–34와 막 10:46–52를 참고하라. 마태의 이야기는 앞에서 보도되는, 눈먼 사람을 고친 또 다른 이야기(9:27–31)를 상기시킨다. 마가는 눈먼 사람을 고치는 두 개의 이야기(막 8:22–26과 10:46–52)를 예루살렘으로의 여정 처음과 마지막에 배치하였는데, 여기에는 아마도 마가의 의도가 깔려 있을 것이다. 즉, 눈먼 사람을 고치는 이야기가 예루살렘으로의 여정에서 드러난 제자들의 고투(예수의 가르침을 제대로 이해하지 못하는 것을 암시하는 제자들의 '눈멈')에 대한 '논평'의 역할을 하는 셈이다. 반면에, 마태는 이러한 틀을 그대로 유지하지는 않는다. 눈먼 사람들을 고치는 첫 번째 이야기(9:27–31)는 기적 이야기들을 모아놓은 부분에 포함되어 있다. 그러나 눈먼 사람들을 고치는 두 번째 이야기(20:29–34)가 예루살렘으로의 여정 마지막에 붙어 있음으로써, 또한 제자들이 예수의 가르침을

사람 둘"(마가복음에서는 바디매오 한 사람이다.)이 큰소리로 외치며, 자기들을 고쳐달라고 한다. 이때 그들은 마태가 선호하는 "다윗의 자손"이라는 칭호를 사용하는 것으로 묘사된다. 사람들이 그 두 사람을 꾸짖으며 조용히 하라고 하는데, 눈먼 두 사람은 더욱 큰소리로 외친다. 이때 그들은 예수를 "주님" 그리고 "다윗의 자손"이라고 부른다. 마태는 이미 앞에서 '보는 것'을 믿음에 대한 은유로 사용한 바 있다.(예를 들면, 13:10-17) 따라서 이 이야기에서도 그 상징적 의미가 분명히 있다고 할 수 있다. 십자가를 향한 예수의 여정을 따르는 어려운 일에 직면한 마태공동체 구성원들이 할 수 있는 일이라고는 눈먼 사람 둘이 외친 그 급박한 탄원을 따라하는 것밖에 없다. "주님, 우리가 눈 뜨기를 원합니다."(20:33) 예수는 그들을 가엾게 여기고 고쳐준다.(20:34) 이러한 예수의 행동은 예수의 길을 따라야 하는 마태공동체 구성원들에게 위로와 힘을 준다. 그들의 주(主)인 예수가 실제로 자신들이 그 길을 따를 수 있도록 은혜로 채워줄 것에 대한 확신을 준다.

이해하는 데 어려움을 겪는 이야기 직후에 나옴으로써 그 상징적 의미는 여전히 유효하다.

제12장

거룩한 도성: 갈등, 죽음, 부활

(21:1-28:15)

예수와 제자들이 올리브 산(감람산)에 이른 것, 그리고 승리의 행진을 하며 거룩한 도성으로 들어갈 일을 준비하는 것은 마태복음의 또 다른 중요한 전환점이 된다. 이제 마태의 이야기는 결말로 치달을 것이다. 예루살렘으로의 여정 이야기(16:23-20:34)에서는 예수와 그 제자들에게 초점이 맞추어져 있었는데, 이제 이러한 초점이 사라지고, 더 많은 등장인물이 무대에 모습을 드러낸다. 예수의 적대자들이 다시 모습을 드러내고, 군중뿐 아니라 새로운 등장인물들이 나타나는데, 바로 로마사람들이다. 이 부분(21:1-28:15) 전반에 걸쳐 그림자를 드리우는 것이 있는데, 바로 예루살렘 성전이다. 예수는 성전에서, 또는 성전 부근에서 가르칠 것이다. 또한 성전의 운명은 묵시 담화를 이끌어내는 모티프가 될 것이며, 고난 이야기에서 다시 성전에 대한 언급이 이어질 것이다.

이 부분에서도 마태는 계속해서 마가의 줄거리와 내용에 의존한다. 예루살렘 입성에 대한 마가의 보도를 살짝 고친 것과 과부의 헌금에 대한 이야기(막 12:41-44)를 삭제한 것을 제외하면, 마태는 정확하게 마가의 줄거리 순서를 따른다. 물론 마태는 마가의 이야기에 몇 가지 이야기를 덧붙이기도 한다. 이러한 성향은 마태의 전형적인 특징이기도 하다. 두 아들의 비유(21:28-32), 결혼잔치의 비유(22:1-14. 또한 눅 14:15-24 참고),

율법학자들과 바리새파 사람들에 대한 책망(23:1-39), 묶시 담화에 덧붙은 일련의 비유들(24:37-25:46)이 마가복음에 없는 것으로, 마태가 덧붙인 내용이다.

고난 이야기에서 마태는 또다시 마가의 이야기를 잘 따른다. 그러나 여기서도 마태는 몇몇 중요한 자료, 마태의 특징을 잘 드러내는 자료를 덧붙이는데, 아래의 자료들이 여기에 해당한다. 예수가 체포될 당시에 제자들에게 주는 가르침(26:52-54), 유다의 죽음에 대한 이야기(27:3-10), 빌라도의 아내에 얽힌 이야기(27:19), 빌라도가 손을 씻는 장면과 유대 사람들이 예수의 핏값을 치루겠다고 외치는 이야기(27:24-25), 예수의 죽음이 야기한 우주적 차원의 사건에 대한 보도(27:51-53), 무덤에 온 여자들에게 부활한 예수가 나타나는 이야기(28:9-10), 무덤을 지키는 경비병들에 얽힌 논쟁적인 자료(27:62-66, 28:11-15)이다. 이 부분은 마태 이야기의 절정에 해당한다. 그런데 여기에 보도되는 여러 서사와 담화들이 다 예루살렘을 배경으로 한다. 이렇듯 예루살렘을 배경으로 설정함으로써 이 모든 이야기가 하나로 묶이게 된다.

1. 메시아와 예루살렘 성전(21:1-17)

마가는 예루살렘에 들어가는 이야기(막 11:1-11)와 그 다음날 예루살렘 성전을 깨끗하게 한 이야기(막 11:12-19)를 둘로 구분하는데, 마태는 이 두 이야기를 하나로 묶는다. 그럼으로써 마태는 이 장면의 충격과 영향력을 증폭시킨다.[1)]

1) 마가는 성전청결사건(막 11:15-19)을 무화과나무에 대한 비유로 둘러싼다. 즉, 무화과나무에 대한 예수의 행위비유가 먼저 나오고(막 11:12-14), 성전청결사건에 대한 보도가 나온 뒤에(막 11:15-19), 다시 무화과나무에 얽힌 이야기가 보도된다(막 11:20-24). 그러면서 마가는 예수의 행동을 성전에 대한 비판으로 해석

초점은 예수에게 맞추어져 있다. 마태는 예루살렘 입성 장면을 극적으로 묘사함으로써 예수의 메시아적 권위를 또다시 분명하게 드러낸다. 예수는 지체 없이 제자들을 보내서 예루살렘 입성을 준비하도록 한다. 예수는 제자들에게 나귀 한 마리와 그 새끼를 데리고 오라고 하는데, 이때 예수는 그들에게, 그저 "주님께서 쓰려고 하십니다"라고만 말하라고 가르친다.(마 21:1-3) 예수와 함께 예루살렘으로 들어가는 사람들이 환호를 하는데, 이로써 예수가 메시아임이 분명해진다. 그는 자기의 거룩한 도성을 차지하고, 성전을 통제하는 권세를 드러내 보일 메시아이다.(21:8-9) 마태는 특별히 "온 도시가 들떴다"는 보도를 덧붙이는데(21:10), 이는 예수의 탄생 소식에 온 예루살렘이 당황하였다는 사실을 상기시킨다(2:3을 보라). 예수는 성전을 깨끗하게 하는 사건을 통해서 열광적인 예언자로서의 모습을 드러내 보였는데, 마태의 관점에서 이 사건은 예루살렘 성전이 결국 파괴되리라는 신호이다. 묵시 담화의 가장 앞부분(24:1-2)에는 예루살렘 성전의 이러한 운명에 대한 보도가 분명하게 나오며, 또 예수가 죽을 때 성소의 휘장이 두 폭으로 찢어졌다는 보도에 그 신호가 분명하게 모습을 드러낸다.(27:51) 물론 마태는 예루살렘 성전에 얽힌 거룩한 역사를 존중한다. 이 성전을 "하나님의 성전"(26:61), 또 하나님의 "집"(21:13에서는 렘 7:11 인용)이라고 부른다. 그러나 기원후 70년 이후의 공동체의 일원이었던 마태는 성전이 파괴된 사실을 이미 잘 알고 있었으며, 그래서 그는 이 사건을 이스라엘의 죄(특히 메시아를 거부한 죄)에 대한 하나님의 징벌로 해석하였다.

한다. 예수와 제자들이 예루살렘에 입성한 다음날, 예루살렘 성전으로 가는 길에 예수는 열매 맺지 못한 무화과나무를 저주한다(막 11:12-14를 보라). 그리고 성전을 청결하게 한 다음날, 그들은 무화과나무가 말라버린 것을 본다(11:20-21). 이러한 해석에 대해서는 J. Donahue, *Are You the Christ? The Trial Narrative in the Gospel of Mark*, SBLDS 10(Missoula: Scholars Press, 1975), 42-43; Donald Senior, *The Passion of Jesus in the Gospel of Mark*, Passion Series 2 (Collegeville, Minn.: Liturgical Press, 1984), 24-28을 보라.

마태는 또한 예수를 "다윗의 자손"으로 묘사하는데, 마태가 선호하는 칭호이다. 이것은 메시아적 칭호이기는 하지만, 또한 역설적으로 하나님의 종의 겸허와 연민을 강조하기도 한다.[2] 이렇게 메시아는 겸허한 모습으로 예루살렘에 들어가면서, 나귀와 어린 나귀를 탄다.(21:5) 그리고 성전에서도 아픈 사람들을 불쌍히 여기어, 그들을 고치는 사역을 계속한다.(21:14)

마태는 또한 이 장면 전체에 걸쳐 구약성서의 성취라는 그의 특징적인 주제를 강조한다. 예수가 예루살렘에 들어갈 때 탈 나귀를 구하는 장면에서 스가랴 9:9가 인용되는데(21:5), 이는 다윗의 자손으로서의 예수의 겸허함을 드러낸다. 이 인용문에서 "나귀와 어린 나귀, 곧 나귀의 새끼"는 셈어 계열의 언어에서 여러 개의 사물을 나열하는 전형적인 표현방식인데, 이러한 표현 때문에 마태는 이 장면에서 짐승을 두 마리 언급하게 된다.(21:2, 7. 반면에 막 11:7은 다르다.) 어쨌든 마태는 짐승을 두 마리 언급함으로써 구약성서가 문자적으로 성취되었음을 강조한다. 마가복음에서와 마찬가지로, 마태의 이 장면에서 예수는 이사야(사 56:7)와 예레미야(7:11)를 인용하는데, 이로써 성전에서 벌어진 자신의 예언자적 행동을 정당화한다(마 21:13; 막 11:17). 예수는 또한 시편 8:2를 인용(마 21:16)함으로써 대제사장들과 율법학자들의 반대에 직면하게 된다.

2. 스승과 적대자들(21:18-22:46)

새날이 시작되면서(21:18), 독자들은 이제 새로운 이야기를 접하게

2) 이 칭호에 대해서는 제1부 78쪽을 보라. 마태복음에서 예수는 겸허한 "종"으로서의 왕으로 묘사되는데, 이러한 예수의 역할에 대해서는 David R. Bauer, "The Kingship of Jesus in the Matthean Infancy Narrative," *CBQ* 57(1995), 281-305를 보라.

된다. 예수가 여러 계층의 적대자들과 싸우는 이야기이다. 무화과나무를 저주하는 이야기가 마가복음에서는 성전청결 사건에 대한 해석학적 틀을 제공하는 것으로 사용되었는데, 마태복음에서는 어느 정도 독립적인 이야기로 다루어진다. 그리고 마태복음에서 이 사건(무화과나무 저주 사건, 21:18-22)은 강하고 확신에 찬 믿음의 중요성에 대해 제자들에게 주는 가르침이 된다. 반면에 대제사장들과 장로들(예수와 대적하는 몇몇 그룹 가운데 첫 번째)은 예수의 권위에 도전함으로써 예수에 대한 믿음이 없음을 드러낸다.(21:23-27)

적대자들의 비타협적인 태도로 인해 예수는 일련의 비유를 드는데, 대개가 유대 종교지도자들의 불신앙과 그에 따른 결과를 날카롭게 드러낸다. 마태복음에만 보도되는 두 아들의 비유(21:28-32)에는 마태의 전형적인 관점이 들어 있다. 즉, 올바른 말만 하는 것이 중요한 것이 아니라, 하나님의 뜻을 실제로 행하는 것이 중요하다. 예수에 대한 믿음과 행동을 거부한 종교지도자들과는 달리 예수에게 긍정적인 반응을 보인 세리들과 창녀들의 사례에서 이러한 원리가 분명하게 나타난다.

악한 소작인들의 비유는 마가복음에도 보도가 된다. 이스라엘에 대한 전통적인 상징인 포도원이 언급됨으로써 이 이야기는 알레고리적 성격을 분명하게 지니게 된다.(막 12:1-12; 마 21:33-44. 또한 사 5:1-10을 보라.) 구원사의 의미가 더욱 잘 드러나도록 마태는 자신의 관점에서 이 비유를 변형시킨다. 카이로스(καιρός), 즉 심판의 때가 가까이 왔다.(21:34, 40) 악한 소작인들은 "포도원의 주인"(21:40)이 처음으로 보낸 종들과 두 번째로 보낸 종들을 심하게 대하였다. 마태복음에 보면, 이들 가운데 몇을 죽이기도 하였는데, 이 이야기는 예수 이전에 온 예언자들에 대한 박해를 반영한다.(23:34-38을 보라.) 결국 포도원 주인은 자기 아들을 보낸다. 그러나 소작인들은 아들을 포도원 밖으로 내쫓고는, 죽인다.(마가복음에서는 소작인들이 아들을 죽인 뒤에 포도원 바깥에다가 내던지는데, 마태복음에서는 그 순서가 바뀌었다. 아마도 예수가 예루살렘 밖으로 끌려나가 십자가에 달려 죽는 고난 이야기를 반영하는 것 같다. 21:39) 소작인들의 이러한 행동 때문에 포도원 주인은 그들에게 심판을 내린다. 즉, 그들은 "비참한 죽음"을 맞이하게 될 것이며, "제때에 소출을 바칠 다른" 소작인들에게 포도원이 넘어갈 것이다.(21:41) 마태는 마가의 본문에 43절을 추가함으로써 독자들에게 자신의 주장을 더 설득력 있게 납득시키고자 한다. "그러므로 나는 너희에게 말한다. 하나님께서는 너희에게서 하나님의 나라를 빼앗아서, 그 나라의 열매를 맺는 민족에게 주실 것이다." 종교지도자들의 반응은 이 비유의 취지를 정당화한다. 그들은 예수가 자기들을 두고 이렇게 말하는 것을 알았으며, 예수를 없애자는 자신들의 결의를 계속 진행시켜 나간다.(21:45-46)

이 비유는 예수를 반대하는 것이 무엇을 의미하는지에 대한 마태의 해석을 분명하게 알려준다. 예수가 당한 거부는 예언자들이 당한 거부와 맥을 같이한다. 예수는 하나님이 보내신 최후의 결정적인 사자(使者)이기 때문에(예수는 하나님의 아들이다!), 그를 거부함으로써 닥칠 결과는 끔찍하다. 마태는 이러한 확신을 기원후 70년에 일어난 예루살렘 파괴라는 참혹한 사건에서 재확인한다. 그러나 이러한 비극의 한복판에서 마태는 또한 구원사에 얽힌 하나님의 포괄적인 계획을 엿본다. 즉, 이스라엘이 회개하라는 하나님의 부름에 응답하지 못하면, 이방인들이 응답하리라는 것이다. 따라서 소작인들의 특권은 제때에 소출을 바칠 다른 사람들에게로 넘어갈 것이다.

바로 뒤이어 나오는 결혼잔치의 비유는 Q자료에서 온 것이다. 그러나 마태는 이것을 그대로 받아들이지 않고, 여기에 자신의 특별한 강조점을 덧입힌다.(마 22:1-14. 또한 눅 14:15-24 참고) 분명하게 드러나지는 않지만, 마태복음에서나 누가복음에서 이 비유의 기본적인 이야기는 구원사에 대한 알레고리이다. 어느 임금이 자기 아들의 결혼잔치에 사람들을 초대하는데, 처음 초대받은 사람들이 초대를 거절한다. 그러자 임금은 초대에 응할 만한 모든 사람을 초대한다. 누가복음에서 이 이야기는 가난한 사람들과 소외된 사람들을 향한 예수의 선교를 강조한다.(초대받은 사람들을 누가가 어떻게 보도하는지 보라. 누가는 이들을 "가난한 사람들과 지체에 장애가 있는 사람들과 눈먼 사람들과 다리 저는 사람들"로 묘사한다. 눅 14:21) 그러나 마태복음에서 이 이야기의 초점은 이스라엘과 이방인들의 서로 다른 반응에 놓여 있다. 처음 초대받은 사람들은 초대를 거절할 뿐만 아니라, 초대의 소식을 전하던 종들을 모욕하고 죽였다.(22:6) 마치 악한 소작인들에게 보냄을 받은 종들의 경우와 같다.(21:35) 이에 임금은 신속하고 가혹하게 이들을 심판한다. 임금은 군대를 보내서 "그 살인자들을 죽이고, 그들의 도시를 불살라 버렸다."(22:7) 아마도 마태는 여기서 예루살렘 파괴를 암시하는 것 같다. 그리고 앞의 비유에서와 마찬가지로 이 재앙을 예수를 거부한 데 대한 하나님의 징벌로 해석한다.

마태는 이 끔찍한 비유에 심판에 대한 또 다른 냉혹한 가르침을 덧붙이는데, 이번에는 이방인들에게 적용할 만한 내용이다.(마 22:11-14를 보라. 누가복음에는 없는 내용이다.) 원래 초대를 받았던 사람들 대신에 잔치자리를 채운 하객들 중에는 "좋은 사람과 나쁜 사람"이 섞여 있다.(13:24-30, 36-43의 밀과 가라지의 비유를 상기시킨다.) 임금이 잔치가 열리는 자리에 들어갔는데, 마침 그때 결혼예복을 입지 않은 사람을 보게 된다. 아마도 결혼예복은 회개와 착한 행실을 상징할 것이다. 이 불운한 하객은 임금의 심판을 받고, "바깥 어두운 데로" 내쳐진다.(22:13) 마태의 신학은 대단히 일관적이다. 회개와 선행이라는 똑같은 척도가 유대인들과 이방인들 모두에게 적용된다. 마태의 신학사상을 보면, 구원사 속에서 이방인들은 이스라엘의 특권을 넘겨받은 새로운 특권계층이 아니다. 유대인이든 이방인이든 모두에게 똑같은 진리가 적용된다. 즉, 하나님의 백성에 속한다는 것은 하나님의 뜻을 행하는 것을 의미한다.(12:50)[3]

---

3) 윤리를 강조하는 것 자체가 유대인들의 전통적인 가르침이다. 즉, 참된 이스라엘 사람이 된다는 것의 핵심은 토라에 순종하는 것이다. 이에 대해서는 Jacob Neusner, "Was Rabbinic Judaism Really 'Ethnic'?," *CBQ* 57(1995), 281-305를 보라.

이 부분 전체에 걸쳐서 마태는 종교지도자들을 예수의 적대자로 묘사한다. 예수는 이들과 성전에서 갈등을 일으키는데, 성전은 유대교의 중심, 특히 교의(敎義)와 정통의 중심(21:23)이라고 할 수 있는 곳이다. 따라서 여기서 예수와 종교지도자들이 서로 갈등을 일으킨다는 설정은 이 갈등의 극적인 효과를 증대시키며, 갈등이 어떤 양상으로 끝나더라도, 그 결과가 결정적임을 암시한다. 여기서 마태는 예수의 적대자들의 완벽한 좌절을 잘 표현한다. 그들은 예수의 가르침에 대해 트집을 잡아서 예수를 함정에 빠뜨리려고 하지만(22:15), 그들 가운데 어느 누구도 그렇게 하지 못한다. 그들의 실패로 오히려 예수의 권위만 돋보이게 된다. 예수야말로 하나님의 집(성전)에 우뚝 서 있는 메시아이다. 바리새파 사람들의 제자들과 헤롯 당원들(21:16 참고)은 황제에게 세금을 바치는 것이 옳은지 예수에게 질문하는데, 이러한 질문으로 결코 예수를 함정에 빠뜨리지 못하고, 오히려 예수의 대답에 "탄복한다"(22:22). 사두개파 사람들은 부활에 관하여 예수에게 질문한다.(22:23-33) 이때 예수는 그들의 논리를 반박하는데, 예수의 말에 사람들은 놀라며(22:33), 사두개파 사람들은 "말문이 막혀버린다"(22:34). 이제 바리새파 사람들의 차례가 된다. 그들은 율법의 가장 큰 계명이 무엇인지를 두고 예수를 "시험한다."(22:34-40) 그러나 전세가 역전이 되어 오히려 예수가 그들을 난처하게 한다. 예수는 메시아에 관하여 그들에게 질문하고, 그들은 말문이 막혀버린다.(22:41-46) 그 날부터 아무도 "그에게 감히 묻는 사람이 없었다"고 마태는 보도한다.(22:46)

이 모든 갈등과 논쟁 이야기를 통해서 예수에 대한 마태의 독특한 묘사가 재차 확인된다. 황제에게 바치는 세금과 관련된 그들의 함정에서 빠져나오면서, 예수는 하나님께 속한 것을 하나님께 다 돌려드려야 한다는 사실을 재확인한다.(22:21) 광야에서의 시험(4:1-11)의 순간에서부터 예수가 그렇게 하였던 것처럼 말이다. 사두개파 사람들의 계략에서 빠져나오면서, 예수는 "살아 있는 사람들의 하나님"께 찬양을 드린다. 하나님이야말로 예수가 죽음의 세력을 물리치고 최종적인 승리(죽음을 이기는 예수의 최후 승리는 복음서의 결론이다.)를 거둘 수 있도록 힘을 주시는 분이다. 율법의 가장 큰 계명이 무엇이냐고 바리새파 사람들이 예수에게 던진 질문은 예수를 시험하려는 것인데, 이 이야기는 복음서 전체를 통해서 예수가 가르친 율법해석의 원리를 재차 확인하는 것으로 끝을 맺는다. 즉, 하나님을 사랑하고 이웃을 사랑하라는 계명에 "온 율법과 예언서가 달려 있다"는 것이다.(마 22:40)[4] 이 이야기를 마무리 짓는 이러한 결론은 마태복음에만 보도된다.(막 12:31; 눅 10:27 참고) 바리새파 사람들의 계략에서 빠져나오면서, 예수는 그들에게 결정적인 질문을 날카롭게 던진다. 빌립보의 가이사랴에서 제자들에게 던졌던 질문을 상기시키는 질문이다. "너희는 그리스도를 어떻게 생각하느냐? 그는 누구의 자손이냐?"(22:42. 다른 복음서는 이와 반대의 내용을 보도한다. 막 12:35; 눅 20:41 참고) 메시아는 "다윗의 자손"일 뿐만 아니라, 다윗이 "주님"이라고 불러야 하는 분이다. 복음서 전체를 통해서 마태가 확증하는 예수의 신비하고 강력한 권위는 메시아에 대한 전통적인 기대 수준을 넘어선다. 독자들은 제자들이 위험한 순간, 위기의 순간에 예수를 "주님"이라고 부른 사실을 잊을 수 없다.(예를 들면, 8:25, 14:30, 15:25 등을 보라.)

3. 율법학자들과 바리새파 사람들에 대한 비판(23:1-39)

이 부분에 보도되는 일련의 갈등들은 지도자들에 대한 호된 비판(23장)에서 절정에 이른다. 몇몇 학자는 이 단락(23장)을 24장과 25장까지 이어지는 긴 담화의 일부분으로 본다. 그러나 21:1-4에서 이야기의 배경과 분위기가 완전히 바뀐다는 점에서 24-25장을 하나의 독립적인 담화로 보

4) 마태복음에서의 율법의 해석 문제에 대해서는 제1부 52-60쪽을 보라.

아야 할 것이다. 유대 종교지도자들에 대한 이 예언자적인 비판이 예수의 다섯 개의 긴 설교(담화)에 포함되지는 않지만, 마태의 예수의 의미심장한 연설이며, 마태복음의 관점에 대한 중요한 통찰력을 제공한다.[5] 그런데 이 연설이 제자들을 대상으로 주어졌다는 사실은 이 연설의 궁극적 목적에 대한 중요한 실마리를 제공한다. 한편으로 이 연설의 목적이 율법학자들과 바리새파 사람들을 비판하는 것임은 분명하지만, 또한 예수를 따르는 사람들을 가르치기 위한 것이기도 하다.

예수의 이 예언자적 연설을 촉발한 것은 마가복음에 보도되는 짧은 단락이다. 예수가 성전에서 가르치다가, 마지막에 율법학자들과 같이 되지 말라고 제자들에게 경고하는 마가복음의 짧은 단락이다. 그들은 경건한 척만 하지, 과부들의 가산을 삼키는 자들이다. 예수는 오히려 성전에 들어오는 과부를 칭찬한다. 과부야말로 참으로 넉넉하게 헌금함에 돈을 많이 넣었다는 것이다. 이 과부의 경건함은 종교지도자들의 거짓 경건과 대조를 이룬다.(막 12:38-44를 보라.) 마태는 예수가 성전에서 가르치는 마가의 이 이야기의 결론을 완전히 바꾸어버린다. 마태복음에는 과부에 얽힌 이야기가 생략된다. 그리고 율법학자들에 대한 고발 부분은 대폭적으로 확대되어, "율법학자들과 바리새파 사람들"을 비판하는 대표적인 담화가 된다. 여기에 속하는 많은 이야기가 Q자료에서 왔으며, 이 이야기들은 누가복음에도 여기저기에 흩어진 채로 보도되는데, 마태는 이 이야기들을 한데로 모아서 예수의 예언자적 설교로 발전시켰다. 예수의 이 연설은 유대 종교지도자들에 대한 마태의 최종적인 심판의 말씀이다. 사실 이들에 대한 심판의 말씀은 마태복음 여기저기에 보도되는데, 우리가 지금 살펴보는 성전단락에서 최고조에 이른다.

종교지도자들에 대한 비판 단락(23장)은 세 부분으로 구분된다.(1-12

5) 담화단락이 끝나고 서사단락이 다시 시작되는 것을 알리는 마태의 전형적인 전환문구가 26:1에 보도되는데("예수께서 이 모든 말씀을 마치셨을 때에…"를 보라.), 이로써 24-25장은 예수의 다섯 개의 긴 설교 가운데 마지막 긴 설교가 된다.

절, 13-36절, 37-39절) 첫 번째 단락(23:1-12)에서 유대교 내의 합법적 교사로서의 종교지도자들의 권한이 분명하게 언급된다.(23:1-3) 그러나 이들은 또한 비판을 받는다. 마태복음 전체에 걸쳐서 예수가 비판하는 내용이기도 한데, 그들은 올바르게 행동하지 못한다는 것이다.(23:3) 그들은 다른 사람들의 어깨에 무거운 짐을 지우는 무자비한 사람들이다.(23:4) 그들의 경건은 거짓이며, 그들은 거만하게 우쭐거린다.[6] 종교지도자들의 거만함과 높은 자리를 차지하려는 그들의 태도와는 근본적으로 다른, 공동체가 추구할 대안적인 비전을 예수는 제시한다. 마태공동체 구성원들은 결코 "랍비"(23:8)나 "아버지"(23:9)나 "지도자"(23:10)라는 말을 들어서는 안 된다. 오로지 하나님과 하나님이 보내신 메시아만이 그러한 권한을 보유한다는 사실을 충분히 이해함으로써 공동체 안에서 높은 지위를 가리키는 이러한 영광스러운 칭호는 아무런 의미가 없어진다. 공동체 안에 있는 모든 사람은 똑같은 위치에 있다. 모두가 동료 학생들이고, 형제자매들이며, 동료 종들이다.

마태공동체는 특별히 평등주의 공동체로 묘사되는데, 이것은 마태 교회론의 중요한 요소이다. 18장에 보도되는 공동체 담화(공동체에 대한 예수의 긴 설교)의 정신이 여기서 다시 잘 드러나는데, 바로 권한이라는 것은 공동체 전체에게 위임되어 있으며, 지도자들이 갖추어야 할 덕목은 겸손과 다른 사람들에 대한 공경, 약한 구성원들에 대한 배려, 길 잃은 자들

6) 복음서 전체에 걸쳐 마태는 종교지도자들을 가혹하게 비판하는데, 이러한 맥락에서 마태의 이 보도, 즉 "율법학자들과 바리새파 사람들은 모세의 자리에 앉은 사람들"(23:2)이기 때문에 "그들이 말하는 것은 무엇이든지 다 행하고 지켜라"(23:3)는 가르침이 정확히 무슨 뜻인지 파악하기 쉽지 않다. 어쩌면 마태는 이 종교지도자들이 이스라엘 공동체 내에서 권위가 있고, 또 그들의 지위가 존경받을 만하다는 사실을 인정하는 것 같다. 그러나 이와 동시에 마태는 그들의 많은 가르침을 거부하며, 교사로서의 그들의 자격을 의심한다. 이 본문이 해석될 수 있는 다양한 방식에 대해서는 Mark Alan Powell, "Do and Keep What Moses Says(Matthew 23:2-7)," *JBL* 114(1995), 419-435를 보라.

에 대한 자비, 적극적인 용서 등이어야 한다는 것이다.[7]

이 담화의 두 번째 단락(23:13-36)에서 종교지도자들에 대한 비판이 계속 이어지는데, 그 비판의 수위가 높아지며, 전통적인 문학적 기법인 '예언자적 저주' 문구가 사용된다. 이렇게 함으로써 마태는 예언자들과 비슷한 역할을 수행하는 모습으로 예수를 묘사하는데, 바로 종교지도자들의 죄상을 책망하는 것이다.[8] 종교지도자들에 대한 저주는 일곱 세트로 구성되어 있는데, 이것들은 각각 마태의 특징적인 관심사들과 연결되어 있다. 그들은 다른 사람들에게 장애물이 되며, 오히려 그들을 망친다.(23:13-15. 또한 18:6-9 참고) 거짓 맹세를 한다.(23:16-22. 또한 5:33-37 참고) 율법에서 무엇이 더 중요하고 덜 중요한지 알지 못한다.(23:23-24. 또한 15:3-9 참고) 겉으로는 경건한 척 하지만, 속은 부패하였다.(23:25-26, 27-28. 또한 6:2-18 참고)

종교지도자들에 대한 저주는 예언자들의 불길한 운명에 대한 암시와 미래에 일어날 섬뜩한 일에 대한 예고에서 절정에 이른다.(23:29-36) 마태의 역사 이해에 반영되어 있듯이, 또한 소작인들의 비유와 결혼잔치의 비유에서 마태가 이미 분명하게 선언하였듯이(21:35, 22:6), 이스라엘 사람들에게 보냄을 받아 말씀을 선포한 예언자들은 배척을 당하였으며, 심지어는 죽임을 당하기도 하였다. 예수 그리스도가 자신의 이름으로 말씀을 선포하라고 보낸 사람들 역시 비슷한 운명에 처해 있었다. 예수가 파송한 이들 "예언자들과 지혜 있는 자들과 율법학자들"은 박해를 받을 것이며, 심지어는 "너희의 회당에서" 죽임을 당할 것이다.(23:34) 그러나 예수와 예수가 파송한 사람들을 배척한 결과로 "이 세대"(23:36)가 결국은 심

---

7) 앞의 공동체 담화에 대한 논의를 보라(211-214쪽). 23:8-12의 가르침에 따라서 마태는 공동체 구성원들을 가리키는 용어로 "형제"와 "자매"를 사용한다. 또한 마 5:22, 23, 24, 47, 7:3, 4, 5, 10:21, 18:15, 21, 35, 28:10 등을 보라.

8) 구약성서에 나오는 예언자들의 "저주"의 예로는 아모스(5:18-20, 6:1-7)와 이사야(5장. 또한 10:1-3, 28:1-4, 29:1-4, 15, 30:1-13, 31:1-4)를 보라.

판을 받을 것이다.[9)]

이 담화의 두 번째 단락에서 예언자적 '저주'의 수사학이 사용되었다면, 세 번째이자 마지막 단락(23:37-39. 또한 눅 13:34-35 참고)에서는 탄식의 수사학이 사용되었다고 할 수 있다. 이제는 "보냄을 받은 예언자들을 죽이고, 돌로 친 도시" 예루살렘이 예수의 말씀의 대상이 된다. 이미 앞에 보도된 예수의 탄생 이야기에서, 그리고 또한 예수가 거룩한 도시로 들어가는 순간에 마태는 이 도시를 의인화한 바 있으며, 예수로 인해 이 도시에 큰 소동이 일어난 것으로 묘사하였다.(2:3, 21:10) 이제 예수는 이 "집"(아마도 백성을 의미할 것이다.)이 황폐해질 것이라고 신랄하게 예언한다.(23:38) 앞에 보도되는 소작인들의 비유와 결혼잔치의 비유에서 마태의 예수가 이미 암시한 바 있는데, 여기서 마태의 예수는 직접적으로 예루살렘의 파괴를 예언하며, 이 재앙을 메시아를 거부한 데 대한 하나님의 징벌로 해석한다.

이 담화(23장)의 마지막 구절(23:39)은 특별히 중요한 의미를 지닌다. 예수가 본격적으로 고난을 당하는 이야기를 빼면, 이 장면은 예수가 예루살렘과 예루살렘 성전에 있는 마지막 순간이다.(24:1 참고) 이 거룩한 도시가 환호하며 메시아를 받아들일 준비가 될 때"까지" 메시아는 이 도시에 다시는 오지 않을 것이다.(23:39) 이때 예수를 환호하는 소리는 "복되시다. 주님의 이름으로 오시는 분"인데, 시편 11:26에서 온 말씀이다. 그런데 예수가 예루살렘에 처음으로 들어왔을 때에도 사람들은 똑같은 말로 예수를 환영하였다.(21:9) 마태는 이스라엘의 미래에 대해 어떤 생각을 하였을까? 21:43에서 분명하게 말한 것처럼 마태는, 예수를 거부한 것 때문에 이스라엘이 완전히 버림을 받았다고 생각하는가? 아니면 여기 조

9) 초기 그리스도교 선교사들에 대한 유대인들의 박해 문제에 대해서는 Douglas R. A. Hare, *The Theme of Jewish Persecution of Christians in the Gospel According to St. Matthew*, SNTSMS 6(Cambridge: Cambridge University Press, 1967)을 보라.

건의 의미를 지니고 있는 "까지"(23:39)가 암시하듯이, 결국 이스라엘이 메시아를 받아들일 가능성은 여전히 남아 있는가?[10)]

이 담화에 들어 있는 유대인들에 대한 가혹한 비판은 마태복음 연구자들을 난감하게 한다. 이러한 본문이 반유대주의를 자극하는 데 일조한다는 사실을 그들은 모르는 척 할 수 없기 때문이다. 여기서 우리는 몇 가지 짚고 넘어가야 할 것이다.

1) 앞선 예언자적 인물들이 그러하였던 것처럼, 역사적으로 예수도 사역을 행하는 가운데 반대에 직면하였다. 아모스나 예레미야 같은 예언자들은 각기 자기가 살던 시대의 종교지도자들을 향해서 비판의 언성을 높였는데, 적대자들을 향한 예수의 강한 어조도 이와 다르지 않다. 복음서에 묘사되는 예수와 적대자들의 갈등은 이러한 역사적인 사실에 기원을 두고 있지만, 이것뿐만이 아니다.

2) 이 단락에 보도되며 또한 복음서 전체에 산재되어 있는 유대 종교지도자들에 대한 마태의 가혹한 비판은 유대 그리스도교 공동체와 형성기 유대교의 바리새파 지도자들 사이의 갈등을 반영한다. 두 공동체는 마

---

10) 예수의 죽음과 부활 이후, 구속사에서 이스라엘이 차지하는 위치에 대해 마태는 어떻게 생각하였을까? 이 문제는 학자들 사이에서 논쟁이 많이 되고 있다. 몇몇 학자들의 견해에 따르면, 마태는 더 이상 이스라엘에 대한 어떠한 선교도 기대하지 않는다(물론 유대인들 가운데 그리스도교로 개종한 사람들은 개별적인 차원에서 환영을 받는다). 이제 마태공동체는 이방인들을 대상으로 선교활동을 해야 한다(이것이 21:43의 요점인 것 같다). 그러나 견해가 다른 학자들도 있다. 그들은 이스라엘을 향한 선교의 실패로 인해 마태공동체가 이방인들을 선교의 대상으로 삼게 되었다는 사실을 인정하지만, 23:39를 근거로 전체로서의 이스라엘이 결국은 예수를 메시아로 받아들이는 때가 올 것을 기대하며, 구원사에서 자신들의 특별한 위치를 다시 차지하게 될 것이라고 생각한다. 마치 롬 9-11장에 드러나는 바울의 견해와 비슷하게 말이다. 어쩌면 마태복음 자체는 이 문제에 대한 분명한 입장을 드러내지 않을 수도 있다. 이스라엘에 대한 선교 실패가 마태공동체에는 고통스러운 경험이 되었는데, 이러한 모순에 비추어볼 때, 마태복음이 이스라엘 선교에 대해 명확한 입장을 취하지 않는 것은 놀라운 일이 아니다.

태복음이 기록되기 이전 시기뿐 아니라 이 복음서가 기록되던 시기에 각자 자신의 정체성을 찾으려고 노력하고 있었다. 이러한 갈등과 논쟁이 때로는 적대적인 어조로 행하여지기는 하였지만, 본질적으로 유대교 내부의 논쟁이었으며, 오늘날 흔히 사용되는 '반유대주의'라는 의미로 해석될 수는 없다.

3) 이 본문이 반유대주의로 해석될 수 없는 위와 같은 한계점들이 있다. 더군다나 23장과 다른 곳에 보도되는 마태의 비판은 '유대인들'을 통째로 비난하는 것이 아니다. 그 비난은 유대 종교지도자들을 향한 것이며, 그들이 특정한 시기에 행한 특정한 잘못을 비판하는 것이다.

4) 마태는 유대 종교지도자들을 일관되게 부정적으로 묘사하는데, 그럼으로써 마태복음은 율법학자들이나 바리새파 사람들, 또 사두개파 사람들 등과 같은 유대교 내의 그룹들에 대한 고정된 관념을 제공하게 된다. 그러나 역사적으로 볼 때, 현실은 그렇지 않았다. **모든** 지도자가 위선적이거나 타락한 것은 아니었다. 사실, 다른 자료에 보면, 바리새파 사람들과 예수가 같은 목적을 추구하였음을 알 수 있다.[11)]

5) 23장과 같은 단락에서 마태가 가지고 있던 목적은 다각적이다. 단지 유대 종교지도자들을 비판만 하는 것이 아니라, 또한 이로써 자신들만의 독특한 정체성과 그리스도교 공동체의 가치를 규정하려는 것이었다. 공동체 외부 사람들을 공격하는 것만이 아니라, 내부의 그리스도인들을 교육하려는 목적도 있는 것이다. 어떤 행동을 해서는 안 되는지를 가르치고, 이와 동시에 공동체의 유일한 합법적 스승이자 지도자인 예수의 완전

11) 이에 대해서는 J. Saldarini, *Pharisees, Scribes, and Sadducees in Palestinian Society: A Sociological Approach*(Wilmington: Michael Glazier, 1988), 특히 277-297을 보라. 바리새파의 역사를 재구성하는 데 사용할 수 있는 역사적 자료가 빈약한 것을 강조하면서도, 살다리니는 바리새파가 언약의 규범들을 엄격하게 지킴으로써 유대교를 소생시키려는 개혁운동이라고 규정한다. 유대교의 정체성과 개혁을 위해 그들은 특별히 십일조와 정결예법을 강조하였는데, 이 점에서 예수와 그의 추종자들은 바리새파와 차이점을 드러낸다.

함과 그의 권위를 강조한다.

이러한 모든 논증에도 불구하고, 마태의 본문을 유대인들과 유대교에 대한 공격으로 잘못 읽고 해석할 잠재된 가능성이 여전히 남아 있다. 따라서 그리스도교 교사들에게는 복음서를 이런 식으로 잘못 읽는 것을 막아야 할 책임이 있다.

4. 인자의 도래와 최후의 심판(24:1-25:46)

이제 예수는 성전을 떠나서 올리브 산으로 가는데, 이것은 마태의 이야기 흐름상 또 한 번의 장면 전환이다.(24:1-3) 여기서 초점이 다시 예수와 제자들에게로 좁혀진다. 올리브 산에서 제자들은 "따로"(비공개적으로) 예수에게로 다가가며(24:3), 이때 군중과 적대자들은 무대에서 사라진다. 이제 마태는 예수의 다섯 번째이자 마지막 긴 설교를 독자들에게 전하려고 한다. 이 담화는 24장에서 시작하여 25장까지 계속되며, 고난 이야기로 연결된다.(26:1)

성전의 운명에 대한 예수의 예언("여기에 돌 하나도 돌 위에 남아 있지 않고…")과 제자들의 두 가지 질문("이런 일들이 언제 일어나겠습니까? 선생님께서 다시 오시는 때와 세상 끝 날에는 어떤 징조가 있겠습니까?")으로 인해 이 담화의 주제는 마지막 때와 그때가 이르렀을 때 제자들이 취해야 할 자세가 된다. 공간적 배경은 올리브 산인데, 유대 전통에서 올리브 산은 세계의 종말과 관련이 있다.(슥 14:4) 따라서 이러한 배경 역시 종말의 분위기를 조성하는 데 일조한다.

마가복음 13장과 병행하는 이 담화의 첫 부분(24:3-36)은 종말의 징조와 인자의 도래(특별히 24:30-31을 보라.)에 대해 말하고 있다. 마태와 마가 둘 다 유대의 묵시적 심상을 끌어들이는데, 특히 다니엘서에 나타나는 것을 모방하는 것 같다.[12] 위기의 상황에서 생기는 이러한 역사관은 이 시대의 끝이 코앞에 닥쳤으며, 하나님께서 옛 질서의 잔재를 쓸어버리시고, 새 질서를 만들어내실 것이라고 생각하였다. 이러한 소용돌이 속에서 새로운 이스라엘이 탄생할 것이다. 하나님께서 구속하시고 높이신 새 이스라엘, 굴욕과 억압으로부터 해방되어, 평화와 존엄을 회복한 새 이스라엘이 탄생할 것이다. 이러한 유대적 관점은 초기 그리스도교에도 중요하였다. 초기 그리스도교는 예수의 죽음과 부활뿐 아니라 역사 속에서 그리스도교 공동체의 고유한 위치를 이러한 묵시적 관점에서 바라보았다.

이렇게 예수의 담화는 종말이 가까워지면서 역사 속에서 경험하게 될 대혼란을 예고한다. 마태는 몇 가지 독특한 점들을 덧붙인다. 즉, 거짓 예언자들이 일어나서, "많은 사람을 홀릴 것"(문자적으로는 많은 사람을 길 잃게 할 것)이며(24:11), "불법이 성하여 많은 사람의 사랑이 식을 것이다"(24:12). 이미 앞서 공동체에 대한 가르침을 주는 공동체 담화에서 예수는 제자들에게 "길 잃은" 사람들을 잘 돌볼 것을 요구한 바 있다.(18:12-14) 율법에 대한 순종과 사랑의 계명의 중요성을 강조하여 가르친 마태복음의 예수 제자들은 "무법"(7:23, 13:41, 23:28을 보라.)과 사랑의 결여(22:33-44)에 대한 경고에 놀라지 않아야 한다. 또한 마태는 도망가는 일이 겨울이나 "안식일"에 일어나지 않도록 제자들이 기도해야 한다는 말을 덧붙이는데, 이것은 마태공동체가 여전히 그들의 유대적 전통을 존중하였다는 또 다른 명백한 증거가 된다.

이 담화의 첫 단락은 미래에 대한 이중적인 메시지를 선포하는데, 두 차원 모두 마태신학에서 매우 중요하다. 한편으로 마태의 예수는, 역사의 마지막에 사람의 아들, 곧 인자가 큰 권능과 영광에 싸여 나타날 것이며, 사방에서 그가 선택한 사람들을 모을 것이라고 단호하게 선포한다.(24:30-35) 앞서 살펴본 바와 같이, 마태복음에서 "인자"라는 칭호는 예수의 겸허

12) 이 담화의 이 단락과 다니엘서의 상호관계에 대해서는 Daniel J. Harrington, *The Gospel of Matthew*, Sacra Pagina(Collegeville, Minn.: Liturgical Press, 1991), 338-341을 보라.

함과 고난뿐 아니라 최종적인 고양(高揚)과 승리를 묘사하기도 한다.[13] 이 담화에서는 오로지 인자로서의 예수의 승리에 초점이 맞추어져 있다. 그러나 동시에 마태는 이 마지막 순간이 언제 올지 아무도 확실히 알 수 없다는 사실을 강조한다. 누구든 마지막 때를 안다고 주장하는 사람은 거짓 예언자이다.(24:36-44) 따라서 예수의 제자들은 이 역사가 인자의 오심과 함께 궁극적인 승리로 끝날 것을 확신하며 살아야 한다. 그러나 또한 알 수도, 예측할 수도 없는 이 순간을 준비하며 방심하지 말아야 한다.

이러한 자세를 규정하는 것이 이 담화의 나머지 부분에 지대한 영향을 끼친다. 제자들은 "깨어 있어야" 하며, 예수의 오심을 기다리며, 이를 잘 준비해야 한다. 이 담화에는 이러한 자세를 잘 전달하기 위해 다양한 이미지와 이야기가 사용되는데, 다음과 같다. 도둑이 올 것을 집주인이 알고 있다면, 그가 깨어 있으리라는 것(24:43-44), (무책임하고 태만한 종들, 그래서 결국 허가 찔린 나쁜 종들과는 반대로) 신실하고 슬기로운 종들은 주인이 돌아올 것을 준비한다는 것(24:45-51), 결혼식을 준비하지 못하고, 결국 결혼식장에 들어가지 못하는 어리석은 다섯 명의 처녀들과는 반대로, 신랑(여기서 신랑은 분명히 예수를 암시한다. 이미 앞에서도 예수는 자신을 "신랑"이라고 하였다. 마 9:14-15를 보라.)이 돌아올 것을 대비하여 등불을 준비한 다섯 명의 슬기로운 처녀들(25:1-13), 그리고 각각의 종들이 보이는 서로 다른 반응, 즉 어떤 종들은 주인에게서 받은 달란트를 가지고 신중하게 장사하여 더 큰 돈을 벌었고, 그래서 주인이 돌아왔을 때 보상을 받는데, 어떤 종은 주인에게서 받은 달란트를 땅에 파묻어서 주인에게 심판을 받기도 하는데, 종들의 이러한 다양한 반응(25:14-30) 등이 이 담화에 보도된다.

일련의 이 이야기들을 통해서 마태의 예수는 제자들에게 방심하지 말라고 가르칠 뿐만 아니라, 더 나아가 '방심하지 않는 것'이 무엇을 의미하

13) 제1부 77-80쪽을 보라.

는지를 적절한 행동을 들어 규정하였다. 여기서 마태는 종말에 대한 전형적인 묵시적 관심을 마태복음의 전형적인 핵심 윤리와 결합시킨다. 신실한 종은 동료 종들에게 먹을 것을 나누어주며, 주인이 돌아올 때 보면, "일을 하고 있다."(24:46) 지혜로운 처녀들의 등잔에 있는 기름 또한 선행하는 삶을 의미하는 것 같기도 하다.(25:4)[14] 또 주인이 준 달란트로 더 많은 돈을 번 종들은 "사악하고 게으른 종"(25:26)이 아님이 드러난다. 마태의 관점에서 보면, 종말을 '대비하는 것'은 사변적으로 종말에 대해 생각하는 것이 아니라(명백히 이것은 아니다.), 예수가 가르쳐준 그대로 하나님의 뜻을 행하는 것이며, 이것이야말로 복음서 전체를 관통하는 일관된 윤리적 메시지이다.

이 모든 것이 이 담화의 마지막 부분인 양과 염소에 대한 유명한 이야기(25:31-46)로 이어진다. 이 비유는 이 담화(24:1-25:46)에 나오는 일련의 이미지들과 비유들 가운데 단지 또 다른 하나가 아니다. 마태는 이 비유의 시작 부분에 인자가 다시 오는 비전을 제시하는데(25:31), 이러한 비전은 이 담화의 전반부에서 절정을 이루는 부분이기도 하다(24:30 참고). 그럼으로써 마태는 또 다른 무엇이 문제가 된다는 것을 밝히고 있다. 마태의 이 비유에 대한 일반적인 해석은, 가장 약한 사람들에게 자선을 베풀고, 또 그들에게 정의를 이루라는 감동적인 요구로 이해하는 것이다. 우리가 이 '약자들'에게 행한 그대로 우리가 판단을 받으리라는 것이다. 물론 그리스도교의 근본 정신을 잘 드러내는 이러한 메시지는 마태의 이 비유에 대한 해석으로 언제나 유효하다. 그러나 이 본문을 조금 더 자세히

---

14) Karl Donfried, "The Allegory of the Ten Virgins(Matt. 25:1-13) as a Summary of Matthean Theology," *JBL* 93(1974), 415-428을 보라. 그러나 기름을 선행의 상징으로 해석하는 증거가 다소 부족하며, 마태복음 전체의 맥락에서 추론되어야 한다. 나머지 학자들은, 준비되어 있으라는 교훈을 주는 것으로 이 비유를 해석하는 것이 적절하다고 생각한다. 이러한 해석에 대해서는 Donald Hagner, *Matthew 14-28*, WBC 33b(Dallas: Work Books, 1995), 725-730 등을 보라.

들여다보면, 복음서 저자가 조금 더 특별한 메시지를 염두에 두고 있었던 것을 알 수 있다.[15] 이 비유를 해석하는 열쇠들 가운데 하나는 인자의 보좌 앞에 모인 사람들의 정체이다. "모든 민족", 즉 이방인들이 심판을 받기 위해 한데 모여 있다. 앞선 비유들은 그리스도교 공동체가 어떻게 심판을 받는지에 대한 이야기였다. 다시 말하자면, 정신을 차리고 인자의 도래를 준비하며, 참을성 있게 선한 일을 행하라는 이야기였다. 그런데 이제 마태는 관심의 폭을 확대시킨다. 공동체의 경계를 넘어 "민족들", 즉 이방인들에게로 관심의 초점을 돌린다. 이 이방인들이야말로 세상의 종말이 오기 전까지 남은 시간 동안 공동체가 선교해야 하는 대상이다.(24:14) 따라서 이 비유는 그들이 어떻게 심판을 받을지에 대한 문제에 대답한다고 할 수 있다.

그런데 최종 결론을 내리기 전에 이 비유의 또 다른 한 가지 요소를 고려해야 한다. 이방인들은, 그들이 "내 형제자매 가운데 지극히 보잘것없는 사람"(25:40, 45)들을 어떻게 대하는지에 따라 심판을 받으리라는 것이다. 그렇다면 이 "지극히 보잘것없는 사람"들은 누구인가? 마태의 관점에서 보자면, 이 "지극히 보잘것없는 형제들"은 그리스도교 공동체의 구성원들이며, 조금 더 구체적으로 말하자면, 공동체 밖으로 나가서 이방인들을 만나게 되는 선교사들이다. 앞선 선교 담화(9:35-10:42)에서 예수는, 선교를 보낸 제자들을 비슷하게 표현한 바 있다. 이들은 예수의 이름으로 파송된 "작은 자들"이었다.(10:42) 그러나 이보다 더 중요한 사실은, 이들 선교사들이 예수를 대신하며, 따라서 누구든지 이들을 맞아들이는 사람은 예수를 맞아들인다는 것이다.(10:40) 따라서 이 비유는 이방인들이 그리스도 공동체의 선교사들을 존중하고 그들을 자비롭게 대할 때, 그들은 예수를 그렇게 대하는 것이나 마찬가지라는 사실을 일러준다. 물

15) 이 비유의 해석사(史)에 대해서는 S. W. Gray, *The Least of My Brother: Matthew 25:31-46: A History of Interpretation*, SBLDS 114(Atlanta: Scholars Press, 1989)를 보라.

론 이 사실을 이방인들은 아직 알 수는 없다. 그들은 다만, 복음의 메시지를 들고 그들을 찾아오는 이 보잘것없는 낯선 사람들에게 자비와 정의에 대한 예수의 가르침을 본능적으로 어떻게 실천하는지에 따라 심판을 받을 것이다.

따라서 누구를 막론하고 심판의 궁극적인 기준은 사랑의 계명이다. 23장에서 율법학자들과 바리새파 사람들은 자신들이 가르치는 바로 그 계명을 스스로 실천하지 않는 '위선' 때문에 비난을 받았다. 24-25장에서는 제자들이 가르침을 받았는데, 그들은 인자의 오심을 기다리며 선한 일을 행하여야 한다. 이제 양과 염소에 얽힌 마지막 비유에서 그리스도교 공동체가 파송한 메신저들을 이방인이 어떻게 대하는지에 대한 구체적인 사례가 묘사되는데, 여기서 그들에게도 같은 기준이 적용된다. 자비와 정의의 권고라는 이 비유의 대중적인 해석이 여기서 마태의 특별한 관심과 교차한다. 마태가 그리스도 선교사들과 이방인들의 매우 특별한 만남을 염두에 두고 있었을지도 모르지만, 어쨌든 마태는 이방인들이 이 "보잘것없는 형제들"을 본능적으로 어떻게 대하는지에 따라서 그들의 근본적인 가치가 결정된다고 보며, 따라서 그들의 이러한 본능적인 행동이야말로 하나님의 의로운 심판의 근거가 된다고 본다.

마태는 선행이라는 기준 외에도 공동체 구성원들이 지켜야 할 규범을 한 가지 더 제시하였다. 인자가 언제 다시 올지 정확히 알 수는 없지만, 그래도 방심하지 말고 인자의 오심을 기다려야 한다는 것이다. 마태는 마지막 때를 무시하는 어리석은 종들과 처녀들의 모습을 묘사하면서, 영광스러운 예수의 재림에 대한 소망이 무디어 가던 공동체 내의 구성원들을 비판하려고 하였던 것 같다. 어쩌면 마태는 또한 묵시적 열정을 경계하는 유대교 내의 종파들을 염두에 두고 있었는지도 모른다. 특히나 유대항쟁을 계기로 유대교 내에는 묵시적 그룹들이 생겨났는데, 그들은 하나님이 기적적으로 로마를 멸망시키고 이스라엘을 다시 일으켜 세우시리라는 기대를 가지고 있었으며, 이러한 기대를 근거로 자기-파괴적인 분위기를 조성하였다.[16] 그러나 마태의 묵시신학은 이러한 파괴적 열광주의를 피하지 않았다. 그리스도교 공동체는 확신과 소망을 품고 영광스러운 예수의 재림을 기다려야 하며, 쓸데없는 추측에 힘을 쏟을 게 아니라, 세상에 복음을 전하고 예수의 가르침에 따라 살아가는 사명에 전념해야 한다는 것이 마태의 묵시신학이다.

5. 예수의 고난과 부활(26:1-28:15)

이제 마태의 이야기는 절정으로 치닫는다. 종말 담화(24:1-25:46) 역시 전환문구로 끝이 나는데, 이번에는 "예수께서 이 모든 말씀을 마치셨을 때에"라고 되어 있다(26:1). 다시 말하자면, 예수의 긴 설교 다섯 개가 모두 끝이 났다. 이제 남은 것은 예수의 고난과 부활, 즉 예수 이야기의 절정을 이루는 사건들뿐이다. 마태는 마가의 고난 이야기를 엄밀하게 따르고 있으며, 사건의 순서가 그대로 일치한다. 그러나 마태는 몇 가지 요소들을 변경시키고, 또 마태 특수자료를 끼워넣기는 하였다. 그럼으로써 마태가 전하는 예수의 고난과 부활 이야기는 마가의 이야기와는 분명히 차이가 난다.[17]

마태의 고난 이야기에는 다양한 장면이 보도되는데, 각 장면마다 세 개의 주요 모티프가 반복적으로 등장한다. 물론 이 모티프들은 복음서 전

16) 이에 대해서는 Harrington, *Gospel of Matthew*, 346-347을 보라.

17) 마태의 고난 이야기에 대해서는 Donald Senior, *The Passion of Jesus in the Gospel of Matthew*, Passion Series 1(Collegeville, Minn.: Liturgical Press, 1985); John T. Carroll/Joel B. Green, *The Death of Jesus in Early Christianity* (Peabody, Mass.: Hendrickson, 1995), 39-59를 보라. 고난 이야기에 대해 백과사전처럼 일반적인 자료를 제공하는 것으로는 Raymond E. Brown, *The Death of the Messiah: From Gethsemane to the Grave*, 2 vols.(New York: Doubleday, 1994)가 있다.

체를 관통하는 마태의 특징이기도 하다. 세 모티프는 아래와 같다.

1) **그리스도론**: 마태의 고난 이야기에서 관심의 초점은 **예수**에게 집중되어 있다. 예수는 고난과 죽음의 한복판에서도 여전히 위엄이 있고 권위가 있는 인물로 그려진다. 고난 이야기에서도 마태는 복음서 전체에서와 똑같이 강한 어조로 그리스도론을 강조한다. 시작부터 마태의 예수는 고난의 사건들을 예고하며, 제자들로 하여금 엄습할 일에 대비하도록 한다.(26:1-2) 유월절 식사를 하면서 예수는 유다가 배신할 것과 베드로가 자신을 부인할 것, 그리고 나머지 제자들의 도망갈 것을 예언한다.(26:20-25, 30-35) 마태의 예수는 빵과 잔을 축복하며, 자신의 죽음을 많은 사람의 "죄를 사하여 주는" 속죄의 사건으로 해석한다. 이로써 하나님이 주신 "예수"라는 이름에 담겨 있는 약속을 다시 한 번 드러내며, 또한 죽음을 이기고 제자들과 함께 하나님 나라의 포도주를 다시 마실 것이라고 분명히 말한다.(26:26-29) 겟세마네에서의 예수의 기도는 번민에 찬 기도이기는 하지만, 또한 (사실은 이것이 더 중요한데) 하나님 아버지에 대한 순종의 기도이다. 이것은 세례를 받는 순간(3:15)과 광야에서 시험 받는 사건(4:1-11)으로부터 시작하여 복음서 이야기 전체에 걸쳐 마태가 일관되게 묘사하는 예수의 모습과 완벽하게 일치한다. 체포를 당하는 순간에도 예수는 결코 당황하지 않는다. 이미 예수는 유다의 배신을 예고하였으며(26:20-25, 45-46), 유다가 배신의 입맞춤할 때에도, 예수는 이미 유다의 의도를 잘 알고 있었다(26:50). 하나님의 사랑을 받는 자로서 예수는 원하기만 하면 열두 군단 이상의 천사들을 곁에 세울 수도 있지만, 폭력적인 방법으로 풀려나는 것을 거절하는데(26:52-54), 이는 산상설교에서의 가르침과 일치한다(5:38-48). 예수의 탄생 순간부터 복음서가 기록하였듯이, 예수의 고난 전체와 그의 전체 삶뿐 아니라, 예수의 체포 역시 성경말씀을 이루는 일이다.(26:54)[18)]

당신이 하나님의 아들 그리스도냐는 대제사장의 질문(26:63-64)을 받은 예수는 자신이 그리스도이며 하나님의 아들임을 인정한다.(이미 복음서 앞부분에서 예수가 그리스도라고 분명하게 소개된다.) 그러나 이와 동시에 예수는 자신이 세상 끝 날에 하늘 구름을 타고 올 인자라고 분명하게 말하는데(26:64), 이는 앞의 종말 담화의 내용과도 밀접하게 연관된다(24:30-31을 보라). 군인들과 지나가는 사람들은 예수의 왕권을 두고 조롱하지만(27:27-30), 독자들은 예수가 참으로 하나님의 아들임을 잘 알고 있다. 마지막 조롱 행위는 마태복음에만 보도되는 내용인데, 여기서 예수를 조롱하는 사람들은 시편 22:8의 말씀을 예수에게 내던진다. "그가 하나님을 의지하였으니, 하나님이 원하시면, 이제 그를 구원하시라지. 그가 말하기를 '나는 하나님의 아들이다' 하였으니 말이다."(27:43)[19] 예수의 죽음 직전에 마태는 다시 한 번 독자들로 하여금 죽음 앞에서도 하나님에 대한 순종과 신뢰를 잃지 않는 예수의 모습에 주목하도록 한다. 예수는 시편 22편의 말씀을 입 밖으로 내며 죽는다. "나의 하나님, 나의 하나님, 어찌하여 나를 버리셨습니까?" 의로운 자가 생의 마지막 순간에 드리는 고뇌의 기도이자 궁극적 신뢰의 기도이다.

예수가 죽자마자 기이한 일들이 벌어지는데(27:51-53), 하나님에 대한 예수의 신뢰와 순종이 정당하다는 사실을 하나님께서 밝혀주신다는 표현이다.[20] 성전 휘장이 위에서 아래까지 두 폭으로 찢어지며(24:2에서

18) 성취 본문에 대해서는 제1부 44-48쪽을 보라.

19) 시편의 이 말씀은 또한 지혜서 2:18에도 나오는데, 여기서 이스라엘의 고난 받는 '의로운 사람'을 조롱하는 사람들은 하나님에 대한 그의 신뢰를 공격한다.

20) 마태가 이 장면을 보도하는 데는 시편 22편의 형식이 어느 정도 영향을 준 것 같다. 이 탄원시편은 시편 저자의 번민으로 시작된다. 시인은 고통의 순간에, 또 버림받은 것처럼 보이는 순간에 하나님을 향해 울부짖는다. 그러나 결국 하나님께서 그의 정당함을 증명하심으로써, 시인의 승리로 끝을 맺는다. 이러한 하나님의 변호는 심지어 저승(Sheol)에서도 느낄 수 있으며, 이로써 모든 민족이 하나님을 찬양하게 된다(시 22:27-31). 이 시편은 하나님에 대한 고통스러운 신뢰에서 시작하여 하나님의 압도적인 변호로 끝을 맺는데, 이러한 흐름의 변화는 십자가 처형의 장면에 그대로 반영된다. 특히 마태복음의 경우에 이것이 분명하게 드러난

예수가 이미 예언한 성전 파괴가 확인되는 셈이다.), 마른 뼈들이 살아나는 에스겔의 환상에서 유래된 이미지와 같이, 예수가 죽자마자 종말에 있을 사건들이 일어나기 시작한다. 즉, 땅이 흔들리고, 무덤이 열리며, 잠자던 많은 성도의 몸이 살아난다.(27:51-53) "참으로, 이분은 하나님의 아들이셨다"는 백부장의 증언은 독자들이 이미 오래전부터 알고 있던 내용을 극적으로 확인시킨다.(14:33, 16:16을 보라.) 하나님께 순종하는 아들 예수는 자신의 죽음을 통해서 어두운 저승에 갇혀 있던 사람들을 해방시켰다. 죄악과 죽음의 손아귀에서 그들을 풀어준 것이며, 예수라는 이름에 담긴 약속을 성취한 것이다.(1:21을 보라.) 그리고 자신의 죽음으로 사람들의 죄가 사함을 받게 되리라는 스스로의 예언(26:28)을 확인시킨 것이다.

2) **교회론**: 제자들에 대한 마태의 '이중적인' 묘사는 고난 이야기에서도 확인된다. 그들은 예수의 제자들이면서도 "믿음이 적은" 것으로 묘사된다. 고난 이야기가 시작되면서부터 '열두 제자'는 예수와 함께하는 특권을 유지한다. 예수와 함께 유월절을 지킨 사람들이 바로 이 제자들이다. 최후의 만찬 자리에서 죄의 용서에 대한 약속을 처음으로 받은 사람들도 이들이다.(26:28) 예수는 또한 그 자리에서 "내가 나의 아버지의 나라에서 너희(즉, 제자들)와 함께 새 것을 마실" 것이라고 약속하기도 하였다.(26:29)

그러나 고난 이야기 전반에 걸쳐서, 예수가 당할 고난과 죽음 앞에서 제자들의 나약함과 실패가 드러난다. 앞서 예수가 이미 이들에게 준비하라고 가르쳤지만, 그들은 여전히 준비되지 않은 것으로 보인다. 그들은 예수의 머리에 기름을 부은 여인을 꾸짖는다.(26:8) 그리고 겟세마네에서는, 예수가 깨어 있으라고 하였으나, 잠에 빠지고 만다.(26:38, 40, 41, 43,

다. 이에 대해서는 Senior, *The Passion of Jesus in the Gospel of Matthew*, 126-150을 보라.

45. 또한 25:13을 보라.) 또한 예수가 체포당하는 순간에 제자들은 예수를 버리고 도망간다.(26:56)

마태의 이야기에서 유다와 베드로는 제자도의 실패를 적나라하게 드러낸다. 예수가 예언하는 것처럼(26:20-25), 유다는 완전히 실패한 제자의 모습을 보여준다. 그는 예수의 적대자들과 한패가 된다.(26:14-16) 예수를 "랍비"(26:25, 49)라 부르며, 입맞춤으로 자기 스승인 예수를 배신한다.(26:49) 마태만이 유다 이야기의 비극적인 결론을 보도하는데, 예수가 유죄판결을 받자 유다는 양심의 가책에 시달리다가, 예수의 몸값으로 받은 은돈 서른 닢을 성전에 내던지고, 스스로 목을 매달아 죽었다.(27:3-10) 베드로 역시 고난 이야기에서 실패한 제자의 모습을 보여준다. 그러나 그의 운명은 유다와는 다르다. 베드로는 절대로 예수를 버리지 않을 것이라고 단언한다.(26:33) 그러나 결국 베드로는 예수를 모른다고 부인하게 되는데, 베드로의 이러한 단언은 역설적으로 그의 부인을 매우 강조하는 기능을 하게 된다. 베드로는 허세를 부리지만, 겟세마네에서 예수가 고뇌에 차서 기도하는 도중에 결국 잠이 들고 만다.(26:40) 마가복음의 기법을 따른 것이긴 한데, 어쨌든 마태는 슬로모션 기법으로 베드로의 부인을 크게 부각시킨다. 다른 제자들과는 달리 베드로는 예수의 체포 현장에서 도망가지 않고, "멀찍이 떨어져서"(26:58) 예수를 좇아간다. 예수가 대제사장 앞에서 자신의 정체를 대담하게 드러내는 바로 그 순간, 베드로는 "맹세를 하며" 예수를 알지 못한다고 부인한다. 마태는 베드로가 맹세를 하였다고 보도하는데(26:74), 앞서 산상설교에서 예수는 아예 맹세하지 말라고 가르친 바 있다(5:33-37을 보라). 예수를 저주하고 부인한 베드로의 죄는 결코 가볍지 않지만, 예수의 말씀이 생각나서 바깥에 나가서 몹시 울었다는 보도(26:75)에서 예감할 수 있듯이, 베드로는 다시 제자의 위치를 회복할 것이다. 이때 복음서의 독자들은 빌립보의 가이사랴에서 베드로가 한 고백(16:16-19)과 무한한 용서에 대한 예수의 가르침(18:21-35)을 떠올릴 것이다. 이렇듯 베드로와 유다라는 두 인물은 실패에 대한 두 가지상이한 반응을 마태공동체 구성원들에게 생생하게 보여준다. 한 제자는 계속하여 예수의 적대자들과 한패가 되었다가 결국 망하며, 다른 한 제자는 양심의 가책으로 후회함으로써 다시 회복된다.

복음서 전체에서도 흔히 찾아볼 수 있는 일인데, 고난 이야기에서도 선택된 열두 제자가 아니라 오히려 조연으로 보이는 사람들이 진정한 제자도가 무엇인지를 보여준다. 베다니에서 예수의 머리에 기름을 부은 여인의 통찰력과 헌신이 한 가지 분명한 예이다.(26:6–13) 마태복음에만 등장하는 빌라도의 아내는, 종교지도자들이 예수를 십자가에 처형하라고 외치는 와중에도, 예수를 "의로운"(δίκαιος) 사람이라고 변호한다.(27:19)[21] 로마의 백부장과 그와 함께 십자가에 달린 예수를 지키는 군인들은 예수가 "하나님의 아들"이었다고 고백한다.(27:54) "부자"이며 역시 "예수의 제자"인 아리마대 사람 요셉은 빌라도에게서 예수의 시신을 넘겨받아 자기의 새 무덤에 잘 모심으로써 예수에 대한 자신의 지속적인 충성심을 잘 보여준다.(27:57–61) 다른 모든 제자가 도망간 와중에, "예수께 시중을 들면서 갈릴리에서 따라온" 여인들은 십자가 현장에까지 예수를 따라왔다.(27:55–56) 이 여인들 가운데 일부, 즉 막달라 마리아와 다른 마리아는 예수의 장례를 직접 목격하기도 한다.(27:61) 그리고 그들이 빈 무덤을 처음으로 발견하며, 또한 처음으로 부활한 예수를 만난다.(28:1–10) 그럼으로써 이 여인들은 예수의 부활을 제자들에게 알린 사람들이 된다.(28:10–11)[22]

---

21) 빌라도의 아내가 이러한 통찰력을 얻은 것은 '꿈'에서였음을 기억하라. 마태복음에서 꿈은 하나님의 계시의 통로이다. 1:20, 2:12, 13, 19를 보라.

22) 마가의 이야기는 이 여인들이 어떻게 반응하였는지에 대해 분명하게 보도하지 않는다. 마가복음에서 여인들은 천사의 말을 들은 뒤에, 놀라서 아무 말 못하고 무덤에서 도망을 치는데, 이에 대해서 마가는 여인들이 "아무에게도 아무 말도 못하였다"(막 16:8)고 보도한다. 그러나 마태복음은 이와는 다르다. 마태의 보도에 따르면, 여인들은 천사와 부활한 예수를 만난 뒤에 사도들에게로 "갔다"(28:1). 이어 마태는 "열한 제자"가 갈릴리로 가서 예수께서 일러준 산에 갔다고 보도하는데

고난 이야기에서 제자들을 이렇게 묘사함으로써, 마태는 자신들의 공동체가 세상 속에서 사명을 잘 감당하기 위해서 박해에 어떻게 맞서 싸워야 하는지에 대한 가르침을 주는데, 이러한 가르침은 이미 선교 담화와 묵시 담화에서도 주어진 것이다.(특별히 10:16-42, 24:9-14를 보라.) 사실, 예수의 고난은 공동체의 고난에 대한 예고이다.

3) **역사신학**: 고난 이야기는 또한 소위 마태의 '역사신학'이라고 하는 것을 잘 설명한다.[23] 예수의 죽음과 부활은 구속사의 결정적인 전환점이 된다. 마태복음의 몇 가지 특징들이 이것을 잘 드러낸다.

예수에 대한 유대 지도자들의 반대는 고난 이야기에서 절정에 이르는데, 여기에는 몇 가지 의도가 있다. 유대 지도자들에 대한 부정적인 묘사는 고난 이야기에서 특별히 강화된다. 그들은 남들 모르게 예수를 잡아 죽이려고 모의하며(26:3-5), 유다에게 자신의 스승을 배신하도록 은돈 서른 닢을 준다(26:14-16). 또 그들은 예수를 잡을 계략을 세우며(26:47), 예수를 고발할 "거짓 증거"를 찾는다(26:59). 대제사장은 의회의 이름으로 자신의 정체에 대한 예수의 증언을 거절하며, 예수의 증언을 오히려 신성모독으로 규정한다.(26:65) 온 의회는 예수가 사형을 받아야 한다고 외치며(26:66, 27:1), 예수를 조롱하고 능욕한다(26:67-68). 유다의 죽음에 대한 이야기를 통해서 마태는 한층 더 그들을 강하게 고발한다. 불운한 제자 유다가 "죄 없는 피"를 팔아넘긴 것을 뉘우치지만(27:3-4), 제사장들과 장로들은 유다의 뉘우침을 거들떠보지도 않으면서도, 핏값으로 준 돈을 유다가 성전 안으로 내던지자, 그것을 거두어들인다(27:6). 그럼으로써 그들 역시 예수의 핏값을 받은 셈이 된다. 이제 마태복음의 마지막 성

(28:16), 이로써 여인들이 제자들에게 소식을 전하였음을 알 수 있다(28:10 참고).

23) Donald Senior, "The Death of Jesus and the Birth of a New World: Matthew's Theology of History in the Passion Narrative," *CurTM* 19(1992), 416-423을 보라.

취 인용문이 나오는데, 이를 통해서 마태는 이러한 비극적인 순간도 하나님의 계획 가운데 포함되어 있음을 강조한다.(27:9-10)

빌라도 앞에서 예수가 심문받는 장면을 보도하는 마태의 방식은 예수를 거부하는 유대 지도자들의 부정적인 모습을 더욱더 부각시킨다. 총독 앞에서 그들은 앞장서서 예수를 고발한다.(27:12) 빌라도와 빌라도의 아내(27:19)는 예수를 풀어주려고 애쓰지만, 종교지도자들은 군중을 구슬려서, 바라바를 놓아달라고 외치도록 한다(27:20-23). 예수가 십자가에 달려 있는 동안, 종교지도자들은 예수를 조롱하는데, 그들의 조롱은 복음서가 예수에 대하여 증언한 내용과 일치한다. 즉, 예수는 다른 사람들의 구원자 역할을 하며, 그의 정체는 메시아("이스라엘의 왕")이자 하나님의 사랑하는 아들(27:41-43)이라는 것이다. 예수의 죽음 뒤까지 이어지는 종교지도자들의 적대적 행위를 묘사하는 복음서 기자는 마태가 유일하다. 그들은 제자들이 와서 예수의 시체를 훔쳐가지 못하도록 무덤 앞에 경비병들을 단단히 세워야 한다고 주장하며(그래서 예수가 죽음에서 살아났다고 제자들이 거짓말을 하도록 내버려 둬서는 안 된다고 주장하며), 무덤에서 일어난 놀라운 일들에 대한 경비병들의 증언에도 아랑곳 않고, 그들을 돈으로 매수하여 거짓말을 하도록 한다(27:62-66, 28:11-15). 마태는 공동체의 경험을 복음서에 보도되는 사건들과 연결시키고는 하는데, 이러한 현상의 가장 분명한 실례가 여기에 나온다. 바로 예수의 부활에 대한 거짓 증언이 "오늘날까지 유대인들 사이에 널리 퍼져 있다"(28:15)는 보도이다.

한편으로 마태는 종교지도자들을 부정적으로 묘사함으로써 예수의 모습을 더욱 분명하게 드러낸다. 그들의 사악한 의도와 예수에 대한 적대감은 메시아로서의 예수, 고난 받는 인자로서의 예수의 완전무결함과 위엄이 넘치는 권한을 더욱 부각시킨다. 그러나 종교지도자들의 이러한 행동은 마태의 신학에서 좀 더 중요한 의미를 지니고 있다. 바로 이스라엘이 예수와 그리스도교 선교를 거부하였다는 사실을 드러내며, 동시에 이방선교의 길을 마련한다. 마태의 관점에서 보면, 이러한 전환은 단지 역사의 비극적 사건일 뿐만 아니라, 하나님의 신비한 뜻과도 얽혀 있는 것이다. 예수의 사역이 구약성서의 성취인 것처럼, 고난의 사건들 역시 구약의 성취이다.(26:54) 심지어는 유다의 배신과 아무런 잘못이 없는 예수를 희생시키려는 종교지도자들의 계략도 마찬가지이다.(27:9-10) 마태의 이야기는 이러한 역사의 전환점을 이미 앞에서 암시한 바 있다. 바로 헤롯대왕과 유대 종교지도자들이 예수에게 적대감을 드러낼 때, 이방인인 동방박사들이 예수를 경배하기 위해 왔다는 보도(2:1-12), 가버나움에서 백부장이 보인 믿음으로 인해 아브라함과 함께 잔치 자리에 앉을 이 이방인 백부장의 모습을 예수가 내다보는데, 이때 이 나라의 상속자들은 오히려 바깥 어두운 데로 쫓겨난다는 보도(8:11-12), 두로와 시돈 지방에서 가나안 여인의 "큰 믿음"을 예수가 인정하는 장면(15:28), 포도원과 소작인들의 비유의 결론에서 예수가 바리새파 사람들을 향해 "하나님께서는 너희에게서 하나님의 나라를 빼앗아서, 그 나라의 열매를 맺는 민족에게 주실 것"이라고 하는 장면(21:43), 성전이 파괴될 것이라고 예수가 예언하는 장면(24:2) 등이 여기에 해당한다.

역사의 전환점은 이제 예수의 죽음과 부활에서 절정에 이른다. 예수의 고난이 마태에게는 종말론적 사건이다. 옛 시대를 끝내고, 새 시대의 도래를 알린다. 유월절 전날이 되자, 예수는 자신이 고난 받을 때가 되었다고 하는데, 여기서 사용된 단어 "**때**"(καιρός)는 결정적인 마지막 시간이다.(26:18)[24] 예수가 숨을 거두는 바로 그 순간을 묘사할 때, 마태는 종말에 일어날 경이로운 사건들을 열거한다. 어둠이 온 땅을 덮고(27:45), 성전 휘장이 위에서 아래까지 두 폭으로 찢어지며(27:51), 땅이 흔들린다. 그리고 세상의 마지막 날에 일어날 것으로 기대되는 사건이 일어나는데,

24) 물론 카이로스(καιρός)라는 단어가 일반적인 시간을 가리킬 수도 있다. 그러나 마태와 다른 신약 저자들은 이 단어를 종말(마지막 때)을 가리키는 데에 종종 사용한다. 예를 들면, 8:29, 13:30, 16:3, 21:34, 41, 24:45.

바로 무덤이 열리고, 의로운 이스라엘 사람들이 부활하는 것이다.[25] 이렇듯 마태는 예수의 죽음의 순간을 승리로, 부활에 대한 기대로 묘사한다. 빈 무덤 이야기도 마태는 종말론적인 색채로 채색한다. 큰 지진이 일어나고, 눈과 같이 흰옷을 입은 주님의 천사가 무덤에서 돌을 굴려낸다.(28:2)

유대 종교지도자들과 그들의 영향을 받은 군중이 예수를 거부하는데, 이것은 마태의 신학에서 동전의 한 면에 불과하다. 거부를 통해서 새로운 생명이 오기 때문이다. 이스라엘에 대한 선교의 소망이 무너지지만, 이방 선교의 길이 열린다. 이것이야말로 로마 총독의 재판에서 유대 종교지도자들과 군중이 내린 결정적인 선택을 마태가 진지하게 보도하는 이유이다. 빌라도와의 대화를 통해서 마태는 선택권이 종교지도자들에게 있었음을 강조한다.(27:17, 21, 22, 23) 이방인 총독과 그의 아내가 예수의 무죄를 확신하지만, 종교지도자들은 군중을 선동하여 예수를 거부하고 바라바를 선택하도록 한다. 이제 이야기는 절정에 이르게 되는데, 절정을 이루는 이 장면은 마태에서만 보도되는 내용이다. 구약성서의 제의(신 21:1-8)가 떠오르는 장면인데, 빌라도는 손을 씻으면서, 자신은 예수의 피에 대해 아무런 책임이 없음을 선언한다. 이에 "**온 백성**"(πᾶς ὁ λαός)은 자신들이 책임을 질 것이라고 하며, "그 사람의 피를 우리와 우리 자손에게 돌리시오"라고 외친다.(27:24-25) 이것 역시 구약성서에 나오는 표현을 상기시킨다.

신약성서의 본문 가운데서 마태복음의 이 본문만큼이나 역사적으로 논쟁이 된 본문은 거의 없다.[26] 처음부터 지금 이 대목까지 복음서를 읽은

25) 지진과 무덤이 열리는 사건, 그리고 또 다른 놀라운 징조들은 유대 묵시문학에서 세상의 종말에 일어날 것으로 기대되는 전형적인 사건들이다. 가령, 지진에 대해서는 삿 5:4; 삼하 22:8; 시 68:8, 104:32; 욜 3:14-17을 보라. 바위가 갈라지는 것에 대해서는 왕상 19:11; 시 114:7-8을 보라. 또한 외경 가운데 에스드라4서 9:2-3; 바룩서 32:1; 에녹1서 1:3-9를 보라. 단 12:1-2와 겔 37:11-14는 무덤이 열리는 것과 의로운 사람들이 부활하는 것에 대해 말한다.

26) 더 자세한 논의는 Brown, *Death of the Messiah*, 1, 830-839를 보라.

독자들에게는 마태의 서사세계 안에서 이 본문이 지니는 의미가 매우 분명하다. 복음서 대부분에서 군중은 중립적이며, 때때로 예수에게 긍정적으로 반응하기도 한다. 반면에 종교지도자들은 일관되게 적대적이다. 그런데 이제 종교지도자들이 군중을 설득하여 예수를 거부하도록 하는데, 이때 종교지도자들이 보였던 적개심이 온 군중 사이에 퍼지게 된다. 마태는 종교지도자들을 비판하는 23장에서 그들의 전염성 강한 나쁜 영향력에 대해 경고한 바 있는데(23:13-14), 그것이 여기서 현실화된다. 마태는 예수를 거부한 그들을 신랄하게 비난하는데, 군중보다는 종교지도자들에게 훨씬 더 강경한 태도를 취한다. 이미 우리가 앞서 살펴본 바와 같이, 마태는 예루살렘 함락과 예루살렘 성전의 파괴라는 끔찍한 사건이 그들의 이러한 죄에 대한 징벌이라고 생각하였다. 따라서 예수를 거부한 사람들과 "그들의 자손"(즉, 예루살렘의 함락을 경험한 세대)은 죄 없는 예수를 피 흘려 죽게 한 데 대한 천벌을 받은 셈이다.

그런데 마태의 이러한 신학이 해석하기 쉽지 않은 것처럼, 27:24-25에 대한 해석도 쉽지 않다. 종종 27:24-25의 본문이 반유대주의에 대한 절대적인 근거 구절로 해석된다. 군중의 외침을 모든 세대의 유대인들에 대한 영원한 저주로 이해하는 것이다. 그러나 이러한 폭력적인 해석은 본문의 의도와는 거리가 멀다. 이러한 해석은 결코 마태의 견해를 반영하지 못한다. 이스라엘이 예수를 거절한 사건을 마태는 하나님의 불가사의한 섭리 가운데 하나로 생각하였다.(이와 마찬가지로 불가사의한 것은, 예수가 피를 흘림으로 하나님이 사람들의 죄를 용서하신다는 사실이다. 26:28) 비록 마태는 인간의 책임 또한 중요하다고 생각하지만(여기서 인간의 책임이라고 하는 것은 일차적으로 종교지도자들의 책임을 말하며, 또한 예수 시대와 그 이후 예루살렘 함락까지 이어지는 세대의 유대인들의 책임도 포함된다.), 그래도 그의 가장 큰 관심사는 그와 그의 공동체에게 비극이자 설명하기 힘든 역사의 전환점인 이 사건을 해석하는 것이었다. 마태공동체가 메시아로 여겼던 예수를 환호하기는커녕, 이스라엘은 예수를 거부하였다. 마태공동체는 이스라엘을 대상으로 한 선교에서 성공을 거두기는 커녕, 오히려 반대에 직면하였다. 하나님은 이스라엘을 위해 오랜 기간 동안 애쓰셨지만, 그 과업이 성공적으로 완수되기는커녕, 유대인들이 아니라 이방인들이 마태공동체에 합류하여 이 공동체의 미래를 결정하게 되었다. 이 험난하고 예기치 못한 역사의 뒤틀림 속에서 우리를 인도하시는 하나님의 섭리의 손길을 찾아내는 것이 마태의 목적이었다. 그에게, 또 마태공동체에는 예수의 죽음과 부활이 이 문제를 해결하는 열쇠였다. 즉, 죽음으로부터 새로운 생명이 찾아왔다는 것이다. 예수의 죽음의 순간, 예수가 명예를 회복하는 그 결정적인 순간에 역사의 옛 시대는 끝나고, 새로운 마지막 시대가 시작되었다.

제13장

끝맺음

(28:16-20)

공간적 배경이 결정적으로 바뀌는데, 이로써 예루살렘에서 일어난 일들에 대한 보도가 끝나고, 이제 마지막 장면이 시작된다. 이것은 마태의 이야기의 주요한 전환점이 된다. 비록 다섯 절밖에 되지 않지만, 이 마지막 장면은 분명히 독립적인 단락이며, 마태복음에서 매우 중요한 위치를 차지한다.[1] 여기서 복음서 저자는 그의 장엄한 이야기를 끝내고, 복음서의 메시지를 공동체의 미래와 연관시킨다. 이 장면은 마태복음에만 보도되는 장면이며, 여기에 사용된 어휘라든지 내용을 보면, 복음서 저자가 직접 저술한 부분임을 알 수 있다. 학자들 사이에서 논쟁이 되는 것은, 이 단락이 어떤 문학적 양식을 따르고 있는지에 대한 것이다. 어떤 학자들은 이 단락이 '신현'(theophany)의 한 가지 예라고 하며, 또 다른 학자들은 이 단락을 구약성서에 나오는 소명 본문과 비슷한 것으로 보기도 한다.[2]

무덤에서 주의 천사가 여자들에게 지시한 대로(28:7), 또 부활한 예수가 여자들에게 직접 지시한 대로(28:10) 제자들은 이제 갈릴리에 모여 있

1) 마태복음의 구조에 대해서는 제1부 39-41쪽을 보라.

2) 이 단락의 성격에 대한 다양한 견해에 대한 정보는 Benjamin Hubbard, *The Matthean Redaction of a Primitive Apostolic Commissioning: An Exegesis of Matthew 28:16-20*, SBLDS 19(Missoula, Mont.: Scholars Press, 1974)를 보라.

다. 그들은 산으로 가는데, 마태복음에서 산은 계시의 장소이다. 예를 들면, 광야에서의 시험(4:1-11)과 산상교훈(5-7장)이 산을 배경으로 한다. 또한 예수의 치유의 힘이 드러나는 장소가 산이며(15:29-31), 제자들의 감탄 어린 눈앞에서 예수의 모습이 바뀌는 장소가 산이다(변화산에서의 이 장면은 이 복음서의 마지막 순간을 떠올리게 한다. 17:1-7). 이제 이 갈릴리의 산에서 예수는 마지막으로 제자들에게 나타날 것이다. 그리고 복음서를 관통하는 중요한 주제들이 다시 한 번 확인될 것이다. 이 장면에서는 예수와 제자들만이 등장하며, 내용적으로도 그들이 이 단락의 중심에 있다.

1. 예수라는 인물

이 장면의 분명한 목적은, 독자들이 복음서 전체를 읽고 이미 알게 된 것을 다시 한 번 확인하면서, 부활한 예수의 권위를 강조하려는 데 있다. 예수는 "나는 하늘과 땅의 모든 권세를 받았다"(28:18)고 선포하는데, 이 말씀은 다니엘 7:14에 보도되는 인자에 대한 찬가를 상기시킨다. "그에게 권세와 영광과 나라를 주셔서, 민족과 언어가 다른 뭇 백성이 그를 경배하게 하셨다. 그 권세는 영원한 권세여서, 옮겨 가지 않을 것이며, 그 나라가 멸망하지 않을 것이다."(단 7:14) 복음서 전체에 걸쳐 우리가 살펴본 바와 같이, 마태는 예수를 치유하는 권능과 죄를 용서하는 권능을 가진 인자로, 또 안식일과 예루살렘 성전의 주인으로서의 인자로 묘사한다. 그러나 이러한 인자는 또한 굴욕을 당하고 고난을 견디어야 하며, 마지막 때에야 비로소 높이 영광을 받을 것이다. 종말에 인자가 승리자의 모습으로 되돌아올 텐데, 영광에 둘러싸인 이러한 인자의 재림은 고난 이야기 직전에 보도되는 묵시 담화의 중요한 모티프였다.(24:30-31, 37, 39, 44, 25:31) 어떤 의미에서 복음서의 결론 부분에서 인자가 마지막으로 나타나는 것을 마태가 여기서 미리 예견한다고 할 수도 있다. 예수의 죽음과 부활의 순간에 일어난 놀라운 일들이 알려주듯이(27:51-53, 28:2), 세상의 마지막 시대가 이미 시작되었다는 것이 마태의 생각이다.

영광에 둘러싸인 인자로서의 예수의 정체가 이 복음서에서 마태가 묘사하는 예수의 유일한 모습은 아니다.[3)] 예수는 사람의 아들일 뿐만 아니라, 또한 하나님의 아들이다. 예수는 아버지 하나님의 뜻을 알며, 오로지 예수만이 자신이 선택한 모든 사람에게 하나님의 뜻을 알려줄 수 있는 권한을 받은 하나님의 아들이다.(11:25-27) 이렇듯 예수는 최고의 스승이며, 그의 율법해석은 율법을 '성취'시킨다.(5:17) 그의 가르치는 권위는 군중의 마음을 사로잡으며(7:28-29), 적대자들의 말문을 막아버린다(22:46). 복음서의 이 마지막 장면에서 부활한 예수는 다시 한 번 스승으로서의 메시아 모습을 보여주며, 제자들에게 "모든 민족을 제자로 삼아서 … 내가 너희에게 명령한 모든 것을 그들에게 가르쳐 지키게 하여라"(28:19-20) 하고 가르친다.

예수는 또한 "임마누엘"이라는 이름을 받는데, 하나님이 우리와 함께 계신다는 뜻이다.(1:23) 하나님이 우리와 함께 계신다는 이 신비로움은 여기 마지막 단락에서 다시 한 번 확인되며, 그 약속은 미래로까지 확장된다. "내가 세상 끝 날까지 항상 너희와 함께 있을 것이다."(28:20) 마태 그리스도론의 이러한 전망은 예수의 탄생 이야기에서 이미 드러난 바 있다. 헤롯대왕은 아기 예수를 죽이려고 하였으며, 그래서 예수의 가족은 학살을 피해 이집트로 도망갈 수밖에 없었다. 또 헤롯이 죽은 이후에도 고향으로 돌아가지 못하고 결국 갈릴리에 가서 살게 되는데, 예수의 가족이 경험한 이러한 일련의 과정은 이스라엘이 당한 고통과 고난을 반복한 것이다. 복음서의 본론에서 마태의 예수는 "작은 사람들"과 자신을 동일시하였으며(10:42, 18:1-14), 또 공동체 안의 "가장 미천한 사람들"을 자신과 동일

3) 마태의 그리스도론에 대해서는 제1부 72-87쪽을 보라.

시하였다(25:31-46). 누구든지 두세 사람이 모이면, 임마누엘 예수는 그들과 함께할 것이다.(18:20) 마태 그리스도론의 이러한 특징 때문에 마태복음의 결론은 매우 독특하다. 마가복음에서는 미래에 대한 약속이 아직 성취되지 않았다.(막 16:1-8) 또 누가복음에서 예수는 공동체에 성령을 보내주기 위해 하늘로 올라간다.(눅 24:49; 행 1:1-12) 그런데 마태복음의 결말은 오로지 부활한 그리스도, 즉 영광에 둘러싸인 인자가 공동체 안에서 그들과 함께한다는 것에 초점이 맞추어져 있으며, 동시에 공동체의 가르치는 권위를 보장하고, 세계선교의 사명을 독려한다.

2. 제자들

제자들에 대한 마태의 마지막 묘사 역시 마태복음의 특징을 잘 드러낸다. 여기서도 복음서 저자는 제자들을 결코 이상적인 모습으로 그리지 않는다. "열한 제자"(28:16)라는 표현 때문에 독자들은 유다의 배신이라는 상처를 떠올릴 수밖에 없다. 흥미롭게도 마태는 여전히 제자들을 주저하는 모습으로 묘사한다. 마태는 매우 장엄한 장면을 보도하면서도, 여전히 제자들을 다소 부정적으로 묘사한다. 즉, 제자들이 예수에게 "절"을 하기는 하지만, 적어도 '몇 사람'은 의심을 품고 있었다고 보도한다.(28:17)[4) 마태는 "믿음이 적다"라는 표현을 잘 사용하는데, 여기서는 그러한 표현을 사용하지 않은 채, 공동체 안에 믿음이 좋은 사람들과 약한 사람들이 섞여 있는 것으로 묘사한다.

4) 마태는 "οἱ δὲ ἐδίστασαν"(28:17)이라고 보도하는데, 이것을 정확하게 번역하기가 쉽지 않다. '그러나 몇 사람은 의심하였다'로 번역할 수도 있고, '그러나 그들(즉, 제자들 모두)은 의심하였다'로 번역할 수도 있다.

3. 선교

이 단락이 특별히 강조하는 것은 선교이다. 이제 구원사의 마지막 결정적인 시대가 시작되었으며, 따라서 제자들의 선교는 "길 잃은 양 떼인 이스라엘 백성"(10:5-6, 15:24)에 제한되지 않고, "모든 민족"(28:19)에게로 확대된다. 복음서 전체에 걸쳐서 종교지도자들이 예수를 거부하고, 비참하게도 나중에는 "온 백성"(27:24-25)마저도 예수를 거부하는데, 예수에 대한 이러한 거부가 마태에게는 공동체의 선교의 초점을 이스라엘에서 모든 민족에게로 옮기는 계기가 된다(21:43). 그렇다면, 마태는 이 마지막 선교 명령을 통해서 이스라엘을 선교의 대상에서 완전히 배제하는가? 아니면, 단지 선교의 범위를 확대하여, 이전에는 선교의 대상에 포함되어 있지 않았던 이방인들과 사라미아 사람들까지도 선교의 대상에 포함시키는 것인가? 사실, 예수는 10:5에서 사마리아 사람들과 이방인들에게 가지 말라고 하였던 식으로 "이스라엘에게 가지 말라"고 말한 것은 아니다. 그러나 21:43("하나님께서는 너희에게서 하나님의 나라를 빼앗아서, 그 나라의 열매를 맺는 민족에게 주실 것이다.")이 암시하는 바를 고려한다면, 이 문제에 대해서 마태가 어떻게 생각하는지 알기는 결코 쉽지 않다.[5)]

---

5) 이 문제에 대한 논쟁은 아래와 같다. Douglas Hare와 Daniel Harrington("'Make Disciples of All the Gentiles'[Mt 28:19], *CBQ* 37[1975], 359-369")은 마태가 28:19에서 "ἔθνη"라는 단어를 사용하면서, "이방인들"만을 염두에 두고 있었다고 생각한다. 반면에 존 마이어("Nations or Gentiles in Matthew 28:19," *CBQ* 39[1977], 94-102)는 이 단어를 더 폭넓게 이해하여 "민족들"로 번역해야 한다고 주장한다. 한편, 울리히 루츠는 "ἔθνη"라는 단어가 "이방인들"일 수도 있고, "민족들"일 수도 있다는 사실을 인정하면서도, 마태복음 본문의 문맥에서 볼 때, 이스라엘에 제한된 선교에서 이방인들을 향한 선교로 내용이 전환되고 있음을 이해해야 한다고 생각한다. 따라서 이 단어 자체가 아니라 문맥을 보면서, 이 단어를 좁

마태는 공동체가 수행해야 할 선교의 내용을 밝힌다. 그들은 사람들을 '제자로 세워야 한다.' 다시 말하자면, 마태복음 전체에서, 특별히 제자들에 대한 예수의 가르침을 마태가 집중적으로 보도하는 단락(특히 16:13-20:34를 보라.)에서 분명하게 드러나는 방식으로 그들은 사람들을 예수의 추종자로 세워야 한다. 그들은 이 새로운 추종자들을 잘 "가르쳐야" 하며, 그래서 그들이 "내가 너희에게 명령한 모든 것을 지키게"(28:20) 해야 한다. 10장의 선교 담화에서는 제자들에게 선포와 치유의 사명이 주어졌지만(10:1, 7-8), 가르치는 사명은 아직 주어지지 않았다. 아마도 예수의 사역 가운데 가르침이라는 측면은 그들에게 잠정적으로 유보되었던 것 같다. 공동체에 주는 예수의 가르침이 완전히 끝난 뒤에야 그들에게 가르침의 사명이 주어진 것이다. 이제야 비로소 그들은 제자들의 '스승'이 될 준비가 된 것이다.

이제 그들에게 주어진 사명에서 마지막으로 한 가지가 더 남았는데, 이것은 앞의 이야기에는 나오지 않은 내용이다. 바로 "아버지와 아들과 성령의 이름으로 세례"(28:19)를 베풀어야 한다는 것이다. 디다케 7:1-3에 나오는 것과 비슷한 이 표현은 아마도 마태공동체가 드리는 예배에서 유래되는 것 같다. "교회"를 세우는 일에 대한 마태의 관심은 이미 16장에 분명하게 드러난다. 여기서 베드로는 교회공동체의 토대가 되는 "반석"이자 공동체 안에서 권위를 받은 "반석"으로 지명이 된다. 18장의 담화에서도 마태의 비슷한 관심이 드러난다. 18장에서 마태는 "교회" 내의 목회적 보살핌의 문제와 공동체 규율에 대해서 다루고 있다.(18:17) 이렇듯 "그 나라의 열매"(21:43)를 맺을 사람들을 세우는 것이 제자들이 수행해야 할 사명의 목적이다. 공동체가 자신에게 주어진 사명을 수행할 때, 부활한 그

은 의미로 이해하는 편이 적절하다(*The Theology of the Gospel of Matthew*, New Testament Theology[Cambridge: Cambridge University Press, 1993], 139-140을 보라).

리스도가 공동체와 함께한다는 것, 또 그리스도가 공동체에게 준 말씀이 변함없는 진리라는 것은 공동체의 힘의 원천이며, 공동체의 권위의 토대이다. 이것은 또한 선교 담화의 핵심 메시지이며(10:40-42), 묵시 담화에 나오는 예수의 마지막 가르침이기도 하다(24:3-35).

이렇듯 마태복음의 결론은 그리스도론과 제자도와 선교에 초점을 맞추고 있는데, 이러한 관심은 마태의 이야기 처음부터 이어졌던 것들이다. 마태는 이제 예수가 공동체에 위대한 사명을 주는 것으로 복음서 이야기를 마무리한다. 다시 말하자면, 마태는 공동체를 미래로 나아가게 하는 부활한 그리스도의 온전한 권한과 세상 끝 날까지 공동체와 함께하겠다는 예수의 약속으로 복음서를 마무리한다. 그럼으로써 마태는 복음서의 이야기 세계를 이 복음서를 읽는 마태공동체 독자들과 청자들 앞에 펼쳐질 역사와 연결시킨다.

마태는 복음서의 첫머리에서 독자들을 복음서 이야기 세계에 몰입시키기 위해 먼저 하나님과 이스라엘의 신비한 관계 속에서 예수의 기원을 찾아낸다. 이야기가 전개되면서 독자들은 예수의 메시아적 사명을 관찰할 수 있는 특권을 가지게 되는데, 그 사명의 대상은 우선 이스라엘이다. 이방인들을 대상으로 하는 예수의 사명은 아직 분명하게 드러나지 않고, 다만 몇몇 중요한 인물들과의 만남 가운데 어쩌면 미래에는 이방인들도 그 대상에 포함될 수 있다는 암시만 있다. 이제 마태의 이야기가 갈릴리의 산에서 마무리되고 있는데, 여기서 복음서는 미래를 지향하고 있으며, 모든 민족을 향하고 있다. 그런데 실제로는 복음서가 여기서 끝나는 것이 아니다. 제자들에게 주는 예수의 마지막 말씀을 통해서 마태는 복음서의 이야기를 독자들이 사는 세상의 시공간 속에 투영시킨다. 그러나 그것이 복음서의 첫 독자들에게서 그치지는 않는다. 마태공동체의 선교사들이 예수의 말씀을 전하는데, 그 말씀을 받아들이는 후대의 사람들, 즉 예수가 명령한 대로(28:19-20) 제자들이 세례를 베풀고, 예수가 가르친 것을 사람들에게 가르쳐서 지키게 할 때, 그것을 받아들이는 후대의 사람들에게까지 이어진다. 예수가 제자들에게 전한 메시지는 오늘날 교회에 주는 메시지임 이 분명하다.

주요 참고문헌

제1부: 오늘날의 성서학 연구와 마태복음 해석

Bart, Gerhard. "Matthew's Understanding of the Law." *Tradition and Interpretation in Matthew*. Ed. by G. Bornkamm, G. Barth, and H. J. Held. Philadelphia: Westminster, 1963, 58–164.

Bauer, David R. *The Structure of Matthew's Gospel*. JSNTSup 31. Sheffield: Almond Press, 1989.

Brown, Raymond E., and John P. Meier. *Antioch and Rome: New Testament Cradles of Catholic Christology*. New York: Paulist, 1983.

Carter, Warren. *What Are They Saying About the Sermon on the Mount?* New York: Paulist, 1994.

France, R. T. *Matthew: Evangelist and Teacher*. Grand Rapids: Zondervan, 1989.

Howell, David B. *Matthew's Inclusive Story: A Study in the Narrative Rhetoric of the First Gospel*. JSNTSup 42. Sheffield: Sheffield Academic Press, 1990.

Kingsbury, Jack Dean. *Matthew: Structure, Christology, Kingdom*. Philadelphia: Fortress, 1975.

_______. *Matthew As Story:* Rev. ed. Philadelphia: Fortress, 1988.

Levine, Amy Jill. *The Social and Ethnic Dimensions of Matthean Salvation History: "Go Nowhere Among the Gentiles…"(Matt 10:5b)*. Studies in the Bible and Early Christianity 14. Lewiston, N.Y.: Edwin Mellen, 1988.

Luz, Ulrich. "The Disciples in the Gospel According to Matthew." *The Interpretation of Matthew.* 2nd ed. Ed. by G. Stanton. Edinburgh: T&T Clark, 1995, 115–148.

_______. *Matthew in History.* Minneapolis: Fortress, 1994.

Meier, John. *The Vision of Matthew: Christ, Church, and Morality in the First Gospel.* Theological Inquiries. New York: Paulist, 1978.

Neirynck, Frans. "Synoptic Problem." *The New Jerome Biblical Commentary.* Englewood Cliffs, N.J.: Prentice Hall, 1990, 587–595.

Overman, J. Andrew. *Matthew's Gospel and Formative Judaism: The Social World of the Matthean Community.* Minneapolis: Augsburg Fortress, 1990.

Saldarini, Anthony J. *Matthew's Christian-Jewish Community.* Chicago: University of Chicago, 1994.

Senior, Donald. *What Are They Saying About Matthew?* Rev. ed. New York: Paulist, 1996.

_______. and Carroll Stuhlmueller. *The Biblical Foundations for Mission.* Maryknoll, N.Y.: Orbis, 1983.

_______. *The Passion of Jesus in the Gospel of Matthew.* Passion Series 1. Collegeville, Minn.: Liturgical Press, 1985.

Stanton, Graham. *A Gospel for a New People: Studies in Matthew.* Edingburgh: T&T Clark, 1992, 346–363.

Stehndahl, Krister. *The School of St. Matthew and Its Use of the Old Testament.* Philadelphia: Fortress, 1968.

Wainwright, Elaine Mary. "The Gospel of Matthew." *Searching the Scripture:*

A Feminist Commentary, 2. Ed. by Elisabeth Schüssler Fiorenza. New York: Crossroad, 1994.

Wilkins, Michael J. *Discipleship in the Ancient World and Matthew's Gospel.* Grand Rapids: Baker Books, 1995.

제2부: 마태복음 읽기

Boring, M. Eugene. "The Gospel of Matthew." *The New Interpreter's Bible.* vol. 8. Nashville: Abingdon, 1995.

Davies, W. D. and Dale C. Allison, Jr. *The Gospel According to Saint Matthew.* International Critical Commentary Series. 3 vols. Edinburgh: T&T Clark, 1988.

Garland, David E. *Reading Matthew: Literary and Theological Commentary on the First Gospel.* New York: Crossroad, 1993.

Gundry, Robert H. *Matthew: A Commentary on His Handbook for a Mixed Church Under Persecution.* 2nd ed. Grand Rapids: Eerdmans, 1994.

Hagner, Donald. *Matthew 1-13.* Word Biblical Commentary. Waco: Word, 1993.

_______. *Matthew 14-28.* Word Biblical Commentary. Waco: Word, 1995.

Hare, Douglas R. A. *Matthew.* Interpretation Series. Louisville: Westminster/John Knox, 1993.

Harrington, Daniel J. *The Gospel of Matthew.* Sacra Pagina. Collegeville, Minn.: Liturgical Press, 1991.

Luz, Ulrich. *Matthew 1-7.* Minneapolis: Augsburt Fortress, 1989.

_______. *Matthew 8-20.* Minneapolis: Augsburt Fortress, 2001.

_______. *Matthew 21-28.* Minneapolis: Augsburt Fortress, 2005.

_______. *The Theology of the Gospel of Matthew.* New Testament Theology.

Cambridge: Cambridge University Press, 1993.

Meier, John. *Matthew.* New Testament Message 3. Wilmington, Del.: Glazier, 1981.

Powell, Mark Allan. *God With Us: A Pastoral Theology of Matthew's Gospel.* Minneapolis: Fortress, 1995.

Stock, Augustine. *The Method and Message of Matthew.* Collegeville, Minn.: Liturgical Press, 1994.

색인

현대학자 인명색인

주제, 지명색인

ㅈ

ㅊ

ㅌ

ㅍ

ㅎ

기타

지은이

도널드 시니어(Donald Senior)

벨기에 루뱅 대학교(Université catholique de Louvain)에서 신약학으로 박사학위를 받았고(1972년), 하버드 대학교(Harvard University)와 신시내티에 있는 히브리유니온 대학(Hebrew Union College) 등에서 수학하였다. 미국 시카고에 있는 가톨릭 신학대학원(Catholic Theological Union)에서 신약학을 가르쳤으며, 같은 학교에서 23년 동안 총장을 역임하였다. 주로 복음서에 학문적 관심을 기울인 그는 마태복음 전문가로 잘 알려져 있다. 가톨릭 사제이면서도 개신교 학자들과 활발하게 학술적 교류를 하였으며, 사회적으로도 종교 간의 대화에 기여한 공로를 인정받아 O'Connell-Douglas Award를 받았고(2013년), 사회공공분야에서 일리노이 주의 최고 영예라고 할 수 있는 Order of Lincoln Award를 받았다(2014년).

옮긴이

민경식

연세대학교와 대학원을 졸업하고, 독일 뮌스터 대학교(Westfälische Wilhelms-Universität Münster)에서 신약성서 본문비평과 사본 연구로 박사학위(Dr. theol.)를 받았다. 현재 연세대학교 학부대학에서 학생들을 가르치고 있으며, 한국신약학회와 세계신약학회(SNTS) 정회원으로 활발하게 학술 활동을 하고 있다.

저서로는 *Die früheste Überlieferung des Matthäusevangeliums*, 『신약성서, 우리에게 오기까지』, 『연세신학백주년기념 성경주석-마태복음』 등이 있으며, 역서로는 『성경 왜곡의 역사』, 『젤롯』 등이 있다.